留美夢・台灣情

林靜竹文集

謹以此書

獻給海內外

為台灣前途打拚的

「多數無出聲」的台灣人

吳木盛序

　　靜竹請我為他的新書《留美夢‧台灣情》寫序，使我有一點惶恐，因為在「認真」這光譜上，我們屬於不同的極端，他屬於極認真的，而我是屬於不認真的。也可以說他比較科學，我卻比較藝術，雖然在藝術方面，他的細胞要比我的多。

　　他又是極成功的醫學研究與教學者，而我與醫生的關係卻很淺薄，除了有幾位醫生朋友以外，只有生病時才會接觸到醫生。要為任何一位醫生的散文集寫序，對我都是挑戰，尤其是對一位我心中尊敬的醫學教育者，這挑戰更大。雖然靜竹發表於報章雜誌上所用的醫學術語都是極普通化的話語，但對非醫生的我仍是負擔。但我不否認，能為他的新書寫序是我的榮譽，因之我是帶著歡喜的心情下筆的。

　　靜竹有一非常完整而又令人羨慕的履歷：由台中一中第一名保送台灣大學醫學院，經過台大醫院、美國駐台海軍研究所、Brooklyn's Downstate Medical Center、Columbia University與Albert Einstein College of Medicine 的訓練、工作與研究，然後到University of Chicago 教書與繼續研究，最後於2001年功成身退，退休時是正教授，現在是終身名譽教授。在這過程中，他發表不少重要的論文，也有兩本極重要的著作：Intrauterine Growth Retardation (1984)與The High Risk Fetus(1993)。前者甚至成為婦產科醫師人手

一冊的教科書，台灣也有海賊版印行。

　　靜竹在滯美期間，對台灣的學術相當關心，也致力於台灣的學術發展。他曾在台灣各大學做許多次的學生演講，並參加了數次台灣舉辦的國際學術研究會，也曾在台灣大學(81，89)、長庚大學(84)與國防醫學院(88)婦產科當過客座教授。1994年又受聘為台灣大學院務諮詢委員。為了促進學術與院務的進展，他也曾成為台灣大學與成功大學醫學院院長候選人。

　　一般的研究教學人員幾乎都用全心、全力、全時於教學與研究上，但靜竹對鄉土的愛使他不只關心自己的專業。在百忙中，他也用許多心力於北美台灣人教授協會與醫師協會的會務，他當過前者第九屆副會長與第十屆會長，並促成1990年在台灣召開的歷史創舉之年會(此時黑名單還未完全取消)；他也擔任過後者1993年的理事。他也在《台灣公論報》主持過兩年的「醫學專欄」，在「專欄」他自己寫了近十篇的文章。

　　在這本散文集，靜竹用他流暢的文筆，毫不保留地寫下他在專業上成功的故事。讀者也可在這文集裡找到他的愛：包括對鄉土的愛、同學的愛與恩師之愛；也可以讀到遊記、同學會與幾篇藝術方面(包括音樂與舞蹈)的文章。藝術方面的散文大都是夫人世真的作品。世真是師大音樂系畢業生，曾在家專教過書。我喜愛她的散文，只可惜她惜墨如金。

　　讀者或許可以注意到，這本文集很少提到家庭。其實，靜竹也有一個與他的專業同樣成功而圓滿的家庭，只是還沒有時間著筆寫有關兒女私情方面的文章，不過他已向讀者也向自己承諾，他將在不久的將來出版《林靜竹回憶錄》，據聞將極細膩的描寫，請讀者拭目以待。

　　因為職業的關係，醫生與律師有許多纏綿而能賺人眼淚的故事。因之我期望於靜竹的，要比《林靜竹回憶錄》更多，以他的熱情、執著與文筆，我在等他第一部動人的小說出世。

　　《留美夢・台灣情》是一本富有台美人歷史價值的散文集，它蘊涵一位台美人的心血與愛心，它的付梓，是作者另一人生的開始。

自序

　　我不是一個文學作家，沒有作家們的文筆。這本文集定名為「留美夢，台灣情」是合乎我的生涯事實。乃將過去發表過的一些漢文文章，包括醫學常識、遊記、台大醫學院同學會活動和台美人社團活動等等。做為一個台美人，三十多年來在自己生活圈內的事寫出來編輯成書是退休後的一種樂趣。我曾寫過更多的英文文章，可惜不能和讀者見面。這本文集是為配合另一本正在趕寫的書「台美生涯七十年」。後者是筆者的回憶錄。兩本書都會插入一些生活照片，我很想秉持「百聞不如一見」的原則，向讀者展示一個普普通通的醫學學者，所能走的人生道路真實地擺在讀者的面前。我也盼望這兩本書有相輔相成的功能。

　　1960年代和1970年代可以說是台灣人學子留學美國的鼎盛時代。這些留學的知識份子起先的抱負都是學成歸國貢獻台灣。正如台灣的前總統李登輝先生的感嘆「做一個台灣人的悲哀！」大部分留學美國的年輕人獲取高學位後，因為兩蔣統治台灣時代實施的戒嚴法，白色恐怖的延續和「黑名單」的限制，乃繼續留住美國，成為台美人。1990年代在上述限制解除後有不少人回台報效，積極參與台灣民主化的深耕，促進科技的提昇和社會民生的改善，但是，若非多數台灣住民的勤奮打拚，共同打造富有康樂的生活環境，台灣在各層面的進步，是無法達成的。在這一段期

間，我也儘量保持「灰名單」的身分，才能於1980年以後不斷回台講學，也熱心指導一批由台灣來美深造的研究員。1990年代，筆者有意回台從事醫學教育，但沒有找到適合的著力點，無以發揮。幸而在芝加哥大學研究教學二十五年後退休到北加州，在氣候溫和、輕鬆閒逸的環境中有更多時間重握禿筆，才想到出書的可能性。

其實筆者在美國已經有出版英文專門教科書的經驗。因為我的專長是產科醫學和胎兒醫學，於1984年由McGrow Hill公司出版的「子宮內胎兒成長遲滯症」和1993年由Springer-Verlag公司出版的「高危險性胎兒」，兩本都是範圍狹窄，高學術性的專門教科書，比較適合專研婦產科和胎兒病理學的醫師、教授學者和研究員。幸而該兩本書銷售到世界各地，銷售量也不錯。在美國出書很普遍，可是要成為最暢銷的書也不是很容易。尤其是專業性的書要出版，程序相當嚴謹。第一階段審查書的內容，就是先由作者準備Book Proposal，出版公司請權威人士評審。通過後，第二階段另請商業市場有研究的一批人，作市場評估該書是否適合購書對象的口味和同性質他書的競爭是否能有勝出的機會而決定。往往第二階段比第一階段更難通過。在台灣出版新書的環境，也許大同小異吧！

筆者在此要感謝前衛出版社社長林文欽先生，他欣然答應出版我的新書。也要感謝襄助出版的吳忠耕博士及陳金順編輯。

在準備出版本書時，最能幫忙的是愛妻許世真，她不但容許我將她的一些社團活動文章收集於本書，也幫忙閱讀原稿，給予積極的改善意見，實在很有幫助。前輩台大校友吳木盛博士是一位多才多藝的思想家和作家，是我很欽佩的一位作家朋友。他由

工程師轉型成為作家，非常成功。他在百忙中欣然答應看我的原稿，為這本書寫序，我在此深表由衷的謝意。

最後盼望讀者在這本書中能找到一篇或多篇喜愛的文章和筆者有同感之處。或是由文集中的遊記，對於讀者以後的旅遊有些助益的話，筆者於願足矣。

第三輯　台大醫學院師友活動

第四輯　旅行遊記

第五輯　醫學知識

第一輯
四篇代表作

【摘要】

筆者一生以醫學研究為職志,從青年時期就奉行基督教信仰,雖然在台灣出生受基本醫學教育與臨床訓練,但在美國對高危險產科和胎兒醫學的深造、研究和論述,成為我人生最重要的部分。

做為一位醫學學者,不論發表研究論文或寫長篇學術論述,甚至英文專門教科書,都先有一段摘要,讀者從摘要中就可略窺全書或全文的要點、輪廓或內涵。

本輯以四篇新近寫作的文章略訴筆者一生的事蹟。

1. 美國三十寒暑醫學研究教學生涯的回顧(2000年)

前言

筆者1961年台大醫學院畢業在母校接受完整的婦產科住院醫師訓練，又擔任主治醫師及講師，同時於美國駐台北海軍醫學研究所學習組織培養、病毒分離及細胞染色體等基礎生物科技三年。1969年來美深造，並繼續在美國大學研究及教學，不曾中斷，迄今已過了三十寒暑。回顧這三十年的辛酸苦辣、喜樂興奮的日子，實在不是這篇短文可以盡言。

小時住台灣中部鄉村，到處是綠油油的稻田，家中有高大的荔枝樹，有門樓，也有魚池。香花、蝴蝶、青蛙、螢火蟲陪伴著我童年的快樂時光。小學時代我曾經養蠶，觀察在桑葉爬行的一條條小蟲，長大後作繭自縛成靜止狀態的蛹，進而破繭而出變成飛向空中的粉蛾，產卵後即告身亡，真是一種奇妙的生物。

初中時代，我和一伙同齡朋友養信鴿，由學校回家後便登上屋頂看鴿群飛翔。此鳥雌雄配對成雙，相互溫情隨伴，雌雄輪流孵卵飼幼，伉儷情深，絕無婚外情。此鳥精明，能辨方向，攜至遠地的南台灣放飛，繞了幾圈後就選定了方向飛回牠的老巢，牠的家。高中時代，生物課程有孟德爾(Mendel)遺傳定律和達爾文(Darwin)的進化論，常引我入神，思考其中奧妙。再看到戰爭及傳染病對人類的衝擊與傷害，造成殘障和死亡，我早就決心當一個生命科學的研究者或療傷治病的醫師，更想成為能從事醫學研究

的醫學科學家。

高中時代我很用功，乃以第一名的成績由台中一中畢業。適逢台大首屆保送制度出爐，保送台大醫科給我有機會實現早期的夢想。六年級婦產科實習時，好奇和病變迅速，牢牢地吸引我。由產前觸摸胎動到陣痛、子宮口漸開嬰兒哇哇被擠出的接生情景，一幕幕的變化，突來的雙胞胎、畸形兒都是產房的意外。產後大出血常常難逃子宮被切除的命運，驚駭之餘，產婦年輕的生命保住了。這些印象深刻的經驗，遂把我送入產科，研究遺傳學及胎兒醫學的不歸路。

紐約時代

我在台北的美國海軍研究所就做了不少染色體的研究課題。諸如習慣性流產、子宮內膜癌、子宮頸癌的染色體特性、引起胎兒水腫死胎的血色素異常（4個r chain的Bart's Hemoglobin）、性染色體異常的病例等等，在當時的台灣，這方面的研究都是十足開路先鋒、拓荒者的首次報告。由於在台灣缺少能幫我更進一步研究的指導者，乃選擇赴美深造。

臨行前向魏炳炎主任表示兩年後回台任教。

1969年夏天，美國太空人登陸月球的興奮時刻，我隻身來到紐約。租了一個臥房的小公寓安身後便到紐約下州醫學中心（Downstate Medical Center）跟隨瓦連地（C. Valenti）教授學習羊水穿刺、羊水細胞培養，在顯微鏡下看染色體的一套產前診斷方法。研究室主要是診斷唐氏病（Down's Syndrome）、性染色體異常。我們是最早報告Y染色體在不分裂羊水細胞男性細胞螢光點（Y-body），也是最早報告缺乏酵素，猶太人特有的Tay Sachs Disease的先驅者。

當時我由文獻看到有人研究監獄犯人，男性犯人有特別肥大的Y染色體的報告。作者的結論指出性情兇猛的男性和肥大的Y染色體有關。為了證明此假說是否可靠，我們決定研究紐約的警察，警察追捕強盜，性格可能兇悍。恰巧那時紐約市長鼓勵警察捐血，我們和血庫聯絡，做250位男性警察和250位普通男性捐血者Y染色體的對照研究。結果發現兩群中有肥大Y-染色體者都在5%以下，並無差異。也許前述假說不對，也許紐約警察性情溫和。此研究費了我及三位研究助理數不盡的時間。更冤枉的是我們未事先經警察局許可，而被校方禁止發表此研究結果。

　　我研究員的工作在1971年7月初結束，台大的工作9月初開始。我的太太和長男是1969年聖誕節前來紐約團聚的。心想此次回台灣不知何時再能出國，何不在這一段空檔時間暢遊歐亞一番？於是夫婦便帶著6歲的長男由紐約赴英倫、法國、德國，上至北歐三國，下至義大利、希臘、土耳其，遊遍了歐洲，最後由曼谷、香港返抵國門(在50天中遊過十三個國家、十八個城市)。

　　1971年9月擔任台大婦產科講師，正準備充實超音波及細胞遺傳學研究室(包括羊水細胞培養)之研究設備時，突接哥倫比亞大學婦產科主任萬年維(R. Vande Wiele)教授來函，正式聘我為第三年住院醫師兼遺傳學研究員。我當時左右為難，魚與熊掌不可兼得，心中矛盾。請教魏炳炎主任時，他以嚴肅的口氣告以：「年輕人應以自己的前途為重，好好考慮。」言中並不勉強我必須留下來實踐返國服務的諾言。1972年我決定再度赴美，臨行向魏火曜院長辭行。他滿臉笑容的說：「你回國尚未做出貢獻又要走了，祝你這次出去，一切順利成功。」這句像似責備又是勉勵的話，此生永記心中成為座右銘。想到兩位魏師長的話，我往後近三十年在美國不

敢偏離學術研究一步。也時時關心台大醫學院的發展與進步。留美期間，對於台灣來的後進，更盡力協助提拔。回想起來，對那次短暫的返台又匆匆來美並不後悔，而對於台大婦產科早期栽培奠基，心存感激。

在哥倫比亞當住院醫師，要和英語流利競爭性強且巧言善辯的猶太人、德國人、義大利人和英國人（美國出生的歐洲人後裔）平起平坐，並不好過，幸而在台灣的訓練、知識和研究經驗，給了我良好的基礎，使我有能力和他們一爭長短。做遺傳學研究員，常到米勒（O.J.Miller）和羅伯森（Dorathy Robertson，女性）兩教授的研究室，除了當時染色體已能用Giemsa Stain排列出正確染色體圖譜（Karyotype）之外，他們進一步著手研究原位細胞螢光染色（Fluorescent In-Situ Hybridization）及基因在染色體定位（Chromosome Gene Localization），更深奧的尖端研究。於是我又面臨了另一次選擇。以遺傳學的初級生，放棄臨床，終生關在研究室，面對顯微鏡呢？或是重回基礎穩固的臨床，成為婦產專家（Board Certified Obsterician），更進而成為胎兒醫學次專家，繼續在大學婦產科任教，也能治療病人呢？心中掙扎後我選擇了後者。

1974年我轉到同在紐約市的愛因斯坦醫學院專攻周產期醫學（Perinatology或稱Matemal-Fetal Medicine），所學包括高危性產科及胎兒醫學，乃新成立的次專科（Subspecialty）。指導教授為婦產科主任休曼（Harold Schulman）教授，另一位助理教授撒拉那（Luis Saldana），他們也正在學習此領域的新知。休曼乃指定我每週研讀一個課題，然後星期一早上八至十一點三個鐘頭，我講給他們兩人聽，之後再就疑難處相互討論，或當場翻閱各種教科書。休曼教授稱此講者和聽者都能增加知識的指導方法為牛津教學法。同一天下

午四至六點則為檢討研究工作的進展和問題的解決，技術員也參加，事無鉅細，儘量當場解決。這樣兩年下來，妊娠合併症和胎兒、胎盤的生理、病理新知大增，融會貫通瞭如指掌。憑此兩年的深造，我1976年順利通過筆試，1979年通過口試考取周產醫學次專家。也是獲得該資格的第一個亞洲人。

在愛因斯坦的研究，休曼採開放政策，有能力有時間多做，否則少做。其中他最重視，也是最難的兩項為羊胎兒的動物實驗和用Prostaglandin誘產。那兩年我非常努力，實驗工作常延至半夜，共有八篇論文發表，都具有新論點的好論文。當時東岸有幾所有名的大學都來函邀聘。

筆者和愛因斯坦醫學院的指導教授休曼於京都超音波國際學會時不期而遇。

　　我的太太許世真，師大音樂系畢業後即在實踐家專任教，且升級講師。來美後放棄她的專業，一手承擔扶養三個子女。隨著我工作地點的轉換，搬家三次真夠辛苦。得此賢內助，此後廿五年在芝加哥，我也能集中全力研究、寫作與思考，而無後顧之憂。雖然在台灣，她的幾位同學成為音樂系副教授或教授。她的辛勞，在我內心早就將她升為教授了（相夫教子的家庭教授）。

芝加哥時代

　　我完成研究員後選擇比東、西、南岸保守的中西部，在研究一流的學府——芝加哥大學任教。1976年擔任助教授，1980年升任副教授，1987年升任正教授。同時我也負責高危產科門診（Obstetric High-Risk Clinic）為門診主任。前八年協助產科主任默亞（A. H. Moawad）教授訓練周產期醫學研究員及客座短期研究員，先後有二十四人。

筆者（中）和講師嬉巴（Judith Hibbard）（左），台灣來的研究員蘇石洲（右）在高危產科門診中心。（1987）

　　早在紐約時代，我就讀到輕體重新生兒(2500公克以下)不全是早產嬰兒，其中的三分之一為足月的小嬰兒，後來稱為子宮內成長遲滯症(Intrauterine Growth Retardation，簡稱IUGR，今改稱Fetal Growth Restriction)。此議題那時不受重視，但我已看出其將來性及重要性。因為這群嬰兒的死亡率為正常嬰兒的3倍，新生兒期致病率則增加5到8倍。此議題為我到芝加哥研究的「中心議題」，由1976年至1982年，六年間發表IUGR有關論文15篇。1980年間研究因孕婦糖尿病失控而成長過快的巨大兒(Macrosomia)。非糖尿病引起的巨大兒則常為妊娠過期(Postdate)所導致的。1980年代中期，因超音波、電腦、電腦斷層攝影(CT Scan)的發展。研究者完全放棄1970年代學習胎兒生理病理的寵物「動物實驗」。由於我是IUGR研究的先驅者，每次在美國及國際性婦產科學術會議發表突破性的論文都相當轟動。邀請演講及索取論文複印本(Reprint)的信函由世界各角落如雪片飛來，難以招架。美國亦有不少醫學院以電話或信函邀請轉任他校產科主任或婦產科主任者。筆者因顧慮子女教育在中學時代的安定性，也顧慮我自己有安定的研究環境和設備，不想搬家，乃婉言回絕。

筆者在芝加哥大學醫院門診中心(1999)

其次略述國外講學。做為一個學者講學是傳知與解惑的重要責任。尤其是世界即將成為世界村的今日,國際學術交流不可缺少,我自1972年二度出國,即埋首研究十年,未曾出國一步。1981年應台大婦產科之邀返國擔任短期客座教授,並應台灣醫學會彭明聰理事長之邀為其年會擔任主講員,記得題目為「IUGR之診斷及處置,特別是羊水中C-蛋白的含量和胎兒成長的直接關係」。1984年擔任長庚客座教授一個月,趁機到日本關東、關西、九州共10個醫學院作巡迴演講,頗得好評。1986年在日本東京之亞澳周產期學會擔任主講人及講座主持人。1987年隨美國婦產科教授訪問團到共產制度的赫爾辛基(芬蘭)、莫斯科、列寧格勒(蘇聯)訪問及演講。1986年及1988年兩度到中國北京、上海、西安參加國際學會,主講我的專長IUGR及糖尿病。1989年得國科會資助,在台大講學一個月,李鎡堯教授安排在台灣由北而南的巡迴演講,謝長堯教授安排於恩師邱仕榮教授辭世一週年紀念演講會上講「十五年來我對IUGR的持續研究及成果」,在眾師長面前特別談到邱教授在世時,對子癇前驅症動物實驗研究的持續及執著,表示敬意和效法他的精神。1988年再次到國防醫學院講學一個月。此外參加國際會議,發表論文的尚有埃及、阿根廷、澳洲雪梨、英國、法國、荷蘭、柏林等等。

動物實驗

胎兒醫學在超音波出爐前,為了明瞭胎兒及胎盤、子宮血流的關係,動物實驗是非常重要的。小動物如白老鼠和白兔,子宮都分成左、右兩側,每側都有5至8隻的胎兒,實驗很容易成功。我們曾成功地紮住左側子宮動脈,僅留卵巢動脈供應左側胎兒,

右側則留為控制群。結果左側產生IUGR小老鼠。表示子宮血流量減少為IUGR成因的一個重要因素。白兔左側的子宮動脈固定一個導管，在妊娠末期輸入Beta-Methasone（一種Steroid Hormone屬腎上腺Cortisone一類），可通過胎盤達到胎兒血中，促進胎兒肺成熟。然後分左側及右側肺中擴展肺胞的脂肪酸（Lecithin）包函體（Lamella body），左側胎兒的含量顯然比右側多，也就證明Beta-Methasone能促進胎兒肺的成熟。

　　大動物實驗則以羊胎兒和猴胎兒為主。筆者於1983年取得六個月的停職深造（Sabbatical Leave）做羊胎兒的實驗。第一次是要證明羊胎兒被臍帶壓迫（Umbilical compression）及酸中毒（Acidosis）時會排出胎便（Meconium Passage）。第二次則在羊胎兒實驗全美成功的一群科州大學研究群學習觀摩：帶頭的三巨頭為兒科巴達固利亞（Bataglia），生理學的美斯奇亞（Meschia）和產科的馬考斯基（Maskowski）。手下有副教授、助教授、博士後研究員、研究助理、羊場管理員等近二十人參加的團隊研究群。每年都有30篇左右的胎兒、胎盤生理、病理、新陳代謝的論文發表。我以客座身分觀察一個月後，就參加手術、穿導管、抽血及實驗室分析等工作。六個月下來深具信心，乃向舊金山北加州大學挖角，請一位有三年羊實驗的助理教授布洛克（B. Block）轉職芝大，再加上兩位助手，便開始在芝大進行新的實驗。我們將於胎兒各部位血管紮住導管，以氧氣含量測量器（Oxymometer）測定胎兒在接受各種藥劑（如血管擴大劑、血管收縮劑）、臍帶壓迫、子宮血流減少及缺氧時，各部位血流量的反應和含氧程度的測定。實驗數據將以電腦輸入的方法，便於分析。設計雖好，但因手術困難，有時儀器失靈，兩次實驗同遭覆車之命。

第二次更白費了三年功夫。布洛克助理教授來芝大五年後黯然離開，赴南加州羅馬林拉醫學院任教，不再做動物實驗了。對於羊胎兒的實驗，筆者得到的教訓是：(1)累積的經驗非常重要，速成的實驗不易成功。(2)新時代的研究需要龐大的研究團隊，成員相互合作，相輔相成。如此成功的機率大增。在廿一世紀，畢竟單打獨鬥的研究已成了歷史。

1983年當我赴科州大學之前，曾告知我在紐約的指導教授休曼(Schulman，那時他轉到Long Island任教)，他邀我利用這六個月停職進修的時間和他合作一套新的研究。即胎兒心血管系統的超音波測定血流的都卜勒波形流速影像(Doppler velocity waveform)之研究。他強調此研究和我的專長IUGR息息相關。由於我的固執，仍舊赴科州而婉謝了他合作的邀請。五年之間休曼和他的助手、研究員等共發表了30篇論文，成為全美國此領域研究的開山鼻祖和英國的甘貝爾(Campbell)、澳洲的土魯林格(Trulinger)和荷蘭的瓦里米洛夫(Waldimiroff)齊名，每思及此，不覺扼腕。

教科書的寫作

剛到芝大任教時，一位專管醫學院研究發展的副院長奧德曼教授(John Autman)，曾提供一群新到任年輕助理教授一個研究成功的要訣。即要方程式$S = I + E^2 + L$。他說任何事成功(Success)的要素包括智慧(Inteligence)，努力再努力(Effort x Effort)和少量的運氣(Luck)。我常以此自勉，也提供朋友、我的兒女、我的學生參考。其中的運氣，我認為含有「選擇正確」的成份在內，近年來在台灣歷久不衰，人人會唱的流行歌曲「愛拚才會贏」，三分靠運氣，七分靠打拚，重要的還是打拚，我三個兒女目前都學成了。長男任

職UCSF麻醉科助理教授，次男任職密西根大學放射診斷科助理教授，幼女修完碩士學位正在北加州實習心理顧問及舞動心理療法。不管他們有沒有受到上述方程式影響，至少他們都各自打開了事業上的一片天地。

　　我在芝大的廿五年都繼續寫作，緊守著「打拚才會出名」的格言。因此才會走上寫教科書的坎坷路程。

　　研究論文，有超然的創意，有重大的突破，才能成為時代的經典或象徵，廣為人知。

　　可惜不同領域的讀者，有機會去觸摸的很少。即使愛因斯坦的相對論，若不是經過各種媒體反覆報導，反覆轉載，或以易於瞭解的文章去解釋，相信有心去觸摸其原論文的不多。

　　教科書的功能則在於普及。各類論說經過綜合性的討論，去朽存真，經過作者消化後寫出，再加上自己的經驗，也列出原論文出處，以便查考。乃為初學者有利簡便的學習工具。筆者在台大當醫學生時，多位教授都是他們領域的權威，除葉曙教授有自編的中文病理教科書外，我們用的絕大多數是美國教授寫的英文教科書，可惜有些台灣特多的疾病，英文教科書不是查不到，就是很簡略地提一下，未得其詳。

　　我到芝加哥大學時，教授級的同事，大部分有一冊或兩冊教科書出版。我從1976年至1980年已有不少IUGR原著論文出刊。一位第四年的住院醫師伊凡俗（Mark I. Evans）自願協助我出版IUGR專題教科書。經過1981年至1983年兩年的努力，我的第一本教科書於1984年問世（Intrauterine Growth Retardation, McGraw Hill, N.Y. 1984 pp.350）。此書係第一本英文有關IUGR的書。適逢IUGR的研究那時漸趨高峰，此書迅速傳遍南北美、歐洲、亞洲、澳洲各地。

1986年我返台時，發現台灣有該書的「海盜版」出現，學婦產科的醫師似乎人手一冊，我也樂觀其成。

1990年至1992年之間再度和同僚波普副教授（MS Verp，專門遺傳學）及沙巴加教授（RE Sabbaga，專門超音波）合著我的第二本教科書（The High Risk Fetus, Springer-Verlage, Berlin, N.Y. London, 1993, pp.700）。

美國教科書作者都是該領域的權威教授，且必須經過學術評估及市場評估兩層通過後才能簽約。作者必須核校每一篇章和出版商的特派編輯不斷協商後才能付梓。沒有想像中的容易。每次出書前兩年，筆者為了趕夜工，常睡辦公室沙發椅，日以繼夜，置家庭於腦後。另外筆者也為其他教科書作者寫篇章，共有八本教科書。為學術期刊審稿更不計其數，有關IUGR、糖尿病胎兒、雙胎兒、早產兒、高血壓等有關論文，美國婦產科最具權威的二大期刊及另外國際性期刊每年都送論文給我審查，忙得不亦樂乎！

有人問我在美國出版教科書的感想。我說：「我當醫學生用的是英文教科書。如今我在美國當教授，應該寫英文的教科書給美國醫生、受訓中的住院醫師、研究員及訓練後的開業醫師使用。這樣投桃報李，也算是人生一樁樂事。」

回饋故鄉

前述返台講學，已走遍台灣各醫學院，有住院醫師的大醫院講學。近年來台灣醫學教育不但質與量都有進步，台大陳維昭校長信心十足想把台大推上世界一流學府的行列。1993年我曾寫過一文，思考台大如何能擠上世界一流，提出建言。為此，1994年迄今，我一直擔任台大醫學院海外院務諮詢委員，時而提出建

言。1998年在紐約北美台灣人醫師協會年會，我的演講「美國和台灣醫學教育的比較」經太平洋時報全文登出。今年北美台灣人教授協會返台開廿年年會，筆者應婦產部主任周松男教授之邀，演講「台灣的臨床教育和臨床研究師資的培養」。

中央研究院李遠哲院長在「橫跨斷層」一文中表示為基礎科學研究後繼無人而憂心，而我倒是覺得基礎醫學及生物科技台灣做得還不錯，臨床醫學的訓練卻漫無標準，醫學教育和醫療政策更要加倍努力改善，如果醫學教育和醫療政策的領導者能聽取一些我的建言，於願足矣。

2. 台大婦產科與我 (1995年)

　　茲值台大醫院慶祝建院一百週年之際，為紀念特刊撰文。筆者想來想去最有感情的部門是婦產科，因此以「台大婦產科與我」為題，慢慢回味過去教誨不倦的師長和同甘共苦的同僚，盼能引起曾在台大婦產科服務過的校友共鳴，緬懷舊人舊事，為平淡的人生增加一點樂趣。

　　由於從小對生命起源的奧秘抱有很大的興趣，六年級臨床實習時，對於產科的產前照顧、生產過程，產科合併症發生的急速變化和治療的迅速反應印象良深，畢業前就決定選擇婦產科，接受這個領域知識的開拓和胎兒保護的更大挑戰。這要感謝六年級時的總住院醫師李鎡堯，七年級時的總住院醫師李清曉和住院醫師藍中基、何廷肇、柯承家等的細心教導。

　　1962年我幸運地進入台大婦產科醫局，連同同班的陳信義、李叔仁和前屆的李韺順、林洪謙、洪朝煌、楊正義等，共有7個第一年住院醫師。上面則有R2的黃國恩、劉金燦、吳自然，R3江文哲、鄭昭傑、曾伯元和CR的文錫圭。等到1965年，我當CR時，住院醫師同僚則有R3葉思雅、吳叔明、李澤田，R2楊勝亮、陸修光、郭德彰、蔡偉雄和R1陳宏銘、林永豐、高淑琴等人，這些都是當年同甘共苦的伙伴。同年次的住院醫師輪流到不同的工作單位，如產房、開刀房、門診部、產科病房、婦科病房和癌症鐳療等。不同級的住院醫師則有一定的教育、督導、責任層次的分工，也就是上司管下司，鋤頭管畚箕，上命下遵，井然有序。若CR和R3等上層住院醫師處理病患不妥，受到教授責備或在討論會

上受到訓誡的話，事後隨同處理病患的下級住院醫師必也遭池魚之殃。但是說句實話，因為住院醫師們日夜相隨，臨床經驗的獲得由上級住院醫師而來的，比來自教授們的要多，口述的知識和一刀一針的學習最具效力。這些年同甘共苦的經驗，大家培養出很深厚的感情，30年後回想起來，美好的記憶猶新，不愉快的經驗早就置之腦後了。

當時的產科急診患者如輸卵管破裂之子宮外孕、胎盤早期剝離、產中子宮破裂等嚴重病例特別多，轉送到台大醫院時多呈出血性休克，我們必須一面輸血，一面準備緊急手術。其時往往召喚賣血的「血牛」直接抽血輸給病人，捐血者只要O型或血型相符、陰性梅毒血清反應就算合格，是否帶有肝炎病原並不考慮。急診手術沒有麻醉醫師幫忙，以局部麻醉或口罩乙醚麻醉法（Ether open drop method），由資淺的婦產科住院醫師自行為之。

所行的手術常為子宮切除的大手術，如今回想起來豈不令人悚然驚心。有時難免七手八腳忙成一團，但是資淺的住院醫師經過短暫的急診處理考驗，大家學得很快，熟能生巧，多能善盡職守，充分發揮團隊的精神。幸而大部分病患命大，多能轉危為安，讓參與急救的住院醫師與護士額手稱慶，有一份「救人一命，勝造七級佛塔」的快樂感。那一段時間，產科接生最多的主治醫師為余宗光和李鎡堯，形成雙雄並立的局面。住院醫師們從他們那裡學到不少產科的技藝。

當時台大產科也有很科學的一面。陳哲堯副教授有台灣人骨盆測量的標準值（X-ray pelvimetry data），根據這些數據與骨盆分類，對於產婦能否順產以及需要剖腹產的機率，有相當可靠的預測功能。後來陳副教授又開始實驗產中監視的新方法，使用子宮

收縮記錄儀(external tocography)和胎兒心跳率記錄儀(fetal heart rate monitor)，當時這種科技方法的臨床使用，並不比歐美先進國家為遲。

　　婦科方面當時最大的主題為婦癌的診斷與治療。雖然以早期診斷子宮頸癌為目標的陰道細胞塗抹片(Pap smear)，已被各大醫院普遍採用，但住院台大的子宮頸癌後期病患特別多，我們都很興奮地參加邱仕榮教授、李卓然副教授主持的子宮頸癌根治子宮切除術(radical hysterectomy)為助手，並在魏炳炎教授及放射線科黃淑珍講師那裡，學到很多鐳療及鈷60放射療法的知識與技巧。討論會時有些病例常有手術或鐳療的爭論。台灣及東南亞的特產葡萄胎及惡化的胎盤絨毛癌(Choriocarcinoma)，台大也有很多病例，我們經由魏教授及歐陽培銓講師的指導，經驗到使用Methotroxate及Actinomycin D等化學療法，可使已有肺部及腦部轉移的病例，呈現轉移病灶的完全消失，甚至完全治癒。有如魔術般的快速療效，使初出茅蘆的我們，驚為天工。

　　吳家鑄教授有多方面的興趣，從陰道滴蟲的培養，到流產與Toxopasmosis之關聯，到人工陰道成形手術，都是他的傑作，也反映當時先進國家婦科的新知。我們當R2時，要輪流到台中衛生處人口中心擔任安裝樂普(Lippes loop)避孕器的專家，因為當時政府採行先知先覺者建議，感到台灣人口有控制成長的必要。

　　在我4年台大婦產科住院醫師生涯中感到悲痛終生難忘的，就是參與急救兩例稀有而嚴重的羊水栓塞症(amniotic fluid embolism)。當時我為R3，值夜班時擔任魏教授接生的助手，很不幸地台大史無前例的生產中合併症，發生在魏院長的女兒，外科洪醫師的夫人魏如圭講師身上，雖然即刻動員醫院各方面專家如劉禎輝教授

等搶救，終告失敗。

此事震驚全院，也使很多人（包括筆者在內）非常傷心。無獨有偶的，在我擔任CR那年，另一個過程幾乎完全相同的病例再度發生，急救無效，病理解剖證實也是羊水栓塞症。

住院醫師最怕的，是討論會的病例報告和一週三次大教授的迴診。為了不會常在大眾面前出醜，就要勤讀教科書，翻一翻雜誌的新知，更要熟悉每一病例的來龍去脈、住院過程。住院醫師們最快樂的時光，則是忙中偷閒的聚餐，除了迎新送舊及忘年會的大宴，也有不少友兄請客的小餐，每餐必喝酒壯膽。敬酒一來表示感謝師長前輩的指導，二來表示自己是入門子弟，喝酒也不落人後，於是乾杯聲此起彼落，溫情流露。吳教授的finger test（乾杯到滴酒不遺，將酒杯倒置在指甲上也不潮濕，表示萬分誠懇）以及迎新會上吳叔明拍著邱教授的肩膀大叫「陳教授，乾杯！」的往事，記憶猶新。

1966年至1969年我在台大婦產科擔任主治醫師，同時在美國海軍醫學研究所（NAMRU-2）做組織培養和細胞遺傳學的研究工作。1969年獲得紐約州立大學研究獎助金，赴美從事大規模的羊水細胞培養和染色體產前診斷研究。站在新科技的前哨，當一個拓荒者，我們最先發表了鑑別男性胎兒的羊水細胞螢光色點（Y-body）及產前診斷多見於猶太人之Tay-Sachs disease，轟動一時。

為遵守對魏主任出國深造兩年後返科服務的承諾，我於1971年回台大婦產科擔任講師，準備從事羊水細胞培養及產前遺傳疾病診斷之研究。在等待充實研究設備之際，又接獲美國哥倫比亞大學婦產科主任來函，接受我為第三年住院醫師兼細胞遺傳學研究員的職位。我當時心中矛盾，左右為難，請教魏主任時，他

說：「年輕人應以自己的前途為重，好好考慮。」並不勉強我必須留下來。1972年春天，我決定再出國，臨走前向魏火曜院長辭行，他說：「你回來尚未做出貢獻，又要走了？祝你這次出去，一切順利成功。」這句話像似責備又似勉勵，使我永記心中，成為此生的座右銘。我下定決心，將來如果學有所成，一定要回饋台大婦產科，回饋母校。此一決心使我往後二十多年在美國不敢偏離學術研究工作，也時時關心台大醫學院的進步與發展。

在哥倫比亞當住院醫師，要和競爭性強且又巧言善辯的德國人、英國人、猶太人和義大利人平起平坐，並不好過，好在台大的臨床訓練和研究基礎，使我有能力和他們一爭長短。1974年轉到愛因斯坦醫學院，當周產醫學（Perinatolgy）的研究員，專攻剛在萌芽階段的產前產中胎兒監視，如Oxytocin challenge test, nonstres test, amniotic fluid analysis, fetal blood pH studies, Prostaglandin induction等等，對於胎兒產前產中的生理病理現象更加明瞭。此時我就注意到文獻中有關胎兒成長遲滯症（intrauterine growth retardation，簡稱IUGR）的報告，於是決定以此為往後研究的專題。自1976年起便在芝加哥大學任教迄今，由助教授升到正教授，研究項目都集中在胎兒生理病理學，高危險性胎兒之產前、產中健康狀態的測試，尤其是IUGR及糖尿病孕婦胎兒之研究更為專門。1979年我通過周產醫學超專家資格，為獲取該資格的第一個亞洲人。1980年以「羊水中C-peptide含量的高低和胎兒成長程度的關聯」以及「羊水中C-peptide之含量預測糖尿病孕婦胎兒的預防」兩篇論文，引起國際婦產科學界的關注。為了更瞭解胎兒的生理病理，1983年曾赴科州大學參與妊娠中羊胎兒之血流、氧氣含量及新陳代謝的研究工作。1982年至1984年之間整理有關IUGR的研究

心得，探索文獻報告，出版此一專題的教科書(Lin CC, Evans MI:Intrauterine Growth Retardation, McGraw Hill, N.Y., 1984)，成為在歐美此一專題的第一本英文教科書。為此在1984年至1988年間，不斷受邀到各國國際學會發表演講，接著也名登「Who's Who in America」、「Who's Who in the World」、「Men of Achievement」等所謂「名人錄」。1990年至1992年之間，再度和一位遺傳學專家及一位超音波專家的同僚合作出版一本範圍更廣泛的教科書(Lin CC, Verp MS, Sabbagha RE: The high-Risk Fetus, Springer-Verlag, N.Y. 1993)，將周產醫學的新知貢獻給國際同行。這兩本書在台灣也盛行一時，對台灣的婦產科學界不無或多或少的貢獻。

談到回饋故鄉，回饋母校，我於1981年返台大婦產科當客座教授並應邀在台灣醫學會當主講員。1984年在長庚醫院，1988年在國防醫學院，1989年再度在台大當客座教授。1984至1994年之間五度返台參加在台灣舉辦的國際學術研討會。每次返台都曾到台大演講，趁便感謝陳皙堯、李鎡堯、謝長堯、謝豐舟諸位教授先後的邀請。1989年很榮幸地被邀請為邱院長逝世週年紀念會學術演講會的講員之一。為了感念邱教授師生之誼，特以「我十五年來對子宮內胎兒成長遲滯症之研究」為題，表示個人對一個項目的持續研究。邱教授曾告訴我們他對子癇症成因研究的堅持。同樣本著回饋的心情，1990年我擔任北美洲台灣人教授協會會長時，極力促成年會在台灣召開，首度和台灣學者作學術交流，可說是歷史性的創舉。1993年個人參選台大醫學院院長，也抱著一樣的回饋心情。想到二十年前魏炳炎教授及魏火曜院長的話，今天我雖然離開了台大婦產科，並不感到後悔，反而對台大婦產科早期對我的栽培，感到驕傲。有人問我在美國出版教科書有何感想，

我說：「我當醫學生讀的多是英文教科書（葉曙教授的病理書除外），今天在美國當教授，能寫英文教科書給美國醫學生及醫生讀，也算人生一大樂事。」

三十年來台大婦產科隨著科技新知的發展，不斷在進步，在資訊發達研究環境轉好的今日，應大有可為，前途無量。我站在婦產科前輩的立場，盼望正在接受教育及訓練的後輩，要把握機會將自己的基礎打好，不論將來留在國內或出國深造，要能大大地發揮。而站在從事學術研究工作者的立場，我更盼望大家具有「學術無國界」的觀念，努力於科際、院際、校際及國際的合作研究，這樣更能提升科學進步，造福人類。我感謝台大婦產科對我的栽培，也盼望今後能做出更多的貢獻，回饋母校。

3. 北美洲台灣人教授協會首度回台召開年會的經緯和歷史意義(2004年)

前言

欣聞吳三連基金會預訂於2003年年底，召開海外台灣人社團對台灣政治民主化經濟力提昇的貢獻等歷史性事蹟研討會。張炎憲教授將編輯論文成書，做為永久性歷史記錄，筆者感到非常有意義。尤其是在海內外台灣人努力合作，盼望達成獨立建國的前夕，這項活動更顯重要。

筆者留美三十四年，在紐約州立下州醫學中心、哥倫比亞大學醫學院及愛因斯坦醫學院，擔任遺傳學高危性產科及胎兒醫學研究員共計八年。接著在芝加哥大學生物科學及醫學院擔任研究教學的教授職廿五年。於2001年六月底退休，續聘為芝加哥大學終身名譽教授。筆者在產科領域，研究論文及英文教科書的出版，國際聞名，為國際權威性胎兒醫學專家。1981年至2000年之間頻頻回台擔任客座教授及參加在台灣召開的婦產科國際學術會議。自1994年至2001年被聘為台大醫學院院務諮議委員。在醫學專業之外，筆者也熱心參加海外台美人關心祖國台灣的活動。尤其是北美台灣人教授協會(NATPA)、北美台灣人醫師協會(NATMA)及台灣同鄉會(TAA)等社團。

1990年筆者擔任第十屆NATPA會長，將會務的最高目標放在首次回台召開年會。當時台灣雖已解嚴，釋放政治犯。李登輝為國代選出的總統，可是國民黨的舊勢力仍然主控政局，不得不使

用長期掌握軍權的郝柏村為行政院長，政局動盪，乃有學生靜坐中正廟，召開國是會議等不尋常的插曲。海外黑名單部分解除，但未完全打破。台灣已有主持正義的教授會(通稱台教會)、澄社的組成，使NATPA回台開年會有學術交流研討的對象，這個局面鼓舞了以學術研究為專業，關心故鄉台灣為職志的NATPA會員回台的熱心。再加上會後地方參觀旅遊的安排，大家不顧路途遙遠，旅費的昂貴，參加年會的會員及眷屬達一百五十人，成為NATPA十年來最盛大的年會。

籌備過程一波三折，熱心功臣個個賣力

筆者接任第十屆NATPA會長的一年前(即1988-1989)，擔任第九屆陳文彥會長的副手，虛心學習，努力參與各種NATPA活動，如「廿一世紀台灣在太平洋的角色研討會」在馬利蘭大學成人教育中心舉辦，海內外學者專家及島內社會運動者，就台灣的主權和台灣公共政策進行學術性的研討。NATPA與台灣國際關係中心(負責人蔡武雄)合辦第一次以台灣人為本位的酒會招待會，招待在華府參加第四十一屆亞洲研究協會年會的台灣問題專家學者。1989年12月初台灣的立委、縣市長、省議員選舉，在野的民進黨踴躍參選，NATPA的觀選團包括陳文彥、廖述宗、張旭成、林宗光全程參加觀選，返美後發表觀選團聲明，嚴厲批評民主化過程執政的國民黨公權力的濫用，軍人不中立，金錢的介入和中共言論的干擾。要講民主，總統、省長和台北市、高雄市兩直轄市長非民選也是不合理。筆者那時已接任NATPA會長，因在台大講學，僅參加台北地區和宜蘭的觀選。同時趁此機會認識更多學術界、民進黨人士，為籌備第十屆年會在台灣召開增加信心。

　　1989年NATPA年會和大平原區秋令會合辦，在密蘇里州春田市舉行。那時筆者以新會長身分說明為了紀念NATPA成立十週年，1990年年會可能在台灣召開。當場分發調查表，徵詢會員回台參加年會的意願，贊成者居多數。

　　1990年元月在芝加哥召開NATPA理事會及第一次年會籌備會，有理事、前會長、分會長共十八人參加。不料對於回台開年會反對的聲浪甚高。反對者的理由包括經費龐大，非NATPA由1989年度移交的行政經費(三萬多元美金)所能負擔。回台路途遙遠，旅費昂貴，參加者可能比往年少(過去九次年會，每次大約五、六十人參加)。有許多會員仍列國民黨的黑名單，無法回台。對於開會場所也有所爭議。多人提議在南港的中央研究院，開會住宿同時解決。筆者認為那時的南港地屬郊外邊緣區，交通不便利，在台的學者專家參加者可能減少。筆者提議當時台北最熱鬧的市區中山北路的國賓飯店和馬偕醫院為住宿及開會地點。一方面可吸引更多台灣的參與者，一方面隨行的眷屬不開會可以逛街。支持筆者意見最熱心的要算賴義雄、蔡嘉寅兩位前會長，他們後來成為最忙碌的正、副聯絡人。筆者心裏明白，如果要1990年年會能順利在台北召開，經費、黑名單、參加會員人數和年會會議及住宿場所等四大難題，非一一解決不可。

　　筆者將NATPA十週年年會的籌備列為該年度的重要工作，擔任秘書長兼財務的林宣繼要加倍忙碌了。他一共發出三次通知給全體會員鼓勵參加年會及捐款。擔任編輯的陳清風除了每三個月出版期刊(Newsletter)一次，一年四次之外，筆者給他加重一項工作，即編印由十位會長親身執筆的歷史性刊物「NATPA十年的回顧1980-1990」一書，此可以說是NATPA十年來實際活動的歷史性

記錄。會員各得一本，也能贈送其他社團介紹NATPA，吸收新會員。同時年會時帶回台灣可作贈送各界人士的禮物。負責募款的副會長林武男，因回台而財務計劃倍增，高達八萬元。筆者率先捐出五百元，向會員募款，許多會員踴躍樂捐一百、兩百、五百不等。會員顏永財捐出一萬元，在日本的前世台會會長郭榮桔亦捐出一萬元。會員朱耀源三千元，會員李雅彥兩千元。台灣方面辜寬敏台幣三十萬，陳繼盛台幣十萬，民眾日報台幣五萬元。

筆者早在1989年12月擔任台大客座教授期間，即曾拜訪張榮發設立的國家政策研究資料中心的執行長張瑞猛，現代學術研究基金會會長鄭欽仁，台灣教授協會林山田，台中扶輪社負責人陳中全及吳俊雄，協商合辦研討會或協助NATPA年會學術研討會事宜。賴義雄於12月下旬返台參加民間國建會時，更繼續與張瑞猛及鄭欽仁討論更具體的合作問題。1990年元月在台灣自立報社發行人吳樹民首肯當台灣的總聯絡人，並即刻進行會議地點的實地觀察與地方建設參觀旅行計劃之擬訂，這些工作不斷發生波折，帶給他很大的麻煩。

三月中當NATPA研究委員會各組召集人得到會員踴躍響應，集到近六十個議題時，原計劃分三組同時進行的研討會乃擴張為五組同時進行。筆者曾在馬偕醫院十一樓的會議中心，參加過婦產科國際會議，記得有很大的禮堂和四個以上的中型會議室，乃和馬偕院方協商，得到馬偕醫院院長吳再成、副院長藍中基協助提供免費的會議場所。吳樹民亦協商出國賓飯店以較低廉的價格提供會員及眷屬住宿。馬偕、國賓位於中山北路對街，步行往返非常方便。適時國策中心也答應免費印刷研討會所有論文內容的論文摘要集和更詳細的論文集發給參加的會員和來賓。至此許多

重要的難題大部分解決。

筆者於1990年元月至五月間，馬不停蹄先後拜訪了休士頓、聖路易、華府、紐約／紐澤西、北加州、南加州及平原區共七個分會，向會員直接說明年會籌備經過，並說服更多會員參加。同時拜託各分會長繼續鼓舞，提增參加年會人數。俗語云「見面三分情」，相信不少會員因見到會長的熱心而決定參加此盛舉。其他分會：新英格蘭、密西根、中北部、克里夫蘭四分會都電請分會長和理事熱烈鼓舞。這段期間筆者的努力，代替召開分會長會議，終於有一百多位會員返台參加年會，連同眷屬達一百五十人。

四月十九及二十四日，會員徐福棟主催在華府召開台灣經貿會議，筆者全程參加，會議非常成功。四月廿一日趁多位年會籌備人員在華府之便，在賴義雄府上召開第二次年會籌備會議，參加者為賴義雄、蔡嘉寅、胡勝正、陳文彥、吳漢南、賴淳彥、李賢淇、林靜竹等八人。會中就會議節目，台灣學者邀請參加名單，五天的參觀旅行計劃，來賓及宴會主講者，印製節目小冊，新聞宣告等進行討論及決議，許多事務性的項目到此都已定案。

五月下旬NATPA總會委派蔡嘉寅返台兩週，代表籌備會拜訪及邀請在台參與單位和學者專家，並與吳樹民共同成立在台準備工作委員會，實地安排會場及會議期間參加者的食宿、宴會以及參觀旅行接待單位的聯絡等事宜。預定六月中蔡教授返美，秘書林宣繼統計出報名人數後，召開第三次籌備會，NATPA首度返台召開年會正式成軍。

至於黑名單問題，由在台的前副會長朱耀源和國民黨海工會正副主任章孝嚴、鄭心雄不斷談判，由華府賴義雄、陳文彥等與台灣經濟文化辦事處副處長林尊賢不斷協商，由最初的十八名減

至十三名，最後兩位年會講員吳明基(現任FAPA會長，當時爲NAPTA
理事，台獨聯盟中央委員)和李應元(現任行政院秘書長，當時爲台獨聯盟
美國本部副主席)仍留黑名單，其他全部解除。吳明基按兵不動，李
應元則隨軍翻牆入台。另有日本郭榮桔擬返台參加受阻。

年會團隊的組成

會務組

會長：林靜竹

副會長：林武男

秘書／財務：林宣繼

顧問：廖述宗(創會會長)

節目組

總協調人：賴義雄(第七屆會長)

副總協調人：蔡嘉寅(第二屆會長)

台灣總聯絡人：吳樹民(自立晚報發行人)

台灣副總聯絡人：朱耀源(前副會長)

政治組召集人：林宗光(第六屆會長)

教育組召集人：吳得民(第四屆會長)

經濟組召集人：陳文雄

文化組召集人：張富美

生物醫學組召集人：周斌明(理事)

藥劑學組召集人：林宗仁

農業組召集人：蔡嘉寅

科技／企業組召集人：徐福棟

環保組召集人：林武男

參觀旅遊領隊：李賢淇(第九屆秘書長)

出版組協調人：吳漢南

這是一個堅強的團隊，包括多位前會長及NATPA核心人物，相信必有精彩的演講及建言，貢獻台灣的政府、社會和民眾。

開幕典禮官員缺席，學術研討會成功順利

七月廿七日為內部的理事會及會員大會，也召開記者招待會，由會長、副會長、顧問、NATPA正副總協調人、台灣正副聯絡人報告此次年會在台灣召開的目的，各研究小組對台灣改革建言的內容和台灣學者意見交流的議題。可是記者中有的專門注意李應元偷渡入台是否屬實。開會前筆者和蔡嘉寅往訪章孝嚴，他肯定NATPA十位代表去見李總統，直接提出建言的安排沒問題。(朱耀源透過章孝嚴，總統府秘書長蔣彥士事先安排的)過了一天，章孝嚴卻躲起來，電話不接，人也失蹤了。原來安排在開幕典禮(七月廿八日早上)要演講的來賓前內政部長吳伯雄和台北市長黃大洲，另外參加分組學術研討會發表演說的經濟部長蕭萬長、國科會主委郭南宏和農委會主委余玉賢，都通知不能來。

顯然因李應元事件，行政院長郝柏村下令阻止的。幸而衛生署長張博雅、環保署長簡又新如期到場參加。開幕典禮的兩位貴賓改邀請台北縣長尤清和自立報系社長吳豐山。

那段時間，台灣社會白色恐怖的陰影還未全散。筆者曾發出十五張邀請函給台北的醫界人士及台大醫學院教授參加NATPA的學術研討會及宴會，出席參加人僅李鎮源教授、楊照雄教授和馬偕的吳再成院長三人。另外周斌明教授邀請的有彭明聰、吳昭新

兩教授出席生物醫學組討論。台灣的媒體對NATPA1990年年會及學術研討會較有正面積極報導的祇有自立報系、首都早報和高雄的民眾日報，自由時報也有些好的報導；聯合報、中國時報則注重負面的報導，而中央日報好像不知道NATPA回台開年會及學術研討會這回事。

　　開幕典禮在大禮堂舉行，佈置莊嚴大方，講壇下擺滿花籃、花牌，包括一些「禮到人不到」的政府官員送的。筆者首先以台語致開幕詞表示歡迎及感謝。此次年會及學術研討會，內容就政治（包括外交、國防）、文化、經濟、教育、科技、農業、環保、企業管理、醫藥、健康保險等議題和國內學者作學術交流，感到非常興奮。另一方面為黑名單的繼續存在，感到心情沉重。接著筆者說明NATPA設立的宗旨和會員關心台灣，回饋台灣社會的心願。最後筆者以三點希望及感謝協助捐獻NATPA的團體或人士，以及參加年會所有的人，結束演講。三個希望包括：(1)希望海內外鄉親共同發揚「蕃薯精神」，洗脫過去被人恥笑的「怕死、愛面子、貪小便宜」那種台灣人的形象，也引用美國總統甘乃迪的名言：「不要問台灣能為我做什麼？問你自己，我能為台灣的人民、台灣的社會國家做什麼？」互勉。(2)希望海內外的鄉親共同來創建台灣人智慧與教育的資源。(3)希望

筆者在北美洲台灣人教授協會1990年年會致開幕詞(於台北馬偕醫院禮堂)

所有參加這次年會的NATPA會員，在三天的會議、五天的地方建設參觀旅遊能成為一次寶貴的經驗。

貴賓尤清縣長及國代吳豐山緊接著也用台語發表演講。尤縣長除祝賀NATPA年會成功外，告知台北縣在他領導下的施政政績。吳豐山強調台灣人應加緊努力，共同打拚，為台灣生，為台灣死。他並指出這些年來，台灣各項措施確實有些進步，但對台灣人本土化仍然強烈排斥，黑名單雖然部分解除，卻未完全打破。曾任台獨聯盟主席的蔡同榮、陳唐山可以返台參加國是會議，為何李應元卻被擋駕？陳昭南回來要被抓，羅益世又被判十個月？當局顯然使用雙重標準。

緊接著學術研討會分成五組同時進行。(1)台灣政治的改革(包括外交、國防)。(2)台灣經濟及環保的改革。(3)台灣文化及高等教育的改革。(4)台灣農業與農業科技的建言。(5)生物醫學、藥劑學和全民健保的研討。其詳細論文內容都刊印於學術研討會論文摘要集(共有78個議題)，在此不再贅述。筆者將其中重點經媒體批露者整理如次。海外學者替台灣社會把脈，政治壓垮學術。會場外佈滿便衣人員和記者，逮捕李應元情治單位全部出動。NATPA年會被披上神秘外衣。會長林靜竹澄清外界印象：NATPA不是政治團體，是關心台灣的學術團體。NATPA提外交政策建言呼籲放棄中國主權，以台灣自居。NATPA對台灣提出五項建言：教育採取分權制，讓學校自行作主。農業制定有效保護政策，加強國內外市場動態情報蒐集。環保全面造林綠化台灣，政治全力維護台灣主權。經濟積極尋求技術升級。強調加強本土化教育，重視台灣意識。台灣應向星加坡政府與人民看齊，認同自己的土地，擺脫中國政治及文化陰影，自己決定前途，重返國際社會。

台灣的未來以公民票決才符合民主潮流。總統、省長應直接民選，憲法應適合台灣現況。以上重點建言可謂琳瑯滿目可見這次NATPA年會有備而來，學術研討會海內外交流，雖得不到政府的支持，成果豐碩，不容置疑。

台北的兩場晚宴冠蓋雲集

七月廿八日晚上吳三連基金會歡宴NATPA會員，吳得民、吳樹民兄弟及自立報系社長吳豐山共同舉杯歡迎祝賀NATPA會員及眷屬，並請前世台會會長，後來擔任台南縣長的陳唐山演講，賓主相互敬酒，直到午夜盡歡而散。

七月廿九日的晚宴規模更大，是NATPA回請台灣的貴賓，感謝他們的協助與捐獻並頒紀念牌給台灣春秋社辜寬敏社長、康寧祥立委(首都早報)和免費提供會議場所的馬偕醫院吳再成院長。貴賓中重量級的有李鎮源院士、田再庭立委等多人。九位前會長中祇有陳文彥因臨時有事未克返台。

1990年NATPA年會。左起李鎮源，周斌明，吳秀惠，田再庭，廖述宗，林靜竹。

地方建設參觀團五日旅遊獲益良多

由七月三十日至八月三日，包租一輛大型遊覽車由台北出發南下至屏東後再折返台北。有四十多位會員及眷屬參加。領隊李賢淇、助理林英侯，安排緊密的參觀行程，包括省級機關、地方縣市政府和國營企業。第一天沿路參觀桃園觀音鄉垃圾再生工廠、新竹工業園區、霧峰農林試驗所，晚上由農林廳長孫明賢招待晚餐及卡拉OK。第二天訪省政府（省主席正在省議會備詢），省議會由議長簡明景接待，台中市政府林柏榕市長（國民黨）施政簡報，晚間由台中市扶輪社招待晚餐及住宿。在台中市中山堂開政治座談會。第三日拜訪彰化縣周清玉縣長（民進黨），女縣長特別和女士們合影。接著由嘉義市長張文英（無黨派）陪同到台灣第一個二二八紀念碑獻花。那時天氣轉變下著雨，好像為二二八犧牲之英雄烈士哭泣。午餐由台南後壁黃崑虎在大住宅席開六桌。（黃崑虎，台大

教授夫人拜訪彰化縣長周清玉（中坐）右三為許世真。

1990年北美洲台灣人教授協會返台開年會會後旅遊留影

政治系畢業，當時在南部養雞，被稱為養雞大王，後來擔任李登輝及陳水扁總統的國策顧問。)晚餐及住宿台南市由鄭楓木醫師安排招待，晚宴時蕭欣義演講。同日下午拜訪台南市政府，聽市長施治明（國民黨）施政報告。

　　第四日參觀中鋼及中油林園石化工業，下午NATPA與民眾日報、高雄縣政府合辦工業與環保座談會。晚上由高雄縣長余陳月瑛（民進黨）在高雄國賓飯店晚宴後住宿高雄。第五日早上拜訪民眾日報李哲朗社長及蔡主編，繼續拜訪屏東縣政府蘇貞昌縣長（民進黨）後，車子北上。午後在往日月潭遊覽途中汽車發生故障，中途等了數小時仍無法修復，由台北另派一車接回，這是此次旅遊美中不足的一個插曲。

　　這五日行程，參觀者相當勞累，但是對於台灣的進步，招待者的親切，帶給大家故鄉的溫情和美好的回憶。

八月三日NATPA第十屆年會終告結束。NATPA發表閉幕聲明，強調我們對故鄉各界所給予的支持與合作，表示誠懇的感謝，我們願意常常回來與大家一起打拚創建台灣光明的前途。

筆者與施啓揚的對談

這一段是十三年來筆者從未公開的經驗，此已時過境遷，寫出來成為歷史性的回憶。施啟揚是筆者台中一中的同學，在校品學兼優，後來施同學學習法律，筆者學醫，走不同事業路線。兩人雖都在台大為校友，法學院離醫學院很近，卻很少接觸。施啟揚留德取得博士學位返台大任教，他與留法的李鍾桂女士在台北中山堂結婚，由何應欽將軍證婚，筆者和多位台中一中同學都被邀請參加，大家都猜測這一對年輕伉儷很有政治前途，果然他就是我們這一屆台中一中畢業同學中，宦途最順利，官位最大的一位。

1984年筆者在美國芝加哥大學醫學院任教，應長庚醫學院客座教授之聘，四個星期在長庚，兩個星期赴日本東京、京都、大阪、奈良、九州等十個醫學院講學，筆者在返台期間拜訪時任法務部長的施啟揚，告知美國NATPA會員希望國府以「法治」代替「人治」。他的反應是他是留學德國的，對歐美民主法治的精神很清楚。台灣的司法改革要慢慢來，由改善監獄環境、法院的制度、治安的維持做好才能談到人權的保障、公平的審判等等一套大道理。

此次1990年NATPA學術研討會及地方建設參觀旅行結束後，內人和我逗留台北數天，年會的下一週星期一(可能八月六日)，我和廖述宗到林口長庚醫學院，探訪吳德朗院長和臨床研究部主任張學賢(由華府回台微生物學退休教授)，下午回到住宿的台塑大樓招

筆者(中)和行政院副院長施啟揚(左)會談留影，由程國強(右)接送。

待所，便接到台中一中同學程國強(時任國民黨出版事業董事長)來電話說，行政院副院長施啟揚星期二早上十點要和我對談，大約兩小時。我想此次既然見不到李登輝總統，直接提出建言，可借施啟揚傳達NATPA建言給李總統，所以答應這個約談。程國強說他要按時來接我，事後送回。臨行前我對內人半開玩笑地說：「萬一到下午兩點鐘我尚未回來，妳就打電話給自立報社吳樹民，請他幫忙找人。」

　　到了施啟揚的辦公室後，我們三人合照一張相片後，程國強就藉故避開，讓施啟揚和我對談。施說：「郝院長今天到中南部出巡，我要留守行政院，早上有時間。」接著說：「北美教授協會的活動我們很清楚，海內外知識份子對台灣的關心和努力，其實目標是一樣的，祇是您們要直衝，政府的方法是迂迴漸進的。如果政府倡言台灣獨立，對岸的火箭馬上打過來。」我回答說：「中共是在恐嚇台灣的政府和人民，他們沒有攻打台灣的能力。」(根據賴

義雄雙方軍力的比較演說）。接著我又說出要向李登輝總統建言一大堆，請施轉告。他默默同意的包括教育鬆綁，讓教授治校，由歐美聘回的教授與台灣本土教授的待遇和研究經費要公平，不能厚此薄彼。台灣出生外省人子弟應屬台灣人，不能登記為湖南人。台灣政治、教育要徹底民主化，也要本土化和其他上一節提到的科技、環保、外交、國策、民生的許多建言。施說政府都會同意，一步一步在改進。他不贊同的有：（1）地方政府有部分稅收以充實地方建設。施說目前是由中央收稅統籌分配給地方，否則富有的縣市如高雄縣、台中市會建設得很好，屏東縣、台東縣會很差。由此導致宋楚瑜當省主席時成為地方的散財童子，為他自己的競選鋪路。（2）縣市長的警察指揮權，他說台灣縣市太小，罪犯容易在甲縣犯罪，跑到乙市躲藏，還是由警政署統一指揮較有效力。對於外交方面施很強調美國的重要性，要海外的朋友多做國民外交，替政府爭取。兩小時很快地過去了，他贈送我一本厚厚的書，即故宮博物院出刊的「國之重寶」展覽物相片和說明。施啟揚很客氣地送我到門口握別。證之今日，大部分的建言李登輝總統下台之前，都已做到。

歷史意義和對目前台灣現況的啓示

筆者分析，1990年NATPA首度回台召開年會，海內外學者學術交流、參觀地方建設、瞭解台灣現況之後，至少有下列幾點歷史意義：

1. 為海外各社團回台召開年會的典範。1990年之後海外台灣人社團紛紛回台開年會，世台會、公共事務會、台灣人商會、醫師協會都曾組團回台。NATPA本身也兩度回台開年會，第十四屆

(1994年，商文義會長)和第二十屆(2000年，吳和甫會長)，後者正逢民進黨陳水扁總統就職後，拜訪陳總統於總統府。

2. 徹底打破黑名單，台獨聯盟班師回台，直接參與台灣政治。台獨聯盟成立比NATPA早，其運作和NATPA沒有直接關係。但是NATPA1990年年會突顯黑名單問題的不合理，有損基本人權的維護，間接促成黑名單的打破，開放各界人士的回鄉。

3. 1990年以後，NATPA會員紛紛回台貢獻，不論學術界、教育界、企業界都因這些學人的歸國，教育獲得改革，科技獲得提昇，社會福利及弱勢團體的基本人權獲得保障。不少陳水扁政府的官員和地方政府首長是參加1990年NATPA年會的會員。

4. NATPA堅持台灣主權獨立的主張也與後來李登輝總統兩國論和陳水扁總統一邊一國論有相同的立足點。和中國劃清界限，台灣才能自己建國，在國際上走自己的路。

5. 目前NATPA正在努力研究的中心議題：如何構建台灣的獨立國格，提供不久將來台灣制憲獨立，在國際上以「台灣」的國名走出去的方法和努力的方向。

4.追憶芝城台灣社區教會(2003年)
——兼談我的基督教信仰

　　欣逢芝城台灣社區教會設立二十週年，慶祝教會「成年」滿二十歲。筆者感到非常高興，在此祝福社區教會造就更多鄉親信仰基督，得到上帝的恩賜，教會加倍興旺，福音廣傳。

　　我並非出生在基督教的家庭，幸而父母親並無保守封建的思想，我從小就有機會閱讀武俠小說及翻譯的西洋小說。初中時就常隨基督徒朋友到豐原教會及台中柳原教會做禮拜，同時對於台灣的廟宇和民俗的大拜拜也很有興趣。初中時，課後時間大部分花在閱讀小說和飼養鴿子。高中時，台中中台聖經學院在我的故鄉潭子設立佈道所，先後由該學院畢業的高耀民(高俊明牧師堂弟)和林茂盛兩位傳道主持佈道傳福音的工作。他們都比我大兩、三歲，因此潭子我們同輩的數位青年被招募為助手。連續的佈道會、做禮拜、唱聖歌、讀聖經，便成為我高中三年中，課後最主要的活動。思想靈活善變的少年期，我就由慕道而進入信仰，並能將自己對基督教的中心思想——宇宙只有一位真神，三位一體的上帝，耶穌基督道成肉身，在十字架上完成贖罪的功勞，使世人因信得救。這是上帝的恩賜，基督徒生活中的要素，重生，信，愛，望的信息傳給別人——我自己也決心成為基督的信徒。那時我雖然功課很好，考大學充滿信心，但是突然而來的恩賜，1954年我由台中一中保送台大醫科就讀，這是台灣首次設立的保送制度。

　　進入台大後，我就和多位同一宿舍的基督徒，到位於台大和

師大中間的和平長老教會做禮拜，並參加青年團契、聖歌隊的活動，大一時接受莊丁昌牧師洗禮。該教會是台大及師大學生的大本營，聖歌隊的指揮、司琴都是師大音樂系的學生、助教。我大四時且擔任青年團契會長，可以說是我信仰生活最熱心，最有成長的鼎盛時期。醫學院五年級以後，進入臨床實習階段工作較忙碌，轉到濟南教會做禮拜。可是我們有五、六位同學常聚集唱詩、查經及祈禱。和平教會的許鴻源長老是台大醫藥系教授，他常接待我們到他家聚會。他曾提到日本「無教會主義」的基督徒，他的用意是告訴我們，隨時隨地都可聚集同心為一件事祈禱，上帝會聽到，也會回應祝福。那時我們相信，我們向上帝祈求的，常得到上帝正面的回應。

1969年我們舉家搬到紐約。我在台大已完成婦產科訓練，升為主治醫師及講師。紐約八年先後在布魯克林的州立大學、哥倫比亞大學、愛因斯坦醫學院等名校研究深造。教會則先在白人出入的教會，繼而到皇后區的恩惠教會，最後在曼哈坦的聯合教會禮拜。這期間諸多困難一一克服，不論家庭、事業都得到上帝的祝福，充滿感恩的心，個人的基督教信仰更為堅固。

1976年我到芝加哥大學任教，該校重視研究、論文發表和權威性的著作。因此工作時間長，研究寫作忙，1980年升任副教授及1987年升任教授後，更常受邀到國際學術會議發表論文、學說或專題的主講者，也常出國暢遊歐亞各國，甚至埃及、蘇聯及南美。1984年出版第一本教科書「胎兒成長遲滯症」，1993年出版第二本教科書「高危性胎兒」，都是胎兒醫學的重要經典。因為我很注重自己的研究專長和經驗，內容都是珍貴的第一手資料，因此兩本英文教科書暢銷國際，我也成為此領域的權威學者。若

不是上帝的恩賜和祝福，使我能獲得研究基金，得到很賣力的研究助手，賢內助許世真一手包辦家務和扶養兒女，使我無後顧之憂，是絕對辦不到的，心中充滿著感恩。可是也常向上帝請假，減少讀聖經及靈修的時間，這段時間我靈性上的長進可能因此打了折扣，深感遺憾。

最初我們都到芝城唯一的台灣人教會，Des Plaines的芝城台灣基督長老教會敬拜上帝，兒女也都上主日學，那時教會由趙聰仁牧師主持，以後由王再興牧師繼任，葉加興牧師和其他幾位牧師也在那裡，可謂人才濟濟，教會興旺。後來葉加興牧師看到芝城西南區發展迅速，台灣同鄉遷居於此的也很多，因此在Lombard設分會，這就是社區教會的開始。起初沒有固定的牧師，葉牧師盡量請不同的牧師講道，有時他自己証道。我們因Lombard離Hinsdale的住家較近，就漸漸少去Des Plaines的教會而

筆者所著兩本英文胎兒醫學教科書(2000年)

到社區教會敬拜上帝。

十年前葉牧師遷到南加州，幸而夏威夷台灣教會的許明昭牧師被聘為固定的牧師，會眾漸漸多起來。同時東北邊的福音教會也聘到由日本來的劉瑞賢牧師(現任聖教會中台聖經學院院長)。社區教會在許牧師努力經營下，曾有一段很興旺的時期。近年來芝城教會更有一波一波的變化，東北邊的福音教會(楊宗正牧師)和西北邊的福音教會(蔡茂堂牧師)，牧師都很年輕，吸引很多大學生及中年會友。Des Plaines長老教會陳永昭牧師退休後，由江榮茂牧師接任，江牧師2002年年底以六十歲英年蒙召回天家。社區教會許明昭牧師退休後，幸得賴子良牧師繼續主持。賴牧師本為電腦工程師，退休後因神學院畢業，具牧師資格，2001年封牧大典時，芝城各教會會友傾巢而來觀禮，盛況可謂空前，筆者甚為感動。半年前筆者因退休後想和子孫接近，且盼望氣候較溫和的環境乃搬到北加州。臨行受到社區教會兄姐們的歡送，感到溫暖的友誼和無限的思念。其實筆者在芝城近郊住了26年，上述各教會都有許多長期認識的老朋友，主內兄姐的情誼，久而彌堅。我們搬到加州後在東灣台灣基督教會也認識了不少新朋友。

茲值芝城台灣社區教會設教二十週年紀念，筆者謹祝貴會在賴牧師領導之下，長執分工合作，會眾熱心配合，興旺教會。慕道友都能很快因信得救，成為熱心的基督徒，有緣享受天國的福氣。最後以貴會2003年的標語「勤讀聖經，見證主恩」和大家互相勉勵。

第二輯
社團活動

【摘要】

本輯為芝加哥台灣同鄉會在1980年代後半和1990年代前半的活動描述，包含文化講座、音樂演奏和歌舞表演。(1989年至1994年)

此外，尚有1990年代末期，台灣雲門舞集的精湛演出，以及台美人女鋼琴家陳芳玉的高水準演奏。

5. 台灣文化衝擊芝城同鄉

　　誕生於南加州之北美台灣人文化音樂訪問團，由台灣人音樂作曲家蕭泰然、台灣文庫創辦人林衡哲及名作家兼政論家陳芳明三位傑出台灣人率領，於1989年5月31日在芝城演出高水準的音樂會與文化講座。在這個文化音樂訪問團來訪的前後，五月十二日芝城台灣基督教會為慶祝設教二十週年，曾演出聖經故事與台灣歌謠揉合而成的「坐滿我的厝」歌舞劇；六月十八日又有芝城台灣人商會與芝城台灣同鄉會共同推出的「芝加哥台灣歌舞之夜」。在短短的五個星期中，芝城同鄉受到三次台灣文化、台灣歌謠的大衝擊，使得每一位與會的同鄉因著鄉音的激發，再度提昇台灣意識，更加瞭解做一個台灣人的可貴與尊嚴。筆者曾為文報導評論「坐滿我的厝」歌舞劇，先後刊登台灣公論報及太平洋時報。本文則將記述台灣人文化音樂訪問團在芝城的演出情景。

台灣音樂將進軍國際樂壇

　　芝城是南加州文化音樂團訪問的第五站。該團的壓軸演出無疑是蕭泰然的近作「蕭泰然小提琴協奏曲」。由演奏音樂造詣極深的郭雋律擔任鋼琴伴奏。記得1983年，蕭泰然曾率領一群南加州「台灣明日之星」的少年學生到芝城開音樂會，郭家姊妹亦在其中。六年後的今日，她們已長成漂亮的少女，且都得到名校的音樂碩士學位，演奏技巧的純熟和音樂感情的流露，已能充分發揮這首蕭泰然為台灣人的命運與台灣人的前途而譜出的心聲。這首協奏曲自1988年年底誕生以來，作曲的水準已有無數的知音給

予前所未有的佳評。

「這首協奏曲是蕭泰然的化身，他那種精神的發揮，情緒的控制，親切而通達」。

「作曲者對小提琴有深度的認識，小提琴高度的技巧盡在此協奏曲中表露無遺」。

「此曲與聽眾產生強烈的共鳴，是蕭泰然作品的新里程碑。這一首作曲的誕生使蕭泰然由民族音樂家蛻變為國際性的音樂家」。

「這一首協奏曲已可比美芬蘭的西比留斯(SIBELIUS)、匈牙利的巴特克(BARTOK)、英國的ELGAR和法國的聖桑(SAINT-SAENS)」。

「貝多芬的第三交響樂曲是他個人的自畫像，同時也是德意志的史詩；蕭泰然小提琴協奏曲是他個人的自畫像及台灣人的史詩」。

對這樣一個佳評如潮的蕭泰然作品發表會，芝城同鄉都抱著先聽為快的興奮精神，湧進寬大的台灣社區教會禮拜堂，填滿了每一個座位。

蕭泰然小提琴協奏曲共分三個樂章。第一樂章的主旋律雖為西洋曲形式卻帶有台灣民族的色彩。音樂由柔和進入多采多姿的音律變化，象徵著台灣農村早晨的和平與慶祝節期熱鬧的歡樂。第二樂章一開始即以台灣民謠「牛犁歌」為主題，轉化提昇為一篇優美的詩歌。其特色為不斷的轉調和主旋律的重複出現，極富浪漫的韻味。「牛犁歌」的主旋律亦曾在第一及第三樂章出現，表現全曲的一貫性。第三樂章一開始即以快速的節奏展開，這種快速節奏的細密組合，隨著樂曲的發展，小提琴與鋼琴的相互呼

應，高潮迭起，顯示出整首樂曲的重心所在。其中第一及第二樂章的主旋律也重現在此樂章中。第三樂章也穿插著西洋小夜曲的旋律和另一首台灣民謠「一隻鳥仔哮啾啾」的旋律。這些調子穿梭於優美的和弦中，短暫出現，稍縱即逝。第三樂章最後以強烈、興奮和喜悅的旋律重疊追逐狂奔，直到結束全曲，象徵著台灣人由過去哀怨的命運轉向於未來光明燦爛前途的渴望。這樣的作品，非有像蕭泰然那樣熟悉台灣民謠的精髓與特性，西洋作曲的涵養與技巧，再加上強烈的台灣人意識和台灣命運的認同者，是無法譜出的。這首作曲借用「牛犁歌」的旋律，使台灣人聽來頗有親切感，這是好處。但也有缺點，那就是「借用旋律」的作曲，其權威性不如「自創旋律」強烈。

據說蕭泰然這首小提琴協奏曲，台灣出身擠身國際樂壇的名小提琴家林昭亮曾看過，他將來很可能以協奏曲或交響樂伴奏的方式介紹給國際樂壇。又聽說蕭泰然將再接再厲譜出另一大提琴協奏曲。盼望這種表現「台灣魂」的大型樂曲，在不久的將來不斷誕生，向國際樂壇進軍。

充滿感情的歌唱

音樂會的其他節目包括鋼琴五重奏、弦樂三重奏、鋼琴獨奏、大提琴獨奏和女高音獨唱。每個節目都有蕭泰然的作曲和西洋曲與德佛札克鋼琴五重奏、貝多芬弦樂三重奏和普西尼歌劇「蝴蝶夫人」等相互對照，非常有意義。這些演奏由郭家姊妹及林俊信、范雅志、吳招麗等青少年演奏家各自表現，其非凡的技巧，演出可圈可點。其中「蘭陽舞曲」含有台灣民謠「丟丟銅」的熟悉旋律和大提琴奏出的「客家綺想曲」，都使人感到鄉音的

親切與共鳴。

黃美星女士頗富感情，韻味十足的女高音獨唱，贏得不少掌聲。她高歌三曲，各有特色。第一首是蕭泰然的作品「出外人」。唱出我們這些離鄉遊子，寄寓美國，三聲無奈的心聲。第二首是吳良也醫師為懷念其先父吳天賞先生作詩，蕭泰然譜曲的「憶父親」。這首歌唱得感情十足，動人肺腑，對兒女感頌父母恩之心情表露無遺。作詞者吳醫師當晚也在場，他為此音樂會由印地安那州駕車四、五小時趕來和大家見面，令人欽佩。第三首是普西尼「蝴蝶夫人」中一段「那美好的一日」，也是大家熟悉的一曲。這個具有東方色彩的異國鴛鴦的情歌，也是充滿著情感的一首。這個女高音獨唱節目的選擇，每一首歌都充滿了感情。黃女士以圓滑的腔調，面部的表情和手勢，表達得淋漓盡緻。

天生的音樂家蕭泰然

根據節目單的介紹，蕭泰然五歲開始學鋼琴，先後畢業於師大音樂系、日本武藏野音樂大學及大學院。後來在台灣師大及其他學校音樂系擔任教職，繼續演奏及作曲生涯。來美後曾於加州大學音樂研究院專攻現代作曲法，取得音樂碩士學位，其在樂壇上的成就早為台灣人肯定，是一位出眾的鋼琴演奏家及作曲家。尤其來美後為台灣人譜出的無數台灣意識濃厚，鄉土氣息十足的作曲，很為台灣人所喜愛。

芝城音樂會結束前向蕭泰然獻花的許世真，是蕭泰然師大音樂系的老同學。許女士追憶蕭泰然在師大那一段時間，擁有一架台灣製的鋼琴，隨時都在彈鋼琴和作曲。他拿到了樂譜馬上可以彈，因此師大同學在表演或考試時，不論小提琴或聲樂的鋼琴伴

奏，蕭泰然是被捉公差的最佳人選。他為人細心、溫和、謙恭、生活嚴謹規律，沒有浪漫的羅曼史。蕭泰然一生與音樂結緣，可說是一位標準的「天生音樂家」。

台灣文化不是中國文化的支流

文化講座先由「台灣文化」總編輯陳芳明以「台灣意識與台灣文化」為題演講。陳芳明首先以美國文化產生的背景來說明台灣文化的產生。他說在十八世紀，英國人取笑美國人無文化，可是到了十九世紀，許多美國著名的文學家開始問世，他們和美國這塊土地結合而產生獨特的美國本土文化。這次文化音樂訪問團走過的五個城市丹佛、紐約、波士頓、聖路易和芝加哥每個城市都有著名的美國文學家產生。他以寫「湖濱散記」的蘇魯為例說明，這個作家單獨以一支釜頭在湖濱生活，看不起當時美國政府欺壓黑人窮人的情景，靠自力維生拒絕納稅，主張抵抗權。蘇魯因此被政府關了一年。這位一生從未走出美國國境的文學家，一夜之間聞名全世界。他這種對不合理的政府主張抵抗權的行動，深深影響後世，乃有印度甘地之抵抗英國政府，以及美國黑人和平人權運動領袖馬丁路德金之抵抗運動。這種獨特的美國本土文化產生的背景，可做為我們研究台灣文化，開拓及發展台灣文化的借鏡。陳芳明說他有一天回台灣，將以徒步走遍台灣每一個角落，去體會台灣文化產生的過程。

台灣四百年來，受不同政權的統治與壓迫，使台灣人民提高本土意識，產生台灣本土文化。就以近四十年內，在台灣的中國人和在中國的中國人的社會背景不同，就可看出他們的文學作品完全不同。他說在台灣的作家以中文寫文章，寫得出台灣經濟發

展的種種社會現象,卻寫不出中國大陸受文化大革命影響的社會背景,因此住在台灣的中國人和住在大陸的中國人,寫出的文學作品顯然不同。中國到現在才有爭取民主的運動,北京民主運動的學生們拿不出自己象徵民主的東西,只好借用「自由女神」。台灣人的民主運動早在清朝、日本及國民黨統治的三階段即不斷發生。雖受北京、東京、南京政治與文化的統治,台灣人為抵抗這些中央政權,台灣本土的自治意識和本土文化繼續產生。尤其自美麗島事件以後,台灣意識更加提高,本土文化如雨後春筍,加速發展起來。他談到政治因素的不同,中共政府和國民黨政府都認為鄭成功是民族英雄,但兩個政權對鄭成功的推崇方式不同。中共政權認為鄭成功由中國大陸攻取台灣,趕出帝國殖民主義的荷蘭人這一點值得尊崇。可是國民黨重視的乃是鄭成功標榜「反清復明」,將台灣經營為反攻大陸的基地這一點。因此在不同的歷史,不同的政治背景之下,所產生的中國文化與台灣文化的出路,絕不要到中國、到日本、到美國去找答案,而要在台灣的歷史中找出台灣文化的自主性,開拓台灣自己的文化。

台灣的文化運動應與政治運動相結合

文化講座的第二位演講者為林衡哲。這位創辦「台灣文庫」的醫生文學家,以「我奉獻台灣文化的心路歷程」為題演講。他首先說明兩件事,第一件是他們這個訪問團在巡迴演出帶來的一面旗子,中間的台灣島圖形是黑色的。這旗子是要抗議國民黨政權的「黑名單」政策,阻止像蕭泰然、陳芳明和他本人這些為台灣文化打拚的人士回自己的故鄉。第二件是今晚演奏的「蕭泰然小提琴協奏曲」乃由南加州台灣人聯合基金會(TAIWANESE

UNITED FUND簡稱T.U.F）資助完成的。T. U. F是1980年高雄美麗島事件後在芝加哥首先成立。當時芝城T. U. F資助許多台灣人的人權文化運動。接著堪薩斯T. U. F及南加州T. U. F亦相繼成立。這首音樂作品問世後，而亞特蘭大的陳信安發起「台灣人音樂創作基金會」，算是第四個T.U.F。林衡哲呼籲各地應成立更多的T.U.F.，資助台灣人文化事業的發展。

林衡哲講到他對台灣文化的奉獻時，首先說明他在受國民黨教育的過程中，完全不知台灣文化為何物。他在台灣時深受羅素、史懷哲和愛因斯坦等偉人思想的影響，一心想做世界公民。當時他也讀了中國的林語堂、梁啟超、胡適等人的作品。出國後更讀中國的作家魯迅、巴金的作品。台灣作家的作品祇有黃春明的小說稍有接觸。他在世界文化、中國文化中摸索了一大圈子之後，才放棄了做世界公民的妄想，回頭認識台灣自己的文化，決心一生為台灣文化打拚。

談到台灣人對台灣文化認識的缺乏，林衡哲舉例說，張良澤到洛城演講後，曾對兩百位台灣同鄉做「台灣文化的測驗」，結果祇有五人及格。這是台灣人的知識營養不良症（intellectual malnutrition）。台灣文庫自成立五年來，已出版了十五本好書。更感欣慰的是，台灣文庫於六個月前已打入台灣市場。台灣文庫將繼續努力，將目標放在出版300本好書，林義雄曾說有第一流的人民才能建設第一流的國家。第一流的人民必須有第一流的文化。張俊宏曾表示台灣文庫是他在獄中的最佳精神食糧。林衡哲接著說台灣人的政治運動必須與文化運動相結合。他本人是宜蘭人，他說宜蘭出身的著名政治運動人物蔣渭水、郭雨新、林義雄和鄭南榕，對台灣文化都有很深的體認。他說台灣文化是開放的海洋

文化,中國文化則是封閉的大陸文化。他又引用謝里法的評論說,中國文化是定型的死的文化,台灣文化是未定型的活的文化。他更指出中國大陸的名勝古蹟都是帝王的傑作,如秦始皇的萬里長城、慈禧太后的頤和園;因此,中國文化是帝王的文化。台灣文化則是本土文化,水牛與白鷺鷥的文化。西洋因有文藝復興運動,乃有以人民為中心的文化產生,中國則一直封閉於博物館內的帝王文化。台灣人應放棄中國文化而體認台灣自己的文化,以企業的精神來發展台灣文化,除了出版表現台灣文化的好書,各地更應成立台灣文化館展示台灣文化。

尾語

這一場台灣文化音樂會,深深衝擊了每一位同鄉的心,再一次體認做一個台灣人有自己文化的光榮。筆者以為不論台灣語言、台灣文學、台灣音樂都是培養台灣意識,台灣人自我肯定的起碼工具。海內外的台灣人如果一直都無法充實這些基本條件,則台灣人要獨立建國的政治運動會遭遇到更多的阻礙。演出者努力為台灣文化打拚的精神,值得大家學習,他們帶來對台灣文化的認識與刺激,在娛樂之外,值得大家深思。

6. 芝城台灣音樂歌舞之夜

由芝加哥台灣人商會、芝城台灣同鄉會及台灣人聯合基金會推出的第二屆台灣音樂演奏比賽，於1989年6月18日星期天晚上舉行。這是繼5月12日芝城台灣基督教會「坐滿我的厝」歌舞劇及5月31日南加州北美台灣文化音樂訪問團在芝城演出之後，又一台灣音樂歌舞盛會。當晚的節目包括雞尾酒會、晚宴、樂器演奏比賽、歌舞表演、摸彩及頒獎，共有芝城同鄉二百多人參加，氣氛歡暢熱鬧，直到晚上11時才盡歡而散。

發掘台灣人第二代音樂人才與促進台美文化交流

主辦這次音樂比賽的目的，據主辦人芝城台灣人商會會長吳永茂表示，是為鼓勵、發揚與推廣台灣鄉土音樂的優秀傳統及充實台灣人社區文化活動之素質，逐漸達到台美文化交流的目標。因此參加演奏比賽者必須奏一首台灣歌曲及一首自己最拿手的西洋樂曲。這次參加比賽者都是台灣人第二代青少年，表演的都是西洋樂器演奏和第一屆音樂比賽以唱台灣民謠為主要內容，大異其趣。筆者的感受是第一屆歌謠比賽較熱烈，也引起聽眾更多的共鳴。會後歌謠比賽的前三名都因參加比賽而名聲四播，尤其是其中兩位少女成為男士追逐的對象和當選芝加哥華埠小姐頭銜，佳話連連。

這次音樂比賽仍由名編導陳清風主持。主辦單位聘請芝城熱心音樂活動的同鄉許世真、蔡淑芬、盧邦兒、蘇萬來和李義雄等

五位裁判。參加比賽者中演奏小提琴的有李光俊、蔡馥阡、陳黛娜、蔡馥羽等。演奏鋼琴的有陳莉蕾；演奏橫笛的有陳立麗及陳莉莎；演奏豎笛的有田玉蘭。這些青少年的演奏技巧由初學者到有相當程度的學生都有。雖然程度參差不齊，但認真演奏的情景則頗為一致。在演奏的台灣歌曲部分包括蕭泰然的「夢幻的恒春小調」及「思鄉」；李奎然的「河邊春夢」及「望春風」；許常惠的「盲」等樂曲。比賽結果由吹奏橫笛的陳莉莎及陳立麗各得冠亞軍；第三名則由彈奏鋼琴的陳莉蕾獲得。另外頒了一個觀眾獎，乃由觀眾評分最高的演奏小提琴的蔡馥羽得獎。

在芝加哥地區演奏樂器造詣較深的台灣人同鄉及第二代青少年，未參加這次比賽的大有人在。這個音樂會籌備宣傳的時間亦相當長。為什麼這些有造詣的音樂人才不參加比賽呢？筆者在此用三點理由來說明。第一點是台灣同鄉保守被動的態度，不願在大庭廣眾之前表演，才藝深藏不露。第二點是有些才藝的人，想盡辦法去參加州際比賽或美國人辦的地區比賽，卻不尚參加台灣人主辦的音樂比賽。固然我們都住在美國社區和美國人一爭長短可為台灣人爭光，但看不起台灣人主辦的比賽的心態，值得檢討。第三點則是主辦人可能沒有派出星探，沒有「三顧茅廬」請出孔明，因此沒有邀到音樂造詣程度更高的參與者。這次音樂比賽，演出平平，幸好安排了串場節目，使音樂會生色不少。台灣人作曲者的樂曲在此音樂會中無法表現得淋漓盡致。在促進台美文化交流的層次上仍須努力，邀請美國朋友參加，才能達到這個音樂會崇高的目標。

客串表演提高了歌舞的素質，
也增加了聽眾的樂趣

在客串演出方面共有四位參與者。第一位是日本來賓村尾真理。她是神戶女子大學藝術學士，從1965年學彈古箏，四年之間由檢定初級、中級而高級，終成一位業餘的彈奏古箏能手。1985年來美後極熱心在美國各社區、教會為傳播東方古樂器而努力演出。她的先生是在阿岡研究所從事癌症研究的病理學博士。當晚村尾女士身穿代表日本特色的和服，正襟危坐，彈奏一曲她拿手的「千鳥之曲」。全曲很長，有表現喜怒哀怨不同的情懷，同鄉不常有機會聽古箏，全場靜肅傾聽。她也彈了一首臨時惡補的台灣民謠「望春風」，由她的女兒橫笛伴奏，演出極佳。

第二位客串演出者為在芝城素有「台灣歌王」尊稱的吳平治。他是師大英文系畢業的美國電腦碩士，現在任職AT＆T。歷年常在大型及中型的台灣人文化音樂活動中主唱台灣民謠，也演出話劇。數年前在芝城同鄉會年會，吳平治一支吉他邊彈邊唱「恒春調」的情景，使筆者留下深刻的印象。他在第一屆芝城歌謠比賽時也客串演出。在「咱的鄉土咱的歌」及多次台灣人夏令會「台灣之夜」當過主唱，同鄉對他極富感情和職業歌手不相上下的演出都有深刻的記憶。這次吳平治的第一首歌為「送你一朵玫瑰花」。白色西裝筆挺，左手麥克風，右手一束紅玫瑰，邊走邊唱，音韻控制極佳，情感充沛，歌聲富磁性。在他繞場兩週之後，坐在前幾排的女士，每人各得一朵紅玫瑰，博得女士們響亮的掌聲。在場的吳太太不知曾否興起醋意？吳平治的第二首歌是「阿爸的 聲」。他一身白色台灣鄉間的粗布衣，駝背彎腰，咳嗽

聲連連，由西裝筆挺迷人的男士一變而為鄉下多病的老人，可是他的歌聲仍是那樣富磁性，那樣有親切感。

第三位是臨時客串的田成鵠先生，他是陪女兒參加比賽，順便以卡拉OK方式唱兩首台灣歌「補破網」和「一支小雨傘」。可能是田先生準備不足，抑或受到舞台燈光照昏了頭，頓時忘記歌詞，跟不上音樂帶播出的節拍與女聲歌唱，引得滿堂哄笑。

最後一位客串表演的是林存如（JULIET LIN）的現代芭蕾舞。她是芝城同鄉林靜竹、許世真夫婦的女兒。五歲開始習舞，十二年後的今天，她已是芝城西郊有名的鹽溪芭蕾舞團（Salt Creek Ballet Company）的主要演員。存如曾在SSPA Performing Arts Gallery，Patricia Siguarson School of Ballet，波士頓芭蕾舞學校及芝加哥市芭蕾舞學校學過芭蕾舞及現代舞。今夏將去哈佛大學暑期學校的Dance Center習舞，並選修其他課程。她曾到過歐洲及美國各地巡迴演出。近年來繼續在The Nutcracker, Swan Lake, Peter and The Wolf, Lost In The Stars等舞劇中擔任要角。

總之，台灣歌舞之夜帶來芝城同鄉美好的回憶，跳躍的音符最易衝擊人們的心，聯繫人們的感情，更能激起台灣人的鄉情，盼望以後台灣的文化活動有更多的音樂舞蹈與演劇。

7. 芝城台灣基督教會歌舞劇
——「坐滿我的厝」觀後感

芝城台灣基督教會為慶祝設教二十週年及1989年母親節，曾於五月十一日至十四日推出一系列的慶祝活動。十一日及十二日晚上為培靈奮興大會，敦請名滿海內外的長老教會領導者，台灣宗教界的前輩黃武東牧師主講。他兩天的講道逐漸將信者與未信者都培育出一顆充滿了信、望、愛與火熱的心情，而帶進慶祝活動的高潮。

十二日晚上的歌舞劇「坐滿我的厝」是一場綜藝表演，觀眾在享受歌舞娛樂中，領悟到上帝的創造，基督的救恩，芝城教會的設教與成長，第二代台灣人子弟的團契活動與美國式的生活，流落異鄉的無奈和渴慕返鄉的情懷，最後以台上台下大合唱，唱出大家的心聲，表達對救恩的讚美。回顧二十年來教會增長的恩典和對前途的展望，充滿了信心和平與喜樂。散會後餘音繞樑，感人肺腑，是一場成功的演出。果然十四日在芝城教會的慶祝禮拜，會眾倍增，擠滿了教堂，獻詩讚美祝福之聲不絕，「坐滿我的厝」馬上應驗，會眾個個充滿了喜樂。

「坐滿我的厝」的演出是以芝城台灣基督教會的會友為骨幹，他們是百分之百的業餘演出者。可是當晚的演出有許多夠水準的表現，寓教育於娛樂，觀眾享受到難得的台灣鄉土音樂與現代西洋歌舞劇揉合在一起的表演，這是編導陳清風先生新創意的再度出擊。主持人現任芝城教會蘇慶輝牧師、音樂指導李和芳女士、舞蹈指導黃翠萍女士和全體演出者之努力，功不可沒。

「坐滿我的厝」的劇情以上帝創造天地的序幕展開，四幕主劇演出的格調迥然不同，最後以大合唱的尾幕收場。序幕演出「創世紀」是以音響與燈光取勝，再配合音樂舞蹈及朗誦來說明上帝創造天地日月萬物與人類的過程，是一幕雖短卻很有力的演出。在黑暗混沌的宇宙空間，突然出現響亮的雷電風雨聲和閃爍的亮光，頗似貝多芬「命運交響曲」開首的兩個音節，在觀眾的心坎上重重地一擊，扣人心弦。接著白色緞帶舞引進上帝創造的草木動物，第四日太陽浮現，音樂漸趨柔和，呈現一片祥和的世界。飾演天鵝的少女主角鄭雯立(ROSALYN CHENG)一身演出芭蕾舞劇「天鵝湖」的舞裝，鶴立雞群，隨著音樂的節奏起舞，一舉手一投足都給人優美的感受，充分表現其舞技之造詣。觀眾的目光隨著她的舞姿在舞台上旋轉，觀眾的心靈被融化於上帝創造奧妙的境界。「創」劇最後以亞當夏娃的出現而落幕。

二十年艱辛歷程

第一幕「坐滿我的厝」是說明芝城基督教會，從一九六九年祇有二十一個成人及四個孩童聚集的小教會，歷任五位牧師和不斷增長的會友的努力奉獻，到十年後的一九七八年買了自己的教堂，以及二十年後的今日頗具規模的殿堂，這一段由辛酸艱難轉入感恩喜樂的歷程。會友來自台灣各地，也有從美國東西部移居者，共同成為一家人。這一幕的演出包括吳照雄、賴信甚的旁白，眾會友的對話，有男女獨唱，會眾合唱和第二代青少年唱出 In Christ There Is No East Or West。第一幕雖然演出平平，卻是全劇基本精神所在，不可或缺的一環。這一幕也使許多資深會友有參與演出的機會。

流落異鄉的台灣人

第二幕的主題是回顧，演出「拿娥美」歌舞劇，是舊約聖經路得記的故事搬上舞台的。在旁白說明故事背景時，曾提到摩西帶領以色列人出埃及，當時即堅信將來以色列人將建立新又獨立的國家。劇情由拿娥美失去了丈夫及兩個兒子之後，帶著兩個媳婦返回故里，途中拿娥美勸大媳婦娥珥巴回娘家改嫁才有前途，她聽從了。可是二媳婦路得堅持守在拿娥美身旁克盡孝道，拾穗為生，奉養婆婆。後來聽從她婆婆的勸告和族親中的優秀青年阿斯結婚，這個家庭的後代生出救主耶穌。此劇道盡了台灣人流落異鄉，歷久漂泊後渴望返鄉的情懷，也描述了台灣社會一向重視的婆媳間相處之道，婆婆對媳婦的寬容愛護，媳婦對婆婆的尊敬孝順。

親切的台灣鄉音

「拿」劇的特點是以親切的台灣鄉土音樂，如「思想起」、「牛犁歌」、「走路調」等配合現代西洋歌劇的演出方式，將故事娓娓道出。演員服飾逼真，首先由台下演到台上，動作純熟；對於婆媳間難分難捨的感情，演出細膩動人，再配合五人合唱團，唱出演出者在不同情境下的心聲，這種獨特的創意和巧妙的演出方式，很易於將觀眾的感情昇華到故事中，隨著劇情的變化而起伏。獨唱以演路得的蔡淑芬和五人合唱團為首的盧邦兒為主唱，歌聲不錯。合唱的四位年輕少女也唱得很好。可惜本劇的舞蹈份量不夠，演出相當粗糙。

台灣人的第二代

第三幕的主題是救恩,由青少年演出「信仰與告白」,英語對話。一大群青少年擠滿了舞台,在教室、在餐館、在野外露營,處處表現了青年的活潑、發言的吵雜和充滿笑聲。

對於食物的好惡取冰淇淋而捨肉粽,很自然地流露出在美出生的台灣人第二代的思想、生活方式和由台灣移民來的第一代是多麼的不同!他們也以幻燈片表現自己,合唱Welcome To The Family Friends,表現在神的照顧下同是一家人,對於計劃離別的朋友依依不捨。

這一幕的演出不能由純藝術的角度來衡量,觀眾中也有不少青少年,這可能是他們最喜愛的熱鬧表演,不遜於喜愛序幕中雷電交加,萬物衍生的「創」劇呢!

「至好朋友就是耶穌」

第四幕和尾幕都是歌聲,這個排場不小的合唱團是擔任芝城基督教會聖歌隊指揮的李和芳女士的精心傑作。男女團員服裝整齊劃一,合唱訓練有素,歌聲嘹亮和諧,唱出讚美耶和華的創造,耶穌基督的拯救。回顧教會二十年歷程的感恩和對將來展望的喜樂,使全場聽眾都起共鳴。每換一曲,演唱者之隊形即起變化,使人想起二十多年前在台灣電視演唱「天韻歌聲」的每一幕。這個充滿感情和優美歌聲的大合唱,也像在演唱彌賽亞神曲一般,使人聽了久久難以忘懷。其中擔任獨唱的林秋菊女士和陳幸世醫師都是水準頗高的一時之選。演唱最後一曲「至好朋友就

是耶穌」，台上台下打成一片，整個演出就在這個高潮之後落幕，曲終人散，留下了美好的回憶。

培育新秀刻不容緩

「坐滿我的厝」是一場娛樂性很高，可讓會眾充分參與的綜合節目。其中每一幕的性質迥異和兩年前陳清風先生編導的「咱的鄉土咱的歌」一氣呵成的緊湊歌舞節目，大異其趣。以純藝術的眼光評論，這次的演出不如前次。可是這次的綜藝表演旨在慶祝設教二十週年，唱出回顧與展望的心聲，寓信仰教育於娛樂，使教會內與教會外，演員與觀眾，能夠手牽手，心連心，發揮在美台灣人團隊的精神，這個目標是充分達到了。最後筆者想向編導陳清風先生建議的是，發掘年輕有潛力的台灣人歌唱家、舞蹈家，已是一件刻不容緩的事；這些生力軍的發掘，將是您以後編導新劇演出成功，更上層樓的最佳保證。

8. 寫在「咱的鄉土咱的歌」演出後

風聞已久的芝加哥台灣文化促進會，推出的台灣民謠歌舞綜藝表演，終於十一月二十一日在芝加哥演出了，這是一場計劃週詳，台前台後通力合作，演員與聽眾心靈相應，相當不錯的音樂會。

「咱的鄉土咱的歌」在兩個小時緊湊的節目中，安排演唱了三十三首具有濃厚台灣鄉土味的民謠歌曲。舞台的佈景、燈光與音響，以及表現時代背景的幻燈投影片都已達到相當程度的水準，尤其歌星演員的服裝相當美觀，適合劇情，不遜於職業性歌舞團。大部分演出者的表情聲調，自然流露富於感情的喜怒哀樂，很使聽眾激動，感動，娛樂性亦隨之提高。筆者三年前有機會欣賞該團在中西部夏令會的演出，兩相比較，這一次是進步多了。編導陳清風先生真是下了一番很大的功夫，促成這次演出更上一層樓。

本次演出依時代的順序，首先是台灣原住民載歌載舞的舞蹈。接著先民由唐山到台灣，直到第二次大戰後國民黨統治時代的社會百態，都充分表現出來，最後以全體合唱「咱的鄉土進行曲」結束。綜觀全場的演出，筆者覺得前半部比後半部為佳，也許由於前半部表現更多淳樸的台灣民風，如飲酒歌的豪放，育子歌的親情，原住民舞蹈的真實性，歌仔戲、布袋戲之易於勾起思鄉的情懷。下半場的歌曲有一半是同鄉們相當熟悉的台灣歌謠，頗多哀調，雖有艷麗的服飾，獨舞或共舞之舞蹈陪襯，卻不見得能比前半場扣人心絃。綜觀全場有舞蹈、獨唱、齊唱、二重唱、

輪唱，也有合唱。筆者特別激賞吳平治的英文吟詩調開場白、林錦弘的布袋戲、林靜娥的含露牡丹和蔡淑芬的數曲獨唱。新演員楊婷和黃信興也有極佳的表現。更值得一提的是簡銘儀小弟弟的幾度串演，引得滿堂哄笑，真是活潑可愛。

　　演唱會已過，八百多位同鄉諒必個個餘音繞樑，回味無窮。簡短的開場白取代前次冗長的幻燈片說明，佈景服飾配合演出的時代背景，邀到多位新血參加，後半部歌唱，場場有舞蹈的陪襯，在在都是進步的表現。舞蹈都是經驗豐富的老師們親自下場，下一次如能得到她們訓練出來的年輕學生代勞，舞台效果可能會更活潑天真。這是一場值得一看的表演，筆者在此預祝他們在北美各地的表演更精彩，更成功。

9. 芝城台灣同鄉會年會有感

一年一度的芝加哥台灣同鄉會年會，於1993年12月26日(星期日)在西郊Lombard的Carlisle Banquet House盛大舉行。除了席開四十多桌之外，尚有芝城台灣文化演藝團陳清風先生精心製作的台灣文化節目，包括現代布袋戲「林投姐」、台灣古今服裝展示、台灣歌謠演唱、樂器演奏和舞蹈表演等。會場亦有愛好藝術的同鄉提供油畫、素描、彫塑等藝術作品的展覽。最後則以摸彩項目和以青少年為主體的舞會結尾，晚會可謂多采多姿。這次選在聖誕節與新年之間，假日心情濃厚的週末舉行年會，老少共聚一堂，達到了「聯誼」和「同樂」的目標。

這次年會表現出幾項特色：(一)會場佈置鮮艷整齊，有表演、有展覽，令人回想到過去芝城基金會(TUF,Chicago)的募款餐會，最後的舞會則使人回憶起每年一度的TAF青少年的新年舞會。

(二)此次年會節目的演出者，以青少年為主，大部分從未有過表演經驗，卻能在短短兩、三個禮拜的準備下，以順暢的台語或客家話，唱出台灣歌謠，並信心十足地表演古今台灣服裝，顯示他們可以傳承台灣文化，節目指導者真是用心良苦，功不可沒。

(三)過去台灣同鄉會與同鄉「聯誼」會，為故鄉打拚的立場不同。一個為追求故鄉的民主自由和人權而努力，一個為維護國民黨的統治而操心。如今雙方人馬同聚一堂，不知道是執政黨客觀政策的改變，還是台灣人鄉情交流的提昇？

(四)過去每一次同鄉聚會，都有政治、文化或故鄉現況的演講，這兩年的同鄉會年會卻獨缺主題(演講)。

時代的巨輪往前推進，值此世界財經重心漸漸東移亞洲的今日，身處美國的台灣鄉親，不論事業、家庭都必須作適當的調適。各地的台灣同鄉會也應在功能上作必要的調整。到底芝城台灣同鄉會此後應往哪個方向走？這是見仁見智、莫衷一是的問題，相信絕大多數的同鄉不會以「聯誼同樂」為同鄉會最高的目標。

筆者認為，台灣同鄉會是屬於台灣人的。同鄉會的一切運作應由有堅定台灣人意識的同鄉來主導，配合故鄉社會的現況來關心台灣。另一方面要發展台灣人在美國的紮根工作，扶植第二代繼承台灣文化特質和優良的傳統，並與美國少數民族(尤其是亞裔各族)聯合為爭取我們在美應得的權益而努力。同鄉會更應以台灣人的中堅社團的立場和其他不同性質的台灣人各社團密切聯繫，做為階段性的工作目標(如促成台灣加入聯合國)來合作努力。

今年年會已選出七位新理事，再加上連任的舊理事，是一個很健全的理事會，應能大力推行同鄉會的會務。寄望他們個個都能像「大力水手」般為芝城同鄉會這隻大船掌舵。

雖然在波濤洶湧的大海中「有時起，有時落」，為了扭轉同鄉會不穩定的命運，大家要「打拚才會贏」。也許一九九四年是同鄉會的轉機年，請各位舵手，有信心地掌握同鄉會的方向盤，昂首駛向正確的方向。

10.NATPA、NATMA與我

在我忙碌的研究教學生涯中，我一直積極地參加NATPA與NATMA的活動，原因無他，為了盡台灣人一份子的義務，也就是做一個有尊嚴的台灣人。在國內期盼台灣人當家作主，充分享受民主自由與安樂的社會。在美國期盼台灣人能發揮優秀的民族性，在美國各族高度競爭的環境中，能出人頭地。

1980年NATPA在芝加哥成立時我是創會會員之一，1986年當中北部分會會長曾辦四次活動。第一次配合總會幹部會議舉辦太空學術演講，第二次與醫師協會合辦醫學演講，第三次和學生會合辦政治演講，第四次自己舉辦年終選舉並有經濟演講。這些活動都積極籌備，非常成功。1988年擔任NATPA副會長，為NATPA募款使其經濟穩固。1989年當NATPA會長時，即積極籌備返台舉行第十屆年會，終於1990年七月返台舉辦年會。其間辦籌備會有三次，親自赴八個分會說明及邀請參加，結果有一百多位參加年會的記錄。在一年會長任期內出刊會訊專集四次及一本有歷史性的「NATPA十年的回顧」。我一直強調參加NATPA會員重質不重量，要個個積極參加活動，整個團體才能活躍起來。每次會訊的開頭，我都強調充分的財源和活躍的分會乃NATPA成功的要訣。

1984年周炳明教授來芝加哥找我討論成立NATMA的構想，我便邀集多位醫師同僚（很多為芝加哥聯合基金會成員）參加討論。NATMA芝加哥分會迅即成立。我曾擔任NATMA教育委員會主席（1984-1989），這職務唯一的貢獻是NATMA在密蘇里春田市舉行的1989年年會，我負責一個重頭的學術研究演講節目，我在芝加哥

分會一向都很活躍。在林重遠分會長舉辦的餐會上，我曾介紹1989年底台灣觀選的活動。這次無意中被選上理事，我起初感到莫名其妙，當選後鄭天助醫師才打電話來說是他提名的。這種「先斬後奏」的絕招，使我無法堅決推辭。不論在NATPA或NATMA我是一個極力主張引用年輕人做幹部的人。

有人問我理事應做什麼？理事會應該是一個團體最高的決策機構，會長應為理事長，做事最重要是由會長及幹部(秘書、財務等)去執行，但理事應參加每一項重大決策，同時監督會長不致獨斷獨行，理事也有義務建議會長多做各項活動，鼓勵分會活動，如此該團體才能增進發展。

NATMA此後十年應努力的方向，依我個人的意見應有：

1.關心台灣前途，會員有強烈台灣人意識，多和其他社團共同活動，尤其是NATPA是個共同發展最能合作的團體。

2.在美國應多舉辦活動，凸顯NATMA的影響力，在美國種種問題發生時NATMA都應表示意見及態度。

3.和各醫學院校友會溝通與合作，將集體的力量充分發揮。

4.和台灣的醫學團體，如台灣醫學會各科學會、校友會(如台大景福會)經常交流，也共同在台灣或在美國舉辦活動。

5.培植在美第二代醫師，促使他們成立他們自己的團體，發揮其自己的功能，但NATMA本身不必改名，年輕一代的醫師團體由他們自定其名。

6.服務同鄉、舉辦醫學講座，在報上開闢醫藥專欄、醫藥信箱等。

11. 雲門舞集「流浪者之歌」演出後(1999年)

　　期待已久的台灣現代舞團雲門舞集，於1999年11月5、6日兩天在芝加哥大會堂劇院盛大演出，創近年來現代舞票房記錄。

　　十九位皆具精湛舞藝訓練的舞者，在一場連續九十分鐘的「流浪者之歌」舞劇，不但綜合東方與西方的舞技，現代人跳躍的活力與古老佛家靜態打坐的修身相對照，再加上印度樂與喬治亞民歌的音樂，燭光效果、視聽的搭配，隨著舞者的緩慢舉手投足，快速的奔跑，打滾與全身手、足抽搐，所看到的時空變化，是前進、是倒流；是鼓舞、是憂鬱，把觀眾帶進了夢幻的境界，各自的感受與解讀不同，這是林懷民先生經過環遊世界，釘根台灣，精通東、西文化、舞技(包括芭蕾舞、西方現代舞、東方的太極、氣功與打坐)，在印度菩提樹下的修練，領悟出佛家普渡眾生，悲天憫人的哲理而創造出來的藝術精華，演出的成功不是偶然的。

　　舞台上的佈景是橫佈滿地的稻穀(由台灣運來3.2噸稻米)，似小丘、似溪流，更似海濱的沙灘。最先出場的那位自始至終站立在原地，以雙手合十祈求上蒼施惠眾生的修行者，一連串稻穀從天而降，打在他的光頭和身上，他竟然可以保持同一姿態，不為環境打擾，像是一尊雕像。這是佛家修行入定、打坐成道的表現。終場時那位以木耙將舞台上的稻穀推平，姿態不變，速度不變，在滿佈稻穀的大地上畫出無數不斷的同心圓，是代表著人生的圓滿，抑或人事的無奈？或是佛家修行至高，最後圓寂的一個結局呢？

　　林懷民戰後出生於台灣嘉義，看過台灣當時農家的窮苦，生

活的掙扎，也看過台灣農村曬稻穀及收集成堆的景象。這是成群
生活在困苦中的流浪者出現的社會背景，他們努力、奮鬥、慢慢
爬起，有時振奮奔跑，有時成堆嬉玩，翻滾飛舞於滿天揮落的稻
海中。經過了各種人事、境域，最後也難免抽搐癱瘓，終歸死
寂。動、靜、快、慢的舞步重覆，又像是代表著佛教的人生輪
迴，一代一代重演。其中一幕，全體女舞者聚集、重疊的姿態，
像是在義大利看到的雕像。舞者手舉火炬的另一幕，又像是埃及
皇宮娛賓的舞女。因此這批流浪者在不同的時空，有不同的形象
與意境。這是編舞家獨到高超的一面和一流舞藝的雲門舞者之舞
蹈藝術的展現。

　　你在台下看到的，如果全場是個海濱的沙灘，我們可以看到
不停從天而降的雨簾，但興奮的玩海者卻在雨中放出多彩的煙
火。如果這批流浪者是一群病痛中的患者，整場舞者憂鬱慢行，
突然亢奮跳躍滾動，豈不是一群患有亢奮憂鬱症的患者嗎？或是
一群癲癇患者，抽搐後身體扭曲，最後進入昏迷。藝術的欣賞，
觀眾的的愛好各有不同，畢加索(Picasso)的抽象畫，許常惠與許多
近代作曲家的新音樂，林懷民的現代舞，都會隨著欣賞者對藝術
的領悟或感受的心境，而有不同的判斷。這次「流浪者之歌」散
場後，我看到觀眾迷茫沉思的眼神，我聽到讚賞與讚嘆的聲音。
林懷民這齣創新的巨作，令人嘆為觀止。

　　林懷民1973年在台北創設「雲門舞集」現代舞團，在他與團
員舞者的努力下，帶動了台灣舞蹈藝術的新起點。二十五年來，
已創作了五十齣以上的舞作，發表於世界各地與歐、美最佳現代
舞媲美爭輝。編舞能力之強，使作家出身的林懷民，也成為國際
知名的編舞家。

12.陳芳玉鋼琴演奏芝城受激賞(2001年)
——台美人911慈善音樂會側記

十月五日芝加哥鄰近中西部，台美人同鄉四百人享受了一場高水準的鋼琴歌唱音樂會，這場響應紐約及華盛頓911賑災募款音樂會，由芝加哥台美人各社團聯合舉辦。來自紐約的陳芳玉女士領銜，在芝城市中心Harold Washington Library演藝廳演出，全場爆滿。在兩小時的緊密節目中，讓場內的海外台美人陶醉於曲調優美的旋律及親切的母語歌唱，勾引起無限的台灣思鄉情懷及美國愛國情緒。

陳芳玉(Rita Chen)自幼勤習鋼琴，為天才兒童型的鋼琴能手，台大藥學系畢業，來美後放棄藥學，專攻音樂。在紐約茱麗亞音樂學院，直接受教於數位名師，主修鋼琴，專攻西洋音樂，活躍於鋼琴演奏，三十年如一日。她的鋼琴演奏造詣很深，巴哈、蕭邦、莫札特、李斯特、德布西的作品，都能深入其境。知名於紐約音樂界及北美台僑界。她的音樂知識廣博，作曲創作與編曲並重。近年來致力於改編以台灣民謠為背景的鋼琴獨奏曲、合唱曲和六手(三人一琴)鋼琴合奏曲。台灣的鄉土音樂，經她巧工雕作成高技巧優美的樂曲，介紹到美國樂壇。並鼓勵美國音樂家演唱台灣歌，彈奏台灣曲，盼能推廣台灣文化到國際每一角落。

此次音樂會，除陳芳玉外，尚有紐約知名的鋼琴家Josephine Caruso，茱麗亞音樂學院畢業的鋼琴家Ann Hijazi和印地安那大學音樂碩士的聲樂家Diana Livingston共同演出。響應美國總統布希的號召，呼籲大家慷慨解囊，表現台美人對美國的愛心，對911受

難者的同情。

音樂會開始之前，江榮茂牧師帶領大家默哀祈禱，再由李妙珠指揮芝城聖歌隊合唱揭開序幕。演唱A.L. Webber作曲的「Pie Jesus」和蕭泰然的「雖然行過死蔭的山谷」及「至好朋友就是耶穌」。這三首聖歌，很適合為911災難安慰遺族。

接著是陳芳玉領銜的演奏會，開始由三位鋼琴家，陳芳玉、Josephine Caruso和Ann Hijazi以六手合彈伴奏，女高音Diana Livingston演唱大家熟悉的「America the Beautiful」，聽眾肅然起立致敬，熱愛美國萬眾一心。「America the Beautiful」歌曲和歌頌台灣的一曲「Formosa抱著咱的愛」，都是六手合奏的鋼琴伴奏，是陳芳玉剛剛完成改編的新曲。芝城同鄉有幸能聆聽這兩首有異曲同工之妙的首演樂曲。歌唱的女高音Diana，也表現此兩首代表美國、台灣兩地的首要歌曲，以熱心、激情和感性的聲調，激動聽眾的心情和共鳴。

其他有由Diana歌唱，Josephine伴奏的三首美國民謠。由Diana演唱，Ann伴奏的三首美國牛仔歌(American Cowboy Songs)，這六首歌曲詼諧有趣，節目單中印有英文歌詞，聽眾一見瞭然，更能體會其中滋味。後者是特別獻給帶領美國國民向恐怖份子回擊，德州出身的布希總統致敬。

陳芳玉鋼琴獨奏三首台灣歌謠「月夜愁」、「收酒矸」、「愛拚才會贏」及另外三首民謠「一隻鳥仔哮啾啾」、「思鄉起」、「丟丟銅仔」。筆者夫婦曾在1996年阿拉斯遊艇上欣賞過其他由她編曲的民謠「四季紅」、「雨夜花」、「補破網」、「白牡丹」、「望你早歸」、「望春風」。1999年在佛州台大醫學院校友會，也欣賞過她編曲的鋼琴曲「桃花泣血記」、「阮若

打開心內的門窗」等。這些曲子很多是悲調哀怨之歌，經過她改編之後，都能表現活潑優美，有特別韻味，使聽眾隨著琴音的變化多端，有時氣慨高昂，有時如泣如訴，更使人溶入古時台灣社會的意境。她編曲台灣鄉土民謠，除了主旋律重複出現，更增加了快速尖銳的高音、低沈穩重的低音，使單純的古調，伴隨著近代音樂複雜的悅耳音樂情趣。尤其難得的是「收酒矸」一曲，陳芳玉單用左手五指彈出複雜的旋律，若非她有很高的音樂造詣及彈奏技巧，是難以達成的。

在童謠演唱方面都是由Diana女高音(Soprano)獨唱，三位鋼琴家六手伴奏，有等量的美國童謠和台灣童謠，值得一提的是唱台灣童謠「白鴒鷥車糞箕」時，坐在鋼琴中間，身穿白色長袖絲袍的Ann Hijazi，兩手輪番高舉舞動，做出鷥鷥振翼飛舞的姿態，覺得非常可愛。「這把土」和「無辭歌」則是陳芳玉的作品，由Diana以台語唱出，「何日君再來」則以北京話唱出，我們可以期待陳芳玉將有更多她自己創作的歌。由陳芳玉調教出來的Diana，台語和北京話咬字正確，加以比手劃腳，表情大方自然，博得聽眾很多掌聲。

壓軸曲「Formosana」歌唱時，聽眾隨著主唱Diana齊聲合唱，情緒高昂唱出「Formosa咱的夢咱的愛……永遠抱著美麗的夢」。陳芳玉改編鄭智仁原作為六手鋼琴伴奏，是最近在台灣本土和海外流行，最能表現台灣人本土性的歌曲。

這四位音樂家在大家「安可」的呼聲下，Diana再唱一首黑人靈歌「Summer Time」，扣人心弦。

接著三位鋼琴家六手合奏一首聽眾耳熟能詳的「The Entertainer」鋼琴曲，結束了這場充滿掌聲的音樂會。

　　走出音樂廳，當晚有些寒風逼人，足以喚醒欣賞音樂會的台美同鄉，連美國人都喜愛台灣本土的歌曲，我們是不是應該更努力於發揚台灣文化，協助多難的故鄉台灣在國際上浮出檯面和歐美先進文明的國家並肩齊進。南加州的蕭泰然、紐約的陳芳玉、俄亥俄州阿克龍的王雅蕙已踏出國際樂壇，奮力為台灣文化傳揚。這場音樂會無疑將在每一個人的生命史上留下難忘的歷史片刻。陳芳玉和她三位美國朋友，即將於2001年11月在台灣巡迴演出「Taiwan, Taiwan」文化系列活動，筆者夫婦預祝她們成功，同時盼望有更多的台美音樂家到芝城演出高水準的音樂會。

第三輯
台大醫學院師友活動

【摘要】

本輯前四篇為筆者對台大醫學院李鎮源、李鎡堯、魏炳炎、陳皙堯等師長言教身教的感恩和描述他們的事蹟與貢獻。

後三篇為台大醫學院同班畢業三十五、四十週年的班友會紀事，還有北美台大醫學院校友會年會記錄。

13. 台人風骨、民主典範(2001年)

——追思李鎮源教授的貢獻

2001年11月17日晚上，芝加哥北美台灣人醫師協會芝城分會第四次演講會，於O'Hare機場附近的Four Point Hotel舉行，是分會長楊正聰醫師夫婦早在一個月前就安排的。當晚有醫師協會、教授協會會員與眷屬、親友一百多人參加，前半場由Merrill Lynch財務顧問副總裁米勒(Glenn A Miller)，分析911以後投資風險和利潤的變遷，重估財產的投資。後半場則為音樂作曲家，音樂教育家肯杜勒斯(Jim Kendros)講述表演小提琴浪漫派作品(相對於古典型作品)的特徵。參加者莫不聚精會神地聽講，也歡唱欣賞樂曲。

會中林靜竹教授報告我們敬愛的老師李鎮源教授於11月1日在台北逝世，帶領全體參加者默禱追思，並介紹他的生平、他的人格、他的學術成就，他最後十年的政治社會改革運動和對台灣的貢獻。

李鎮源教授是台南府城人，1915年出生，日治時代台北帝大醫科第一屆畢業生。前台大醫學院院長、中央研究院院士、台灣醫界聯盟首任會長、建國黨首任黨主席、總統府資政。他是研究蛇毒國際最高權威，也是逼使台灣政府廢除刑法一百條的首要貢獻者。

李教授畢業後並未跟隨日本教授，而選擇同為台灣人的杜聰明博士學習藥理。當時杜教授選擇本土性的醫藥課題，鴉片和蛇毒為研究對象。尤其是造成神經麻痺死亡的毒蛇，李鎮源教授作深入的研究，發現雨傘節蛇毒液(sankevenom)中所含的毒素(toxin)

主要是Alpha-bungrotoxin，造成神經傳遞重要的Acetylcholin的接受器(receptor)分離，神經傳導機能障礙，神經麻痺而死亡。此一重大的發現，為後來各種神經傳遞物質Neurotrasmittors的研究舖下一條路基，引發許多新發現，為此他於1976年獲得國際毒素學(Toxicology)最崇高的REDI獎。1979年他主編的實驗藥理學「蛇毒」一書出版，乃為國際研究蛇毒最權威的著作。

李教授的榮譽還包括兩度當選美國NIH的Fogarty Scholar。1977年被選為美國藥理學及實驗治療學會的榮譽會員。在台灣，他也入選中央研究院院士。1987年台美基金會科技工程獎，有四位候選人，Kansas的吳正彥教授和我為主要評審員，結果李鎮源教授和精神醫學的林宗義教授雖然研究方向不同，但是學術研究的成就和國際聲譽，對醫學的貢獻略同，雙雙獲得第五屆台美基金會科技獎。

李教授的藥理學助手、學生，在他指導下都成為研究蛇毒及其他藥理課題很有成就的學者，如歐陽兆和、李復禮、張傳炯教授等。張教授後來也獲選中央研究院士。1990年我擔任北美台灣人教授協會(NATPA)會長時，因海外學人黑名單問題表面化，當時李登輝先生已擔任總統，但行政院長郝柏村及國民黨政府仍認為NATPA為台獨的外圍組織，使海外學人長久不能回故鄉，我和多位理事，多位前會長極力主張返台開年會。首先有十多位黑名單，經過大家在美國華府及台北努力溝通之後，三位仍不准入境，即現任華府台灣經文辦事處副代表李應元博士、現任FAPA代理會長吳明基教授和已故郭榮桔藥學博士。NATPA於七月返台時，會員和眷屬一百多人參加。突聞李應元博士潛入台灣。1991年李應元在和警總玩捉迷藏一年後被捕，李教授親率台大師生多

人到土城探視愛徒，深為感動。又因二二八時李教授的好友被害，被禁監，心中的不平壓抑甚久，乃毅然走出學術象牙塔，積極領導政治及社會改革運動。關心台灣前途，提倡社會公義，提高生活品質，重振醫界過去關懷社會，深受民眾尊敬的優良傳統，乃組織醫界聯盟，擔任第一屆董事長。

另一方面他明瞭民主和人權的真諦，對於刑法一百條重罰所謂思想犯，他嫉惡如仇，乃於1991年10月10日領導「一百行動聯盟」，在總統府廣場慶祝國慶時，率眾在其對面台大醫學院校園內靜坐抗議，日以繼夜，此一全台灣注目的「廢除刑法一百條」運動，終得實現。當時聯合報經常作不實的報導，甘為國民黨的傳聲筒，不時以中共攻台恐嚇台灣人民，李教授再度發起「退報救台灣運動」，喚醒人民抵制訂閱聯合報。

李鎮源教授為使台灣徹底民主化，思想自由，人權有保障，使台灣人民覺醒，成為真正的台灣主人。他化思想為行動，並且站在第一線領導，對於近年來台灣政治社會改革的貢獻，將被史書永載。

1993年，台大醫學院陳維昭院長出任台大校長，醫學院長出缺。因海外校友的要求，在美國大學任教的台灣學者包括四位台大、一位高醫、一位北醫校友和國內台大醫學院六位教授參選，競爭可謂劇烈。後來遴選委員會及諮詢委員會，選出四位國內、一位國外的入圍者，由全院副教授及教授票選。我回台參加政見發表的前夕，突接李教授來電：「林教授，你的成就雖好，但是下一步票選一定會輸，你實在不必回來。」我深深體會李教授的誠實和對學生的愛心。

但我明知會跑在最後也要跑完全程，才不會使海外校友失望

與責怪。因此，我表示不在乎是否能選上，重要的是發表我的理念，可以幫助母校革新。李鎮源教授擔任醫學院院長時，極力推行專任教授重視研究與教學，因此禁止教授夜間開業，也禁止醫師收紅包。反過來，臨床科的專業教授可以領「不開業獎金」，以彌補較低薪的待遇。當時當選醫學院院長的謝教授夜間有過開業，但也領該獎金，因此在政見會上和李鎮源教授正面衝突。謝院長上任後，李教授仍繼續堅持反對，直到一年後陳校長不續聘，再度改選醫學院院長為止。

1992年北美台大醫學院和高雄醫學院校友，在芝加哥聯合舉辦校友會年會。岳父母剛好在我們家，李教授聽到後由周斌明教授陪同專程來寒舍拜訪。岳父許乃邦律師，是李鎮源教授台北高等學校的前輩，後來得到日本京都大學法律及東京大學經濟的學位。李夫人李淑玉教授，則是岳母洪金雀醫師東京女子醫科大學的後輩，岳父和李教授談得很投機，有相同的理念，從事法律工作的岳父，很佩服李教授領導廢除惡法（刑法一百條）的勇氣和毅力。

李淑玉教授是個賢妻良母，經常陪李教授出國演講，拜訪友人學生，為人謙虛，尊敬前輩，富有人情味的一對典型夫妻。淑玉教授也在台大醫學院教學，專攻心電圖。1998年台大醫學院校友會在舊金山舉行，會中頒獎兩位典型的最佳教師，李鎮源教授和肝病專家宋瑞樓教授。

李鎮源教授一生正直、公義、清廉、愛台灣，對台灣獨立的理念有堅持不讓的情懷，明是非、嫉惡如仇，達成廢除惡法而後止。愛護學生，桃李滿天下，是一位典型的言教身教的老師。

李教授前五十年對學術教育的貢獻和後十年對台灣前途的關

懷與貢獻,將永垂不朽。

　　安息吧,老師! 在台灣的社會,您是一位大家敬佩的巨人。在上帝的國度,您是「行公義、好憐憫、存謙卑的心」的上帝選民。

李鎮源,李淑玉教授伉儷(1999)

14.同窗之誼、青衫之交 (1997年)

台大婦產科李鎡堯教授即將榮退，我為李教授學生的一員，義不容辭，將我認識的李教授和他對婦產科學界的貢獻，概述幾點，對李教授的教導提拔之恩表示由衷的謝忱。

第一次見到李鎡堯教授，是在我們這一班醫六到婦產科實習時，他是總住院醫師，以笑臉迎接我們，分配我們實習的小組，說明我們上課、參加迴診和討論會的細節。醫學生初次到婦產科實習，心理上難免有三分好奇和七分驚懼，但是李總醫師和藹的笑容、懇切的態度、流利的口才，使我們的疑慮一掃而光，勇敢地加入了婦產科醫療的行列。

1962年，陳信義、李叔仁和我三人進入台大婦產科醫局。婦產科教授、前輩的酒量聞名台大醫院，迎新會時我們三人便成眾矢之的，當時我也硬著頭皮，由教授、副教授一一敬酒行拜師禮，可是醫局人多，不到一半，我已搖搖欲墜，幸得李鎡堯、文錫圭兩位大醫師幫我解圍，「只要敬酒，不必乾杯」，才免於完全醉倒。內心感激之情，永銘不忘。

當時的台大醫學院有相當濃厚的尊師禮貌，住院醫師對於教授及主治醫師必恭必敬，對於上級的交代唯唯諾諾，絕不敢推辭或爭辯。我於1969年到美國，1981年上台講學時，對於後輩執禮甚恭的態度，反而有點不知所措，因為已經習慣了隨便談笑，上下嘻嘻哈哈打成一片的氣氛。話又說回來，當時科內年輕的主治醫師余宗光、陳源平、李鎡堯和住院醫師較接近，值班時也常談笑，彼此成為亦師亦友的關係。教授們的個性和我們應有的守

則，由他們教導下來的，尊師重道是校園內基本的精神，可是上級過份的威權會導致下級魂驚魄散，戰戰兢兢無所適從。

台大骨科主任韓毅雄教授是我中學及台大同班同學，我們考入初中一年級時，他住校，我通學。據說當時學生宿舍還保留日治時代的傳統，初一的學生要為高級班同一寢室的學生打掃、掛蚊帳，表示對前輩的尊敬；等到韓教授升上初二時，這傳統被打破，他就失去了「被服務」的機會。李總統的主治醫師連文彬教授，當時是內科總住院醫師，跟從內科主任蔡錫琴教授習心臟學，蔡教授上課時，他跟著進教室，將黑板擦得一塵不染，然後退出教室或坐下來聽講。病理科葉曙教授要找他的同仁，常把研究室的門打開，大聲一喊某位教師的名字，不論陳海青副教授、方中民講師、侯書文講師或蔡青陽助教被喊到，就立刻回聲「是！葉教授」，趕快跑到葉教授研究室報到。剛好連文彬教授和侯書文教授都是李鎡堯教授的同學。那時婦產科教師同仁間，也難免有對立爭執的情事，李鎡堯教授對於科內上上、下下，很能溝通，大家相處得很好，這是李教授待人處事成功的地方。

李教授在產科方面和故余宗光副教授，為1960至1970年代接生最多的主治醫師，形成雙雄並立的局面，住院醫師們從他們學到不少產科的技藝。由於他們待人親切，肯為產婦及家屬說明，頗得信賴，上至達官顯貴的媳婦、本院的醫師夫人、護士，以及一般市井小民都爭取機會，成為他們親手照顧的對象；李教授對他研究的不孕症、內分泌疾病患者，亦設有特別門診照顧他們。李教授在教育行政方面，曾任婦產科主任、台灣婦產科學會理事長、亞大婦產科學會理事、台北婦幼醫院院長，還有多種學會的重要主持者，可說是一位集醫療、教育、社會服務於一身的貢獻

者，名符其實的名醫。

　　1982年國際妊娠高血壓病研究學會，在美國達拉斯召開第三屆大會，李鎡堯教授由台灣專程前往參加，承他介紹認識了日本福岡大學的金岡毅教授，之後金岡教授成為我最要好的國際朋友之一，常在國際學術會議同出入。1984年我應長庚宋永魁主任之邀到長庚婦產科講學四週，那時李教授擔任婦產科學會理事長，安排了兩場為婦產科學會的特別學術演講會。1986年我在芝加哥大學任教剛滿十年，準備由副教授升任正教授，院方要求我列出十位美國國內對我的學術研究有認知的教授，另外十位國外在國際間成名的教授為我寫推薦書。李鎡堯教授即為十位國際教授之一，也是台灣唯一我請求推薦的學者。

　　1989年為配合參加李鎡堯教授主辦的第十二屆亞太地區婦產科國際學術會議，並應台大婦產科謝長堯主任的邀請，以國科會聘請客座教授身分，在台大婦產科講學一個月。

　　其間有兩件值得一提的事，其一為被台大醫學院邀請，在邱

李鎡堯教授(右三)主辦第十二屆亞澳婦產科國際學會年會於台北

仕榮教授逝世週年的紀念會上演講，感念邱教授的教導，特別強調以一個題目作持續性的研究的重要性，當年邱教授對子癎症成因的研究相當堅持，因此我也選了一個題目「十五年來對子宮內胎兒成長遲滯症研究的過程與心得」提出報告。其二為李鎡堯教授特別安排由台大校友組成的演講團，包括陳信義、高銘憲（婦科癌症），吳忠修、蔡繼志（生殖內分泌）、葉思雅、林靜竹（胎兒醫學），共六人由北而南作一連串的縱行台灣學術演講，使南、中、北各地婦產科學會會員都有機會參加。這一段將近十年，我的學術研究成長期，我受到李鎡堯教授的鼓勵，成為亦師、亦友的關係。

　　長期的接觸，我對李教授的處世待人、治學研究，為學界水準的提昇所作的努力，乃有更深入的認識。在此我要簡述幾點，李教授得到我由衷敬佩，難能可貴的特性。

　　李教授做事善於思考、應變靈活、很有遠見，在他升任主治醫師後早年出國進修，專攻生殖內分泌學，成為他的專長。和國際學者關係密切保持友誼（例如目前擔任American Journal of Obstetrics and Gynecolgey編輯之一的Moon Kim，便是他早期出國進修時的同學）。他最早在台灣看出優生學的重要性，乃設立優生遺傳學研究室，作羊水細胞染色體的研究；對於避孕試管嬰兒的研究亦頻有創見，突破瓶頸，導致成功。舉辦大型國際學術會議，提昇台灣婦產科學界在國際上的地位。

　　李教授善於教導後輩，提拔後輩，做為師長、做為團隊的領導者，此一特質的發揮非常重要，新領域的開拓先鋒常常不是集大成的收穫者。世界科技青出於藍而更勝於藍的事件層出不窮，授業解惑之外，亦需扶持後輩更上一層樓。俗云長江後浪推前

浪，被推進太平洋而不再起浪的前浪絕不後悔，因為後輩的成功，多由前輩奠基而促成。在我看來李遠哲教授有誨人不倦的精神，李遠哲教授如此，李鎰堯教授也是如此。

李教授有正確而深度的台灣人意識，在大庭廣眾之前，他敢言人所不敢言，敢爭人所不敢爭，使諍言流芳千古，成為有骨氣台灣人的榜樣。做一個頂天立地，不屈不撓、有尊嚴的台灣人，李鎰堯教授當之無愧。目前台灣盛言本土化，關心下一代的教育，甚至要改造心靈，在我看來，將來台灣社區教育的成敗，端看敢於「身教言教」的師長有多少；李鎮源教授如此，李鎰堯教授也是如此。

總之，李鎰堯教授的貢獻與善行，不勝枚舉。筆者以做為他的學生為傲，以做為他朋友為榮，誠為不可多得的良師益友。盼望李教授退而不休，繼續指導後進，貢獻台灣學界、貢獻台灣社會。

李鎰堯教授(左)，謝東閔副總統(中)及衛生署長施純仁(右)(1989)

15.追思恩師魏炳炎教授(2004年)
——台大婦產科近代化的領航者

筆者和魏炳炎教授有很長的師生關係。他是我習業婦產科的啟蒙老師,筆者留美從事研究教學工作的鼓勵指引者。魏教授退休後長居芝加哥期間,是我時時拜訪請益的長者。

魏教授於1913年2月28日出生於書香門第,有一位兄長即擔任台大醫院院長及台大醫學院院長很久的魏火曜教授。他有五個妹妹,其二妹魏淑順女士乃台大婦產科歐陽培銓教授夫人。其父魏清德公和筆者內人許世真的外祖父洪清江公是當時台灣人的最高學府——總督府國語學校的世交至友。1933年魏教授畢業於台北高等學校,考入東京帝大醫學部,於1937年畢業留在東大醫院當助手,幾年後獲東大醫學博士學位。魏教授離開日本後,曾短暫擔任馬尼拉醫院醫師、嘉義醫院院長,並於1949年受聘為台大婦產科主任長達23年。1972年升任台大醫院院長,1978年卸任院長,專職婦產科教授至1983年退休,改聘名譽教授。

1939年魏教授和出身新竹名門的魏師母許月桂女士結婚,介紹人為前台大醫學院院長杜聰明博士,師母亦留學日本東京女子大學。魏教授伉儷有一個美滿的家庭,育有二男二女,都受高等教育並留學美國。長子淇圓為專職高級工程師,次子仲嘉經營印刷企業,長女如璋為美術家,其夫為大學教授,次女如瑾為醫師夫人,其三位子女都住在芝加哥近郊。魏教授伉儷於退休後不久長居芝加哥,享受含飴弄孫之樂。魏教授喜歡素描繪畫,愛好自然。在台灣時種植蘭花,旅遊時收集奇石寶玉。退休來美仍繼續

寫毛筆楷書、作畫，屋內掛滿佳作。芝加哥不少同鄉朋友、醫師後輩和他的學生與魏教授、師母時相往來。執教時看似嚴肅而不苟言笑的魏教授，退休後竟是一位慈祥而愛護後輩的長者。魏教授自2001年患輕度中風後情況尚稱不錯，但2002年後似乎漸漸變重，時需住院療養。記得2002年6月筆者已由芝加哥大學退休搬家北加州，同年8月北美台大醫學院校友會在芝加哥召開，筆者赴會參加。會後和景福會董事長楊照雄教授、現居克里夫蘭的腦外科林成德教授和芝加哥的學弟楊勝亮教授，一起去療養院探視魏教授。魏府家人都在那裏，魏教授坐輪椅，神智清醒，向大家示意感謝，只是不大開口講話。不期這次的探望竟成和老師訣別的最後見面，魏教授於2004年2月2日安詳仙逝。

筆者寄給魏師母和遺族的安慰卡這樣寫著：

乍聞恩師魏炳炎教授仙逝，學生林靜竹夫婦甚感哀慟悲傷不已。魏教授一生教育杏林學子，桃李滿天下。領導台灣首要醫界龍頭台大醫院，完成近代化革新，功在社會國家。

晚年退休美國，子女孫輩常侍身邊，安享天倫之樂。九十高齡，壽比玉山，世人讚羨。魏教授可謂福、祿、壽齊全之長者。學生夫婦，未克親臨靈堂奠祭，撰詩一首，表示對老師由衷之敬意。並以此詩安慰魏師母及遺族，節哀順變，各自保重。詩云：

恩師仙逝乘鶴去，

天人相隔情依依；

德高望重為典範，

杏林桃李長嘆息。

追思魏炳炎教授和筆者之間四十年師生情深，有不少記憶的往事，值得略述一些。

1962年筆者和陳信義、李叔仁三人，被錄取為台大婦產科新進住院醫師和前輩固定實習醫師洪朝煌、李靉順、林洪謙、楊正義等四人同為第一年住院醫師，陣容堅強前所未有。當時婦產科和外科最熱門，據說台大的耳鼻喉科、婦產科和外科醫局聚會喝酒最有名，不醉不散。迎新會照例，新進住醫要向每一位前輩住醫和主治醫師、講師、副教授、教授敬酒，筆者甚為如何度過此難關憂慮。三位教授酒量都很高，邱仕榮教授喝酒話多，也很會說笑。吳家鑄教授雖不多講話，卻會強迫年輕住醫乾杯，且要滴酒不留，通過他的乾指甲面試（finger test），即乾杯後酒杯倒置指甲上，指甲不沾濕才算及格。只有魏教授和大家禮尚往來，不會強迫對方。當晚其樂融融，筆者幸得李鎡堯、文錫圭兩位大醫師保護解圍才沒有醉倒。曾幾何時，邱、吳兩教授，歐陽培銓、文錫圭、洪朝煌、李叔仁已作古多年。

三位教授每週迴診一次。魏教授喜歡先在會議室聽取病例報告，然後討論，最後再去看幾個重病的病人，筆者後來才知道這是美國小組教學的方式。討論中每個住醫學生都有被問到的機會，住院醫師最怕他。邱教授人未到，聲先到，每個病人都看，聽取報告後即大聲講解，大家都會聽到。他很少發問深入的問題，最容易應付。吳教授迴診聲音很小，大家都想擠到他身旁才能聽清楚受教，但站在他身旁的人也要冒被質問的危險。有人問吳教授為什麼不大聲說話，他說：「婦產科的病人是婦女，醫師應該輕聲細語。」

魏教授是婦產科主任，背後大家稱他「頭家」。他常到產

房、病房、討論室及教授研究室、實驗室巡視。走路靜悄悄，住醫或主治醫師常在這些地方聚集高談闊論，突然「頭家」出現在身後，頓時吵鬧聲停止，變得鴉雀無聲，一個個和「頭家」打招呼或洗耳恭聽「頭家」的吩咐。在各種科裏的討論會，「頭家」常讓大家先說出意見，他再作一個簡要而有力的結論，一言九鼎。

　　1960年代，台灣婦女患子宮頸癌的甚多，邱仕榮教授習自日治時代台北帝大婦產部第一任部長真柄教授，主張施行根除性子宮切除術。邱教授身兼台大醫院院長，十分忙碌，但有善於手術的李卓然副教授代勞。當時在台北另有一個培養婦產科醫師的陣營，省立台北醫院(現為市立中興醫院)的徐千田教授也是力主手術療法。可是魏教授則主張放射線療法，病患在鐳射隔離室，由第二年或第三年住醫將鐳條放入子宮內，並將鐳錠裝置器緊貼子宮口，三日後取出。再由專責放射線治療的黃淑珍教授，安排鈷-60向骨盆部位照射，目標在以骨盆內A點和B點得到足夠的放射療量，以治癒癌病。對於子宮頸癌第一期及第二期患者，手術乎？放射治療乎？在科內時有爭論。七十年代筆者留美，在紐約州立大學及哥倫比亞大學，也常有兩種療法的比較，其實兩種療法的五年治癒率差不多，也各有其合併症。這種引經據典的爭論，對於初學者的教育很有幫助，能激發思考，多查文獻報告，比當時台灣盛行的「一言堂」呆板教育好多了。

　　另一種台灣較多的婦女癌症，為葡萄胎轉變的惡性滋養層細胞癌(invasive trophoblastic disease)或稱胎盤癌(choriocarcinoma)，不少病患轉到台大醫院時，已發生肺部轉移或腦部轉移。美國幾所教學醫院如杜克大學、西北大學都成立此癌症的治療中心，用methotrexate或actinomycin D化學療法，成績斐然，治癒率很高。台大醫院馬上跟進，歐陽教授在這方面的研究和經驗豐富。此種患者治癒後必須追蹤胎盤荷爾蒙，定量β-HCG，因此必須設立內分泌研究實驗室。另一方面早期吳家鑄教授設立不孕症門診，患者的診斷及治療也須要荷爾蒙的分析相配合。此研究室在李鎡堯、謝長堯等出國進修回來後更加充實，漸漸轉變成專司內分泌研究的專科及人工助理生殖的重大發展。

產科方面的發展在魏炳炎、陳皙堯兩教授的領導下和國際研究發展相比也不遜色。陳皙堯、陳源平由產婦死亡率及周產期胎兒、嬰兒死亡率的分析為基礎，由產前檢查的加強、產中的照顧，以這兩項死亡率的遞減為目標。台灣婦女骨盆X-光的測定和研究，以判定婦女經陰道生產的難易和剖腹產的機率。後來陳皙堯教授一再研究發展一些產中保護胎兒的監視系統，如子宮收縮頻率曲線描繪、胎兒心跳率描繪儀等。筆者住醫時代對產科較有興趣，因此研究指導教授僅魏炳炎、陳皙堯兩教授，因此也參加了上述多種早期的研究。陳皙堯教授的研究團隊於1970年代筆者留美期間，更由超音波的胎兒診斷，進軍羊膜穿刺、臍帶血的抽取，都卜勒(Doppler)胎兒動脈血流的觀測、羊水細胞培養及染色體異常的產前診斷、立體超音波(1990年代)。這些胎兒醫學的種種新科技即由謝豐舟、柯滄銘、徐明洸等學弟接續完成的。筆者於1969年赴美，1971年由紐約州立大學研究羊水細胞培養及產前診斷後，曾一度回台灣擬參加台大團隊，旋即又赴美國哥倫比亞大學及愛因斯坦醫學院，深造高危產科及胎兒醫學。筆者在美研究的主題和台大婦產科產科部的研究發展，方向平行。

上述台大婦產科各部門的進步發展，走向國際，魏炳炎教授

直接間接的鼓勵、促進與提昇，功不可沒。1961年台灣婦產科界
成立全國性婦產科學會並發行學術期刊，魏教授被選為首任理事
長，該學會在魏教授領導下蒸蒸日上，不斷擴充。同一時期，在
蔣政權「反攻大陸」的神話國策下，有一些憂國憂民之士，深恐
台灣人口倍增之速會阻礙台灣經濟民生的發展，乃接受美國紐約
人口資訊研究基金會（Population Council in New York）資助，在台中
設立施行家庭計劃的台灣人口控制中心，魏教授為促成此計劃的
推動者之一。我們當時是台大婦產科第二年住院醫師，被派輪流
二個月到台中，每日裝入30名婦女子宮避孕器。兩個月下來，我
們都成了這方面的專家，這是世界首次大規模實驗性的運作。
1980年代，台灣的兒童接受世界首輪大規模B型肝炎疫苗的實驗性
接種，這兩件事有異曲同工之妙。反對者曾有把「台灣人」當作
「天竺鼠」之譏，幸而兩者都有成功的結果，為台灣人帶來莫大
的福利。

　　筆者拜師魏教授門下，至今已逾四十年，其間筆者印象深刻
的幾件事記述如次。筆者第一篇和魏教授聯名發表於美國醫學雜
誌的研究論文「台灣的雙胞胎發生機率」（American Journal of Obs/
Gyn, 98: 881, 1967）。1964年，有一天筆者為第三年住院醫師值夜
班，魏教授接生其姪女藥學系講師魏如圭（洪慶章醫師夫人、魏火曜
院長女兒）。第二胎生產過程順利，不料產後不久突然大出血，呼
吸困難，迅即休克，雖經動員多位專家搶救仍無法挽回這位年輕
優秀婦女的生命。這是很罕見的產後合併症，因羊水倒灌入靜脈
循環系統，引起肺部羊水栓塞和全身性血液失去凝固功能的出
血，即使大量輸血已為時太晚。這是台大醫院首次經驗的病例，
提出全院性的臨床病理討論會。屆時魏教授堅持親自報告臨床過

程，聲調哀淒哽咽，表情愁眉苦臉，甚至落淚，全場師生大為感動。1981年筆者在芝加哥大學擔任婦產科副教授，那時研究的主題是胎兒成長遲滯症，研究論文連續發表於美國雜誌，並有新穎突破性的研究論文，魏教授力邀回台大講學，並推薦為該年台灣醫學會主講者之一。筆者以「羊水中胰島素連結蛋白(proinsulin C-peptide)和胎兒成長的關聯」為題，討論我們的學說，深得台大師長們及聽眾的重視。更可貴的是高齡的前院長杜聰明坐在輪椅，蒞臨聽講。1980年代北美台大醫學院校友會年會在芝加哥舉辦，筆者請台灣來的師長和一些校友到家中午餐。賓客中輩分最高的魏炳炎教授和前台北醫學院院長黃金江教授兩人一直在對談，筆者無意中聽到他們談論學界、政界的一些問題，發現魏、黃兩教授說出的心中話，都含有強烈的台灣人意識，令人敬佩。

筆者印象中，台大醫學院教授群中，最常口含煙斗，紳士氣

前排魏炳炎教授夫婦，後排楊照雄教授夫婦（左）、林靜竹教授夫婦（右）

派十足的要算魏火曜、魏炳炎、杜詩綿三人。在和英美教授週旋的社交場合，英語說得最流利的夫婦，要算魏炳炎教授伉儷和精神醫學的林宗義教授伉儷。

最近筆者正在閱讀台大小兒科陳炯霖教授回憶錄，標題為「台大小兒科發展的舵手」。以魏炳炎教授長期對台大婦產科的貢獻，尊稱他為「台大婦產科近代化的領航者」是很適當的。

16. 台灣現代化產科的先覺(2004年)
——陳哲堯教授

　　陳哲堯教授是我研究產科的啟蒙老師，他是一位熱心研究，同時以言教身教指導後進，百分之百奉獻教育的良師。他雖然只在我當住院醫師時指導我研究，在我留美期間，因興趣相同，研究方向平行，都注重產科的胎兒醫學。我每次回台灣講學或參加國際會議，我都會拜訪陳教授，請他指點迷津，相互討論，獲益良多，在外國的國際會議，也常碰到陳教授，趁機請益。因此，陳哲堯教授是我一生追隨受教的恩師。陳教授和筆者的師生關係長達四十多年。

　　陳哲堯生於1922年，比筆者大13歲。他是台北市名牧師陳溪圳的第二公子，他的弟弟陳哲宗牧師也很出色。首倡台灣獨立宣言的台大政治系教授彭明敏是他的表兄弟。彭教授冒著牢獄和生命的危險，在台灣戒嚴時代即為台灣人爭取自由、民主、人權和台灣國的自主權。陳教授則以孜孜不倦的研究，為台灣產科的現代化樹立標竿，以最安全的方法保護產前和產中的胎兒，爭取胎兒的生存權。使台灣人的後代減少智障殘廢，培養更優秀的廿一世紀台灣人。立足世界和歐美、日本科技先進國家的後代相比，絕不遜色。陳、彭兩教授都是筆者最崇敬的先知先覺者。兩位也都在其各自領域，對於台灣社會有莫大貢獻的偉大學者。

　　陳教授於19歲時赴日本留學。先後就讀於日本金澤醫科大學的大學部及醫學部。第二次大戰後回國，轉入台大醫學院醫科繼續攻讀。畢業後選擇台大婦產科，先入醫局當助手，後因改制住

院醫師，乃按資深次序先任第三年住院醫師，繼李卓然醫師之後擔任總住院醫師，並以績優升任主治醫師和講師。陳講師於1950年代和陳源平醫師共同研究台灣婦女X-光測量出骨盆入口形狀，骨盆中段的直徑和橫徑，以及骨盆出口的寬狹，列表比較以決定自然分娩或剖腹產的可能性高低。此表為當時產科醫師們廣為應用。1962年筆者被錄取為第一年住院醫師後，因對於產科的研究較有興趣，乃找陳教授為研究指導老師，最初是作六年來台大醫院周產期嬰兒死亡率的統計(1957-63)及十年來台大醫院產婦死亡率的統計(1954-1963)。後者發現有一個很明顯有趣的趨勢。記得產婦死亡率以年齡34歲和35歲為區隔，胎次以四胎以內和五胎以上為區隔，則產婦在34歲以下和胎次四胎以內的一群，其死亡率為1的話，在35歲以上者死亡率成為2倍，五胎或更多的一群，其死亡率再3倍成為6倍。換句話說，高齡多胎的產婦難產及出血的合併症多，大大地提高了死亡率(因產前教育的普及，筆者懷疑目前在台灣可能找不到這類產婦吧！)。其次陳教授指導我的研究是各種鎮靜藥物，如Vistaril, Valium等對產婦的陣痛是否有減少痛苦吼叫的效用，如預期的結果，是對母親有鎮定作用。可惜當時沒有檢討這些藥物對新生兒是否有壓制呼吸，減低Apgar Scores的副作用，否則就不敢廣泛使用了。再其次陳教授指導我使用皮外子宮收縮測定儀器(external tocography)，來描繪子宮收縮連續曲線，以觀察正常分娩過程和異常陣痛包括難產、胎盤早期剝離及不規則陣痛。最明顯的例子即是第一期分娩陣痛微弱或不規則的產婦，使用oxytocin催生劑後，子宮收縮變強，陣痛規律化，而達到經陰道自然分娩的最終目標。那時在南美烏拉圭Montevideo有一群研究者，直接將小導管插入羊水腔內，以測量子宮內壓並用以描繪子

宮收縮連續曲線。他們的報告和我們的研究結果略同。同一時間陳教授指導低我一班的葉思雅，研究產中胎兒的心電圖，也是描繪子宮收縮及放鬆時胎兒心跳的變化。這兩項加起來就是1970年代美國使用的external monitoring of FHR（胎兒心跳率）及UC（子宮收縮頻率），一般開業醫師及助產士都會使用，免去用木製喇叭聽筒，每五分鐘聽一次胎心跳，用手摸子宮收縮頻率的麻煩而已。不過1960年代，陳教授和我們的努力算是開路先鋒，也是值得驕傲的。後來葉思雅赴美，在耶魯醫學院跟隨洪教授（Edward Hong, Ph.D., M.D.），專門研究產中胎兒心跳率的變化及胎兒窘迫（fetal distress）時如何緊急處置，非常成功。陳教授可說是葉思雅大半生一連串研究工作的開端啟蒙者。這是1964年左右的老故事。此後陳教授努力不懈，一次又一次試用新的儀器，超音波、臍帶血抽取、杜布勒血流記錄等新科技儀器和方法來處理產科問題，走向成功顛峰的開端。

1966年筆者升任主治醫師兼講師，被派到台大醫院隔壁的美國海軍醫學研究所（US-NMRU-2），研究組織培養、病毒和染色體研究。1969年赴美在紐約州立大學南州醫學中心（Downstate Medical Center）共有五年時間，研究議題轉向為遺傳學及羊水產前診斷學。

1972年到哥倫比亞大學（Columbia University）及1974年起在愛因斯坦醫學院（Albert Einstein Medical College），這四年又轉回臨床研究高危險性產科及胎兒醫學。此時研究議題可謂和陳皙堯教授領導的研究團隊，包括代表性的幾位後進，謝豐舟、柯滄銘、張峰銘、徐明洸、施景中等的研究方向略為平行。尤其是1976年筆者被聘為芝加哥大學助教授時，專攻胎兒成長生理及病理的研究（包

括胎兒成長遲滯症及糖尿病控制不良的孕婦產生的巨大兒），也都要使用超音波影像、抽羊水、抽胎兒臍帶血等步驟和台大產科的研究可謂殊途同歸。筆者1980年升任副教授，為了準備升正教授，於1983年向校方申請到六個月的異校深造研究的年休（sabbatical leave）。當時我有兩個選擇：（1）當時胎兒血流杜布勒研究（Doppler wave form study）正在萌芽階段，過去在愛因斯坦指導我專攻胎兒醫學的休曼教授（Harold Schuman）力邀我和他合作，共同研究杜布勒。（2）我仰慕已久的丹佛大學羊胎兒研究群，由生理學的美斯奇亞教授（J. Meschia）、小兒科的巴達固力亞教授（F. Bataglia）和產科的馬考斯基教授（A. Makowski）三巨頭領導，研究胎兒的新陳代謝，血流分佈的生理及病理變化。我婉辭了前者，前往週末可以滑雪的丹佛城（Denver）。六個月下來我學到一些羊胎兒實驗的手術技巧，實驗室的血液、羊水分析方法和讀了不少他們的研究分析報告及論文。回到芝加哥後，即時設立羊胎兒研究實驗室，邀聘一位在舊金山加州大學訓練羊胎兒研究的助理教授布洛克（L. Block），並有兩位助手。由科主任撥款八萬美金為種子研究金作初步的實驗。我們研究的主題是「各種產科常用藥物，對羊胎兒各部位血流變動和氧氣含量的測定」。初步實驗雖未如想像的成功，但一些數值顯示該研究可行。我們很興奮地向美國衛生研究院（National Institute of Health）申請巨額研究經費。初步審查通過「優秀科學實驗」的評語。但是派員實地考核時，考核員以「研究設計雖佳，但研究員人手不足，經驗不足」為由而被駁回。反觀這期間休曼教授的杜布勒研究有大批論文出籠和澳洲的土路林迦（Trudinger）教授齊名。這一次我沒有請教陳皙堯教授，顯然作了錯誤的選擇，很感後悔。幸運地，1987年我被晉升為正教授。

左起徐千田教授，陳皙堯教授，筆者，長庚陳信夫主任合影於台灣婦產學會
（1989）

　　1989年11月，謝長堯教授擔任婦產科主任時，邀請我返台擔任客座教授一個月（申請到國科會客座教授獎助金）。適逢婦產科和醫院舉辦邱仕榮教授逝世一週年紀念演講會，陳皙堯教授和筆者同列為演講者，感到非常光榮。筆者以邱教授過去堅持要找出妊娠毒血症（現名子癇前驅症）的病因與機制，做許多研究，乃以「我十五年來對IUGR的各種研究」為題，演講我對IUGR研究的堅持。同時於1984年出版IUGR的英文專門教科書。那次演講會有十位以上的現任及前任醫院及醫學院院長參加。向台下望去，這些德高望重的大員都認真嚴肅地聽講，使我有些膽怯。

　　1994年筆者在美國和芝大的遺傳學專家頗譜副教授（Marion Verp）及西北大學的超音波大師撒巴加教授（Rudy Sabbagha），共著一本教科書「高危性胎兒」（The High Risk Fetus）。和陳皙堯、謝豐舟、謝燦堂三位合著的「當代周產期醫學」一書不期而遇。

　　事先，謝燦堂曾向筆者邀請為他們的新書寫序。筆者以「重

視子宮內胎兒的保健，乃是當代產科學的核心」為題而發揮。新書出版後我發現陳哲堯教授寫了一篇「周產期醫學的演變」的序文。兩篇序文所言大同小異，陳教授和筆者對周產期胎兒醫學的看法，不謀而合。

陳哲堯教授自1980年代即頻頻出國參加超音波國際學會。1984年他在台灣成立醫用超音波學會，並當選為首任理事長。1990年陳教授當選首任中華民國周產期醫學會理事長。

1991年同時擔任中華民國婦產科學會理事長及亞洲超音波學會理事長。這位台灣超音波之父兼周產期醫學之父，桃李滿天下，至此可謂實至名歸。

筆者曾細讀陳哲堯教授1992年6月榮譽退休演講全文，深為感動。陳教授親身經歷的產科，從1950年代重視孕婦產婦的生命安全，不惜犧牲胎兒的時代，到1970年代產科的重點轉移到減少胎兒及新生兒的死亡(降低周產期胎兒死亡率)，到了1990年代乃進入保護母體健康及胎兒安全的雙贏局面，為此也顧不得剖腹產率的提高了。陳教授的努力研究，一直緊隨著世界潮流，所以他也因為達到保護台灣人優質後代的目標而感欣慰了。

陳教授退而不休，以名譽教授職仍參與台大產科的研究，彩色超音波可判斷胎兒心臟血流流向，立體超音波及斷層切片與不斷出現的科技，已可觀察胎兒在子宮內的活動，對胎兒做健康檢查及診斷大大小小的各種畸形了。陳教授不顧長期奔波，兼任彰化秀傳醫院榮譽院長，指導台灣中部後輩。退休後更有時間出國，到世界各地參加大型超音波國際會議發表演說和國際專家學者作學術交流。

這位學術界大師，為人謙恭有禮，對後輩愛若自己子女和超

音波研究室的技術員及秘書無話不談，可謂最為隨和的大教授。

最後是筆者抄自同班同學姚景昭醫師寄來的賀年片的詩句：

人生七十有道理

人生八十滿滿是

人生九十較稀奇

人生百歲笑嘻嘻

祝福陳晢堯教授健康、長壽和快樂。

17. 台大醫科1961年畢業三十五週年 班友會回味記(1996年)

我們班上同學及其最好的另一半(夫人或先生)，畢業後共有三次大型的班友會。第一次是二十周年(1981)聚會在美國首都華盛頓，由陳信義、喬曉芙主辦，當時大家攜子女來參加。接近二十五週年時，大家接到他們主編的相片紀念，非常完美。我有空時拿出來看一看，常會大笑不已，回味無窮。

三十週年的聚會由沈銘鏡夫婦、姚景昭夫婦主辦，晚會由黃敏雄主持，會後林萬哲寫了一篇遊記登載於景福醫訊。我們暢遊台灣山脈風景名勝，由北而南一直玩到高雄。不幸發生食物中毒的意外，遂放棄回程遊日月潭的預定。走筆至此，聯想到此次旅遊的一年前1990年夏天，我擔任北美洲台灣人教授協會會長，在台北主辦和台灣學者學術交流，包括政治、經濟、外交、教育、農業政策、環保、醫藥的大型學術研討會，會後參觀旅遊一路由台北南下屏東，回程計劃遊日月潭，因車子途中拋錨而作罷(李嵩斌夫婦參加此行)。真是無獨有偶與日月潭無緣。我們1991年台灣之旅開兩部汽車，沿途大家唱歌說笑，盡興交誼，可惜不同車的同學較少交談的機會。大家談論三十五週年將在美國何地舉辦時，我因一時多嘴，提議Alaska Cruise，大家在遊艇上相聚，可以自由走動，減少趕路，增加接觸交談，遂被推為主辦人。剛好1990年末，我參加台中一中同期畢業的同學會(三十六週年)，遊Disney World及Carribean Cruise，有過一次經驗，遂有信心接下這個重擔。黃世傑夫婦也參加那次Cruise遊艇之旅。

　　此次籌備由一年前即開始，幸得內人許世真、黃世傑夫婦、陳信義夫婦及紐約多位同學，任龍翔、陳智寧夫婦，台灣沈銘鏡聯絡同學，多方聽取意見及極力協助，才能順利完成任務。此次共有150多位校友登上遊艇，本班同學及夫人就有80多位。就在旅途中，我也一直擔心會不會有人受傷、食物中毒等意外，一直到大家安全在Seward上岸後，才放心。艇上黃世傑夫婦負責program，主持兩次集會，安排晚餐座位之調換，忙得團團轉，我在此特別向他們表示謝意。此行張敏堂夫人高由理丟了提包內貴重的東西，我也在最後兩天陸上旅遊途中，在Alaska Prince Hotel丟了一些錢。人是安全回來了，身外物的損失，比起帶回同學的情誼和享受不盡的美好的回憶是微不足道了。

　　紐約地區的同學人多勢眾，陳信義夫婦又是主辦同學會、編輯紀念冊的能手。幸而此次三十五週年同學會，紀念相片的編輯和下次2000年紐澳之遊的主辦又回歸他們。大家可以期待接到一本更完美的紀念冊。同時我也建議紐約同學張敏堂、郭季彥、許登龍、陳信義，人手一機video tape，把我們活動的實況記錄下來，如能共同Editing，製成30至60分鐘的精彩活動錄影的Copy，出售給同學們，隨時可以欣賞，將有助於此次聚會的回味。

　　我在第一次發出邀請函及Survey時，信中曾說，我們三十五周年的聚會在人生旅途中特別有意義。同學都已年登60（抱歉，少數例外），子女早已獨立，多位同學已經upgrade到「祖父、祖母」的地位，在未變成老邁難行之前，是大家一起歡樂談笑，交換人生經驗的絕佳機會，請勿錯失。又說即使您已遊遍天下，如果尚未登過Alaska Cruise Ship，將會終生遺憾。證之此次聚會，除了雪山絕景，晚餐暢談，夜夜笙歌，注神賭機，飛天掠水之外，大

家感性的自我介紹，楊勝賢的阿公經，郭季彥夫人陳芳玉的妙手琴音，林清輝夫人趙素芳的藝術作品展示，陳信義的幻燈片憶舊，林彥哲夫人陳麗嬋的氣球纏身秀，余嶽興的加國政府勳章，黃聰哲夫婦的羅曼舞，黃世傑頒獎給頭髮三最(黑、白、光)的同學，還有我班不輸年輕五歲學弟的乒乓大賽，施安霖、魏榮斌、黃敏雄、洪正同、楊子思的卡拉OK，曾俊隆、許世真(內人)在船上參加exercise項目超過二十次而得獎，施有志夫婦子媳同行等等都將帶給大家美好的回憶。

　　最後我在此祝福大家下次班友會前的四年期間，身心健康愉快、萬事如意。在二十週年的相冊上，當年我曾寫了一首打油詩和大家共賞。原文如次：

　　七載同窗習杏園，各奔前程二十年；
　　難得今夕聚一堂，把酒歡歌話家常。
　　莫嘆歲月催人老，人生四十才開始；
　　行醫濟世在四方，四十年後更輝煌。

十五年後再聚，感觸更多，再作一首如次：

　　天增歲月人增壽，子孫滿堂稱公婆；
　　寶刀未老續行醫，退休養生有道理。
　　同窗情誼久愈深，夜夜歡樂談人生；
　　天長地久緣難忘，高齡鶴髮更神往。

18.1999年北美台大醫學院
校友會年會側記(1999年)

　　從熱烘烘的佛州飛回夏末氣爽的芝加哥，雖然飛機誤點，可是回家那種自由無拘的感受，比住在冷氣空調臥室寬廣，窗外景色優美的大旅館輕鬆多了。回到家裡，賢內助許世真馬上遞給我一些校友會節目資料說：「你的好友，主辦此次校友會的會長黃世傑，要你寫一篇文章給景福。」在盛情難卻之下，只好重提置放已久的禿筆，就記憶所及略述一些觀感。每年夏天，北美台灣人社團的活動特別多，在時間上常有重疊的現象。今年在台大醫學院校友會同一時段舉行的，有北美教授協會年會及世界台灣同鄉會。世台會在夏威夷，我們曾經遊過多次，且預定十月底全家要在那裡度假團聚(Family Reunion)。教授協會年會在新墨西哥州的爾伯克基(Albuquerque)舉行，我們未曾去過，且由我的台中一中同學，現任紐約復旦大學(Fordham University)法律學教授的會長江永芳主辦，因無法分身只好割愛。我早在去年舊金山台大醫學院校友會時，就答應今年的總召集人黃世傑擔任講員，演講少為人知的「胎兒醫學」進步的現況。我們也想趁此機會實地體驗常在冬天、春秋兩季出遊的佛州，夏天有多熱。

　　1999年台大醫學院北美校友會，於8月第一週末在奧蘭多(Orlando)的狄斯耐希爾頓大旅社(Hilton Hotel at Walt Disney World)舉行。此次參加的校友不到一百人，比去年校友會的規模小。雖然主辦人黃世傑極力鼓吹，可能因狄斯耐樂園大部分的校友已遊過數次，再加上因怕熱而畏縮。但是規模小有其好處，大家較親

熱。地點在美國東南端，無意中見到了不少許久未見的校友。星期五晚上的同屆聚餐同在附近中餐廳舉行，共有五桌人。出席較多的為1961年班(7對)及1964年班(5對)，1970年以後的班次也有兩桌，但筆者不清楚有多少人同班。3位台灣來的師長代表林國信 (前台大醫院院長、景福會董事長、台灣血液基金會董事長)、朱樹勳(前台大醫院副院長、亞東醫院院長)及李明濱(台大醫院精神科主任、醫學院教學副院長)，也都在場受歡迎洗塵。餐會熱鬧，彼此問候聲、談笑聲不絕於耳。

此次校友會的主題為「健康的人生」(Living Well)。星期六上、下午及星期日上午前半為學術演講會，分別由佛州校友黃碩文、高國彰、葉國鈞、楊明倫、吳明江、林晃達主持。演講內容由基礎到臨床；由胎兒及小兒延到老人疾病及死後解剖；由科技性的診斷、眼科、心臟外科大小手術到內科、小兒科治療；由分子生物學的腫瘤成長機制，大腦細胞核酸遺傳基因受損與重建到遺傳與栓塞性疾病，高膽固醇疾病，維他命與長壽，無所不談。更有「太極拳與健康」的演講與示範。重點似乎在於「健康的保持與長壽的促進」。心臟血管疾病包括中風的講題佔了百分之四十。這些講題分別由許永安、高國彰、韓明元、葉思仲、林明石、陳麗村、林靜竹、許振興、曾垂拱、許重義、陳韻文、林清森、楊明倫等在美校友擔任。台灣來的校友林國信談台灣捐血中心的普及化及其運作，包括臍帶血的收集。朱樹勳談台灣心臟移植手術的現況，高難度病例台大最多，台灣的心臟移植手術人數高居亞洲之冠。李明濱談台大醫學院近年來醫學教育改革的內涵及其成效。三位的演講代表台灣現代的醫學水準，緊跟著歐美先進國家的潮流在進步，令人欽佩。

　　在這短短的八個小時現代醫學課程總複習，四面八方都照顧到了，可惜時間有限，問答討論時間不充分，似乎又回到了舊時只上課聽講，沒有發問討論的填鴨式教育方法了。（半開玩笑，主辦人莫生氣！）好在參加者的目的是在會晤舊友同窗，而不在醫學再教育，嘻哈之間也得到一些不同領域的新知。如果某校友想認真學習，在美國再教育課程俯拾皆是，也不用跑到老遠的佛州。星期六同時也有護理研討聯誼會和婦女生活的座談節目，筆者未出席，無可置評。

　　星期日早上的後半部是演講會的高潮，由林哲雄（筆名林衡哲）、魏榮斌、呂子樵、陳錫圭、黃正雄五位校友上台列座，主持群體討論（Panel Discussion）。主題為「個人生活的調適」，包括退休、轉業、遷移等所引發的生活變遷及個人如何調適的經驗，主持人並以老大哥的身分，提供寶貴意見供年輕校友作參考。其中陳校友高齡77，星期六晚上得到會長頒給敬老獎，他以流利的英語為主，談論個人在家庭適應隨時代而變遷。目前已非男主外女主內時代，而是男女平權，男女都是「外人」，嫁男兒娶女婿的時代和孫子女玩先要得媳婦准許的時代。有「台灣文化醫師」尊稱的林校友，目前返台在花蓮門諾醫院擔任小兒科主任，他對台灣文化的促進，台灣文學作品的出版，比醫病更重視。他談的返台經驗，也不離台灣文學作品的出版。魏校友來美後轉業電腦，他說：「職業的壓力和財務的收入成正比，轉業後收入雖然減少，可是心理壓力也減少，感到很輕鬆。」呂校友曾經擔任德州某醫院精神科主任，很受大家禮遇與尊敬，可是辭去主任後，很快就失去屬下的尊敬，心中很不自在，必須調適自己。剛退休而即將由紐約州搬到佛州的黃校友，曾經看過五十多個地方，覺得

佛州西岸某地有很好的高爾夫球場，覺得好像找到了天堂。他放棄「家庭的搖錢樹」專業後，有更多的休閒及打球時間，生活也變得輕鬆多了。五位台上的主講者都有充分的準備，黃校友更教大家如何盤算退休後的家產和生活費的方法。他們能言善道，出口幽默，回答技巧，又有充分時間讓聽眾發問，博得笑聲與拍手聲不絕於耳，欲罷不能。

　　星期六晚宴與同樂晚會在旅館大廳舉行，幾乎每一位報名參加者，全都出現。我們同班(1961年醫學系)就有黃世傑、葉國鈞、郭浩民、郭季彥、洪正同、蔡棠連、魏榮斌、施安霖(遠從日本來參加)和林靜竹等9對夫婦。1996年溫哥華校友會後，參加7天阿拉斯加遊艇的同班夫婦檔有八十多人參加，那次的班友會(Class Reunion)可能是人數最多的一次。去年夏天筆者到紐約參加北美台灣人醫師協會年會，也有兩桌同學請我們吃晚餐，大家見面甚歡頻頻合照留念。這次校友會也不例外，晚宴的菜單為牛肉鮭魚和甜點咖啡，飽食之後晚會即時開始。晚會由年輕的曾垂拱校友夫婦主持，有板有眼，節目安排非常緊湊，表演者也認真演出。其中較為出色的有下面四個節目。按順序居首的是潭壩海灣(Tampa Bay)合唱團。他們合唱吳民江校友作曲填詞的團歌及數首台灣民謠，由黃俐美指揮，台上合唱團員服裝整齊，聲韻優美合諧，聽眾自然感應出聲齊唱，達到讚賞與同樂雙重目的。其次是陳麗茹領班的打擊音樂，陳小姐台灣東吳大學及佛州國際大學音樂系的科班(碩士班)，曾獲打擊樂競賽佛州第一名。她與一位同學立雅茲(F. Diaz)及數位校友子弟以各種打擊樂器演出獨奏、二重奏及合奏。他們敲打出節奏合諧的台灣歌謠「農村曲」、「白鷺鷥」頗能引人共鳴，「老虎磨牙」一曲，唯妙唯肖，震人心弦。再其次

為盆卡珊(Ann. Poonkasem)的獨唱,泰國裔,小時為黃世傑小兒科病人的她,盛裝如選美競賽的打扮,秀麗端莊,台風甚健。她獨唱數首英文歌及一首台語民謠「白牡丹」,不輸於職業歌手。後者是台灣人耳熟能詳的老歌,她咬字清楚,聲韻動人,更引起聽眾的共鳴,一唱再唱,難怪她獲得數種聲樂競賽獎,在選美競賽她得到本年南佛州大學校友皇后及拉鉤(Largo)美后的頭銜。她「白牡丹」唱得那麼好,是藥學系校友黃世傑夫人陳岫雲苦心教練出來的。晚會的壓軸節目是鋼琴家郭陳芳玉(Rita Chen Kuo)的鋼琴獨奏。陳女士是藥學系校友,台大畢業,來美後在紐約茱麗亞音樂學院(Julliard School of Music),直接受業於數位名師,專攻鋼琴,她教授無數學生鋼琴,活躍於鋼琴演奏,三十年如一日。她知名於紐約音樂界及北美台僑界。1996年在阿拉斯加遊艇上,筆者首次聆聽她鋼琴獨奏,她改編的台灣民謠鋼琴曲,如「四季紅」、「雨夜花」、「補破網」、「望春風」、「望你早歸」、「白牡丹」等老歌。此次演奏的前半部又加上「桃花泣血記」、「月夜愁」、「阮若打開心內的門窗」、「愛拚才會贏」等曲子。後半部演奏西洋曲目包括德布西(Debussy)、李斯特(Liszt)及李斯特－布索尼(Liszt-Busoni)的作品。聽眾靜心傾聽,喧嘩熱鬧的會場頓時鴉雀無聲,只聽優美的旋律,琴聲繞樑灌耳。琴聲忽大忽小,有時雄壯激昂、有時如泣如訴,聽眾如置身於紐約卡內基音樂廳(Carnegie Hall)中,渾然忘我。演奏一完,掌聲如雷,給演奏者報以最大的讚賞。陳女士的夫婿郭季彥也是醫學系1961年班校友,他是攝影專家,夫婦情篤,婦彈夫隨,隨時隨地拍照存證。此次校友會,黃會長委以全程攝影任務,多才多藝的吳明江校友的長笛獨奏,別具風格。潭壩海灣青少年會(Tampa Bay Youth

Club），大部分為校友子弟，他們演出的節目包括舞獅、山地竹節舞、橫笛獨奏、鋼琴獨奏等，天真可愛，表演彈奏均佳。晚會最後一個節目為主持人曾垂拱校友的「比手劃腳」。首由五位1961年班校友以手勢、身勢、腳勢傳遞四字成語「海底撈針」。從第二位開始變調，第五位莫名其妙，海闊天高哪裡找，一猜猜到海的那邊去了。引起哄堂大笑，有些校友忍不住站起來，笑彎了腰。第二批由五位佛州校友猜「心猿意馬」四字。也許他們較年輕，溝通靈活傳遞技巧較好，也許猴子、牛馬較常見，易於猜測，他們果然猜中了。表演期間也是大笑不絕。晚會在大家歡欣合照之後結束，不覺將近午夜矣。

定居佛州的校友不多，為了籌備此次校友會勞心勞力，有此成果。我們坐待其成的校友，應該由衷地感謝他們。除了感謝，還是感謝。

19.台大醫科1961年班畢業
四十週年澳洲、紐西蘭之旅(2001年)

雪梨(Sydney)

澳洲的大都市雪梨,世真和我去遊了兩次。第一次1994年參加國際學會,第二次則是我們醫科同班同學畢業四十週年的旅遊,是在2001年2月在雪梨乘Regal princess遊艇,由雪梨出發最後在紐西蘭的奧克蘭(Auckland)結束十四天的航程。在雪梨兩次參觀的地點都差不多,因此併在一起描述。

1994年我們是住在日本人經營的Prince Hotel,相當昂貴。但是地點非常好,從旅館可以看到Darling Harbor之港灣風景,捷運

許世真於雪梨大橋前(1994)

車的行駛，海灣內的龍舟競賽訓練等活動，夜景也非常燦爛美麗。2001年則住在平凡的旅館，但位於華人街，方便去中餐館。雪梨的地標是獨特成雙向重疊貝殼型，由陸地突出海灣中的雪梨歌劇院（Sydney Opera House）。另一個地標則是宏偉的港灣大橋（Harbor Bridge）。每年除夕夜，由電視報導各地慶祝過年的活動中，紐約時代廣場（Time Square）高空中亮麗的光球在群眾的頂上慢慢降落，屆時情侶相擁而吻的景象和雪梨的煙火配合著照亮的歌劇院和港灣大橋，算是世界兩大絕招。

1994年會議主辦單位曾有遊艇遊港灣，享受黃昏觀看岸上建築，車水馬龍遊客如織的熱鬧景觀。遊港後緊接著有學會的晚宴。2001年則因2000年在雪梨舉行的夏季奧運會剛過了半年，會場值得參觀。我們在渡輪處遇到張敏堂、高由里夫婦，決定四人同行乘渡輪到奧運會會場。到了彼岸，再乘汽車抵達奧運村。首先看到的是整齊的選手宿舍，一排排地建在入口處。然後再到各種競技場、球場、田徑場等等，由高處望去，一覽無遺。游泳池則因當天在舉行比賽，必須買票才能進入，因時間有限，放棄參觀。拍了一些相片後折返旅社。下車時遇到傾盆大雨，沒帶雨具，祇好成為落湯雞。

在雪梨另一好去處是華人街，兩次旅遊都在那裡吃了好幾頓飯，特別是吃大蟹，至今想起，滋味仍留心頭。

1994年我們也去過開採寶石礦的地方參觀。兩次旅遊，世真和我各自買了一個鑲有燦爛彩色寶石（Opal）的手錶。

許世真於雪梨歌劇院（1994）

肯恩（Cain）

　　1994年在雪梨的國際會議結束後，我們飛到澳洲北方的肯恩。雖然是三月中，這裏非常熱，看到的樹木、甘蔗、鳳梨和花草和台灣非常相似。我們乘火車，穿過隧道、田野，一邊是山壁，一邊是山谷，中途曾停駛，遊客可以下車觀看風景或拍照，有些類似花蓮的太魯閣。我們曾到一個村落，看到千年古樹，氣根由高處垂落地面，形成有縱紋線條的屏風。另有高大的棕櫚樹和一個大型鱷魚頭的模型。這些背景都曾拍照留念。最後則乘船悠遊於此地的一條大河，河濱的陰涼處有不太大的鱷魚（Crocodile）出沒，另外在河旁大樹旁有成群結隊的大蝙蝠，當地人叫飛狐（Flying Fox），大約有鴿子一般大小，有的在附近飛翔，大部分則倒掛在樹枝上，蔚成奇觀，美國有一部由動作明星Clint Easterwood

主演的電影「Crocodile Dundee」，前段就是以此地為背景拍成的。寫到這裡筆者回想到澳洲特有的兩種動物袋鼠和無尾熊，兩者都在雪梨的動物園看到，許多遊客則在雪梨附近的Blue Moantain看到袋鼠。

默爾本（Melbourne）

默爾本是澳洲東南方的一個港都，也是澳洲的文化中心。一下船就看到一個大招牌，上面寫著歡迎到默爾本（Welcome to Melbure），下面有三個放大相片，左邊是默市的高樓和市街，包括數個方形的高聳建築、圓筒式建築、鐵塔和時鐘。街道兩旁有椰子樹，整齊排列。中間是一對男女在跳芭蕾舞，左邊是兩個騎士，一個像是英國皇家衛士，另一個是足球選手。這個招牌令人很有親切感。港灣有船舶停靠，遠處山丘環繞，由山腳到港岸則有許多低矮的住家，由山坡而下，層層排列，景觀精緻優美。

我們首先乘汽車參觀了歷史陳列館（Como Historic House and Garden），是個小型陳列館，展示默爾本150年興起的歷史，外面有很大的公園。我們遊郊外山區，看了充滿樹林的羊齒植物，有小橋、山洞的自然景觀，然後到一間日本料理店，店名Ka Buki By The Sea，享用可口的午餐。我們也到Ballart Wildlife Park and Gold Rush看野生動物，再度看到無尾熊和袋鼠。女士們在這裏享受逛街的樂趣，筆者則留在船上運動和午睡。

河巴（Hobart）

河巴是塔斯馬尼亞（Tasmania）的首府，是個美麗的小城市。Cat & Fibble Arcade是個購物中心，最受女士們歡迎。植物園

(Botanic Garden)則有種種盛開的花，美麗的草坪和樹木可以觀賞。建築壯觀的Salamanca Place和國會大廈(Pariament House)，都是值得流連欣賞的地方。

紐西蘭的Fjordland Park

遊艇航行的第七天，在晨曦中大家都跑到甲板上看風景，遊艇慢慢駛入崇山峻嶺環繞的海灣，雖然漫天雲霧，自然的美景如山頂、瀑布和城堡構成一幅難得一見的圖畫。這是一處紐西蘭天然景色的高潮，大家都很興奮，回憶五年前，在阿拉斯加遊艇上看到冰河處處，兩相比美，也都會感嘆「真是不虛此行」。

魯內林(Dunedin)

遊艇泊在七哩外的Chalmers港，改乘小船進城，這是世上保存最完整的維多利亞女皇時代的古典城市。市街大樓成一塊塊方形建築排列，街道中間有電車行駛，我們看到了美麗的教堂，尖形的屋頂和大鐘樓，另有十字架高掛的方形建築教堂。街旁都有一排排街燈，頗似倫敦的街道。很多遊客參加乘火車到郊區的旅行，火車道經過一邊是山，另一邊是河的自然景觀，到了終點，吃過午餐，有的買了原住民在車站附近零售的雕刻、羽毛飾物、桌巾或其他紀念品，火車由原路駛回。

萊特頓港(Lyttleton Harbor)

第九天遊艇駛進萊特頓港，距離Christ Church大約6哩，步行或搭汽車可抵Cathedral Square，那裏有北極探險家Captain Robert F. Scott的紀念銅像。此外我們參觀了南極中心博物館

（International Antarctic Center），裏面放映南極風光，包括走動的企鵝群。我們和企鵝散立在岩石上的模型及標示氣溫在攝氏零下18度C（華氏3度）的大溫度計合影。

威靈頓（Wellington）

紐西蘭的首都威靈頓是個大城市，遊艇泊在一個大市場旁邊，下船便可購買布料、皮料、雜貨等等。在市政中心有一棟棟壯觀的建築、圓形的國會大廈和長方形的行政大樓緊鄰而建，前面有綠色草坪，這廣場的入口有石獅及台階，再往廣場內側則有兩棟教堂相鄰而建，對街則為博物館（Museum of Wellington City & Sea），這些建築都是富麗堂皇。我們沒有進入建築物裏面參觀，反而到附近的一個公園。著名的Lady Norwood Rose Garden有百餘種玫瑰花叢供遊客欣賞，二月正是紐西蘭的夏季，也是玫瑰花盛開的時節。

陶蘭卡（Tauranga）

此城有許多海灘和奇異果（Kiwi）果園，果園遼闊，一片綠油油的矮樹，猶如北加州那霸（Napa）的葡萄園。導遊用車子載我們在果園繞一圈，指出每8至10棵能結果子的雌樹中間便有一棵雄樹。然後我們參觀了外銷包裝工廠。此地盛產金黃色的奇異果，被視為珍品，成為紐西蘭外銷農牧產品之一。Rotura乃是著名的Thesmal Resort，擁有熱水噴泉（Geysers）、泥漿池（Mud Pools）和蒸氣孔（Steam Bores）等天然奇觀。

島嶼海灣（Bay of Islands）

遊艇第十二日抵達非常刺激的海灣群島，包括許多海中的大石礁。乘坐快艇衝浪，驚險萬分。尤其是穿過大石中間的孔洞（Hole in the Rock）時所有遊客同時驚叫，刺激無比。快艇也沿著巖石峭壁及裂洞（Grand Cathedral Cave）行駛，使遊客大飽天然奇觀的眼福。遊客更可乘小船在Palhia上岸，再乘車進城遊覽。

奧克蘭（Auckland）

奧克蘭是紐西蘭最大的城市，也是工業和貿易中心。城市中高樓大廈林立，車水馬龍，熱鬧非凡。尤其是市中心的圓錐形高空塔（Sky Tower），也是世界有名的瞭望塔。在最上層的瞭望台（Sky Deok），可以360度觀看奧克蘭城市的每一角落。夜景更為美麗動人。下面的餐廳Orbit可以邊吃邊看，欣賞城市景觀。再下一層也是瞭望台。遊客常以此高空塔為旅遊的首位地標。

在遊艇抵達奧克蘭的前一天，我們乘遊覽車到郊外遊玩。先到Torohanga Kiwi House，去看和奇異果同名的尖嘴圓體長毛的鳥，也叫Kiwi，此鳥躲在黑暗的山洞中，是紐西蘭的生物奇觀，此其一。其次我們到Waitomo Caves乘小舟，進洞觀察特種螢火蟲在山洞頂上形成滿天星星，這是Waitomo Glowworm在變態中Larva所發出的螢光。船再往內進，更看到一條條光閃閃的，由洞頂向下垂下的銀絲珠光，像垂簾，也像琴弦，更像雨絲，這是Glowworm快由Larva變成蛾之前，由點變成線的幻化現象，更是生物界莫大的奇觀，此其二。此次旅遊最大的收穫也許在此。十四日的澳洲紐西蘭遊艇之旅，在一次盛大的晚宴中結束。晚宴的

高潮在於服務生將香檳酒杯疊成十層六角形高塔，再將酒由最上層倒入，任其由高處流向下層（Trickle Down from the Top），然後由排隊的遊客一一照像留念。愛妻許世真也趁機爬上塔邊拍照留念。天下沒有不散的筵席，下船握別時，多少有些惆悵的感覺。

但是另一「歸去來兮，兒孫在等著你」的感觸，使你大步離開遊艇，奔向機場。

第四輯
旅行遊記

【摘要】

本輯為筆者出國參加國際會議和講學後的遊記，足跡遍及歐洲、蘇聯、日本、中國、埃及、南美、美國等地。(1998年)

其中，多數是退休後根據雜記資料、相片和記憶追述而成，有些地方參考旅遊書籍補充。

此外，尚有一篇台中一中同學會遊記。(1991年)

20.歐洲旅遊觀感

本文並非歐洲旅遊即時的作品，而是三十多年以來數次歐洲旅遊的追憶，幸而保存相簿中的旅遊相片有助於記憶，重回當時的時間地點。可惜同時拍攝的8厘米(mm)錄影，目前無放映機可用，無法看到旅遊活動的情景。

1971年7月初旬，在結束紐約州立大學兩年的研究生涯，預定返回台大醫學院重任講師職位的九月一日，一段空檔時間和愛妻許世真、六歲的長子林存欣作了五十天的歐洲旅遊。那時經濟並不富裕，買了一本歐洲旅遊指南，每日美金五元的經濟旅遊參考。世真也看了方瑀的歐洲遊記。於是由旅行社排好了行程，預約了旅館，買好了短程飛機票。至於火車票、輪船票則預定臨時購買。旅行後計算每天總要花費美金三十元至四十元之間，沒有旅行指南所稱的每日五美元那麼便宜。

這五十天我們玩了歐洲14個國家、22個城市，再由亞洲的泰國曼谷、英屬香港返回台北。這次旅程先由紐約飛往英國倫敦(London)，再飛法國巴黎(Paris)、摩納哥王國(Monaco)，然後飛往德國的杜色勒夫(Düsselof)，將六歲的長子寄託大妹林淑敏短時照顧。然後由荷蘭的阿姆斯特丹(Amsterdam)、比利時的布魯塞爾(Brussels)、盧森堡(Luxenbourg)、丹麥的哥本哈根(Copenhagen)、瑞典的斯德哥爾摩(Stockholm)，再飛回德國的杜色勒夫和大妹及兒子回到科隆(Kohlon)，乘輪船由萊恩河走一段水路，然後握別妹妹，三人改乘火車往南直抵德國的慕尼黑(Munich)。接著遊奧國的維也納(Vienna)、瑞士的魯榮(Lausonne)，由因塔洛肯(Interlocken)登上阿

爾卑斯山的少女峰(Junfrau)，再遊南邊的日內瓦(Geneva)。在瑞士的交通也是靠火車。接著遊義大利的羅馬(Rome)、米蘭(Milano)、佛洛倫斯(Florence)和威尼斯(Venice)。最後遊希臘的雅典(Aden)和土耳其的伊斯坦堡(Istanbul)，然後由曼谷，香港飛回台北。

這樣走馬看花般的旅遊，每個城市只花了二至三天，只看顏面，不能看全貌。但是中歐北歐如瑞士、德、奧、丹麥、瑞典，總是覺得優美舒暢，井然有序。南歐的義大利、希臘、土耳其則覺得喧鬧、擁擠、雜亂和亞洲的曼谷、香港、台北一樣。英倫、巴黎和阿姆斯特丹則較像美國的大城市紐約、芝加哥。當然藝術方面，巴黎和義大利能使你大開眼界，其他許多城市首要觀光則為教堂、皇宮、皇家別墅和大公園。歐洲的歷史比美國長久，各地有其特性風格，不能一概而談。因此，每一地的風光、市容、民俗各異，下一段將簡單介紹遊過印象深刻的城市。

倫敦

倫敦是十九世紀「日不落國」大英帝國的首都，也是英國政治經濟的重心。我們由Heathrow機場，乘巴士到商業區圓環Picadily Circle附近的一家小旅館住宿。接下來三天我們玩了泰晤士河(Thames Rvier)河畔的國會大廈。有黃金色雕刻的高圍牆連接更高的兩個鐘樓，一個插著飄揚的英國國旗，另一個則有個清楚可見的時鐘。記得當時隨著City Tour的導遊，進入國會殿堂，參觀議員的辯論。近幾年來英國首相Tony Blair為了伊拉克戰爭常在國會大廳被議員質詢，在電視上看得很清楚。緊接著我們參觀了西敏寺(Westminster Abbey)，是一座宏偉的大教堂。地下大理石刻有很多名人的名字，第二次大戰英國偉大的首相邱吉爾(Winston

Churchil)的名字就在入口處的正中央。其次我們到英國女王居住的白金漢宮(Burkingham Palace)。皇宮有寬廣的前庭,庭外有高欄杆將民眾遊客隔開。外面就是群眾聚集的大廣場。廣場中央有個標誌碑,好像由大理石築成,四面都刻有人像,頂上有隻金色有翅膀的飛馬或飛鷹,代表大英帝國最高權威的所在地。我們抵達時,穿紅衣黑褲頭戴黑色絨帽,右手持槍的侍衛隊正在操練。隊員肅立,隊伍步伐整齊有力。戴著白色羽毛帽的騎兵馬隊,走出皇宮進行Horse Guard's Parade(騎士侍衛遊行)。路旁觀眾擁擠,拍手叫好,十分熱鬧。接著我們去溫沙堡(Windsor Castle),環境優美寧靜,是皇太子的居所。是否為紀念不愛江山愛美人的溫沙公爵,筆者不得而知。我們也參觀了London Tower和Tower Bridge,裏面有各色各樣的皇冠珠寶。橋座高

許世真(上圖)林靜竹(下圖)在英白金漢王宮前留影(1971)

掛堅固，為什麼美國有一條童謠「London Bridge falling down, fall-
ing down……」。

此行花時間較多的是參觀大英博物館，裏面有埃及的木乃
伊，各國的藝術品字繪書籍看了幾天也看不完。我們曾到倫敦郊
外的劍橋大學(Cambridge University)，首先看到建築古色古香的三位
一體學院(Trinity College)，也到風景優美的康河(River Kahn)河畔休
息。不覺想起徐志摩的文章「康橋的早晨」，浮起一絲似曾相識
的親切感。

巴黎

法國的巴黎是西方歐陸的一個藝術文化大城市，也是法國的
首都。十多年前和倫敦之間的海底隧道打通之後和英國的來往更
為頻仍，儼然成為歐陸政治經濟的重心。前述英國曾稱霸全球，
為此英國人相當驕傲，畢竟英國人講的是聽得懂的英語。法國人
比較矮小，以曾經稱雄歐洲的拿破崙(Napoleon)為代表性人物。法
國人的驕傲表現在會講英語卻不肯講，遊客以英語問路，法國人
卻偏偏以法語回答。因此，在美國的中學生選法語及西班牙語為
外國語言的最多。談到巴黎和倫敦之間的海底隧道，1997年黛安
娜(Diana)和她離婚後的新男友埃及裔的大亨之子，年紀輕輕的兩
人同時喪生，不免令人嘆惜！

法國人的驕傲是有其背景的。過去多少科學家、醫學家如居
里夫人、巴斯德都出自法國。目前流行的時裝，常以巴黎馬首是
瞻。即是美侖美奐的凡爾賽宮(Versie)及羅浮宮(Luver)，更是氣派
非凡，藝術味十足。再加上凱旋門、巴黎鐵塔(Iffery Tower)，近期
建成貝聿銘設計的玻璃金字塔和歐洲迪斯耐樂園也都成為巴黎重

要的地標。1971年我們去遊覽時主要去看凡爾賽宮、羅浮宮、拿破崙紀念館等處。凡爾賽宮前面有很高的鐵欄杆圍繞，前庭寬廣都舖設石板，後院更是一望無際直達遠山，有整齊的花壇、草坪、石膏像排列，遠處樹林圍繞。前面有大石柱和台階，進入宮殿馬上映入眼內的是金碧輝煌的室內裝飾，包括各型圖繪，天使處處可見，石膏像、銅鑄像屹立兩旁，每一間廳房天花板，牆壁都是古典西洋畫，金邊裝飾，帝王、后妃畫像，金邊座椅，相映成趣。再加上氣氛神秘，遊客專心注目各種藝術作品，比劉姥姥遊大觀園千倍精彩。羅浮宮則同樣是藝術圖繪雕像充滿的博物館，令人嘆為觀止。筆者在羅浮宮前廣場遇到吉普賽人扒手，幸

而未被扒走任何財物，竟有一位男性遊客大喊有賊，吉普賽人匆匆離去。後來1980年代再度到巴黎開會時，晚間到劇院欣賞音樂舞台劇，進場和出場都很擁擠，西裝內袋裏的美鈔兩百元竟然不翼而飛了。

通往凱旋門的香榭大道，兩旁有許多露天咖啡店，法國人和遊

許世真和長男林存欣（6歲）在巴黎凱旋門前留影。

客都常駐足觀看,或坐下來喝咖啡,鬧中取閑使疲倦恢復,此等閒情逸緻非局外人可以體會的。法國料理是世界聞名的,兩次巴黎之遊我們多次品嚐到法國的美食。1980年代第二次遊巴黎時曾去附近的蒙門特(Mormontre)玩,那裏有一個著名的教堂Le Sdire,教堂的主堂為圓頂建築,中間有圓錐形尖向天空,旁邊有四個較小的分堂,屋頂也都和主堂一樣,實在美觀,教堂前則有很長的台階由山坡往下延伸。離教堂不遠有一個小公園,未出名的藝術家聚集叫賣,真像紐約市南邊的格林威治村(Greenwich Village)。我們在那裏買了一幅教堂的油畫,蓄鬚的畫家硬把巴黎鐵塔畫在教堂旁邊,此畫目前仍保存在家中。Mormontre教堂附近據說有流娼出沒,真是一大諷刺。

摩納哥

　　法國境內的小王國叫摩納哥(Monaco),國內最出名的是一個貴族賭城位於山腳下,車道由山坡頂蜿蜒而下,一邊是山,另一邊是懸崖,車道繞來繞去往外看,景色優美。其實賭城只有一家,且中央為歐美貴族富豪進出大筆賭注的會員區,市井小民禁止進入,只能在外圍的小賭桌或吃角子老虎機玩,其規模比拉斯維加斯(Las Vegas)的整排賭博旅館小得多。三十多年前,前好萊塢美麗女星,後來成為摩納哥王后的葛麗絲凱利(Grace Kelly),因其女兒駕車不慎,翻落懸崖,當場失去了美麗富貴的生命和英國的黛安娜王子妃同樣,真是應驗「紅顏薄命」這句流言。

杜色勒夫

　　下一個城市是德國的杜色勒夫,這是一個小城市,離北方的

漢堡(Hamburg)和偏南的法蘭克福(Frankfurt)都不遠，是個工業都市，但商業也逐漸發達起來。妹妹的住家和豆芽的工場在一起，豆芽場是利用納粹黨戰時的防空山洞的陰濕空氣，增助豆芽的發育。

豆芽除銷售德國境內之外，也賣到荷蘭的阿姆斯特丹等大城市。那時雖沒去漢堡，但到Minidomm(微小城市模型)看到了漢堡這個港都的模型，是一個有前途的大城市，另外也看到了德國首都柏林的模型。另外有美國的紐約甘乃迪機場(Kennedy Air Port)和多倫多(Toronto)在尼加拉瀑布對岸的高空觀光塔。1980年代，我們夫婦曾到過東西柏林旅遊，看到真實的柏林圍牆。那時我們碰到一位導遊是出生印尼的醫學生，他帶我們到西柏林的大街小巷亂闖，到了一個酒吧，看到德國年輕人在那裡舉大杯啤酒作牛飲，香煙噴出的煙雲裊裊而升，瀰漫全室。他們高聲歌唱，這種場面似乎在重演電影「學生王子」一般，活潑無拘，印象深刻，至今難忘。翌日我們到東柏林觀光，雖然旅遊車沒有換，但司機車掌都換穿制服的中年人和年輕小姐，更有荷槍士兵上車檢查證件，相當嚴謹。司機車掌不苟言笑，一駛離圍牆便看到在東柏林設有高舉的監視站，兩個持槍的士兵監視著圍牆，難怪不少冒險投奔自由的東德人民遭到射殺在圍牆下。東西柏林的對照由上面的描述，真有天堂、地獄之別。首先我們參觀一個大博物館，大戰時破壞的遺蹟尚未修復，雖然有不少珍貴的展覽物，可是一種冷森森的感覺，使人不能詳細品味。其次我們參觀了一個凱旋紀念碑，是過去不知哪一場戰爭勝利時建造的，導遊曾經說明，但筆者不復記憶。最後汽車行駛較熱鬧的大街，路上行人不少，穿著還算整齊，但二三人同行似乎很少談笑。天黑之前我們又回到西

柏林的旅館住宿。

阿姆斯特丹、布魯賽爾、盧森堡

將兒子留在妹妹處，我們二人遊過荷蘭的阿姆斯特丹、比利時的布魯塞爾和盧森堡。

在盧森堡好像只看了一個典型的歐洲教堂，是哥德式的建築教堂內許多彩色的玻璃窗，其他不復記憶。

阿姆斯特丹是荷蘭最大的城市，市內許多人工運河作網狀分佈，旅客乘船遊覽這個城市，更感樂趣無窮。每一個河川都有平行的街道可以駛車，但在船上覺得舒暢，一方面可以和迎面駛來的船上旅客打招呼，另一方面要從許多街道底下穿過，可以看到街上行走的人們，當然更可看到各式各樣的建築和商家和遊義大利的水都威尼斯有異曲同工之妙。

我們住的小旅館必須由螺旋梯轉折步上，較大的傢俱如鋼琴必須由窗口吊上搬入。在旅遊中我們看到龐大的市政廳，也看到了安妮躲藏納粹德軍的小閣樓，不幸天天寫日記的小姑娘終究躲不過德軍的殺害。1984年因參加第四屆國際研究妊娠高血壓學會，發表論文再度到此歐洲大都市旅遊，此次有機會到郊外遊，沿途看到美麗的鄉村風景，有大風車，有許多花園，荷蘭的鬱金香(Tulip)是世界有名的。我們也參觀了停駛供遊客玩賞的海盜船和鄉村的一個水壩。愛妻世真則趁我們開會的時間，單獨到另一個城市有國際法庭的海牙(Hague)去玩。在民風方面，荷蘭幫助重病將死的人減少痛苦，施行安樂死的醫生無罪，販毒吸毒的青少年無罪，娼妓公然營業無罪，過度的自由也會使人墮入罪惡的陷阱。

　　由荷蘭的阿姆斯特丹到比利時的布魯塞爾，乘火車大約三個多小時。布城是個到處有鮮花，街道整齊的都市。房子裝飾雕刻美觀大方，有哥德式的、羅馬式的和新古典式的建築，如同比利時人有講德語、法語和荷蘭話的，其中講德語的最多，這和德國佔領比利時較久有關。我們去過皇家宮殿(Royal Palace)，也是有許多雕刻裝飾，遠遠看去成三層的窗門弧形排列，屋頂和牆壁連結處有一排雕像。裏面的大廳寬廣有些年久失修的痕跡。畢竟和英國、法國的皇宮差得太遠了。另有一處叫大廣場(Grand Place)建築如前述各式各樣，標榜不同時代的建築特色。第三個可吸引遊客的地方是叫大拱廊室內商場(Grand Arcade)，拱廊兩邊有各種商家，包括餐館、禮品店等，是遊客的好去處。

哥本哈根、斯德哥爾摩

　　下一個城市是丹麥的哥本哈根，是坐飛機抵達的。這是一個很大的港都，有輪船停泊在海港。沿著海港有遠處的建築夾雜在樹叢之間，都是二三層樓的建築，沒有像紐約、芝加哥的高樓大廈，唯一突出空中的是教堂尖閣。世界聞名的美人魚就在此海濱。美人魚是黑色銅鑄雕像，人身魚尾靜坐在石頭上，臉面秀麗，曲線優美是一件極佳的藝術作品。筆者聽過其背景故事，但如今不復記憶。在丹麥我們參觀了皇宮，Tivoli公園和「王子復仇記」背景的古堡。皇宮的進口有侍衛站崗，穿著黑白相間的衣帽、長筒鞋，屹立不動。內人走到他身旁問他：「可否一起拍照？」侍衛不言不語，面無表情，大概是上級交代值勤不能有反應。既然沒有「No」的反應，筆者便拍了一張內人和侍衛一起的相片。皇宮部分開放遊客參觀，牆壁、屋頂都有裝飾，但沒有法

國凡爾賽宮複雜華麗，許多房間都有壁爐，牆壁上也掛滿了王公后妃的畫像。Tivoli公園是一個兼有玩樂及休閒功能的公園，那裏有照妖鏡，站在鏡前，你的臉像被扭曲，從不同角度望去，可以變長、彎短或彎曲。另有一個音樂舞台，當天有一群中年男女，穿著紅、黃、黑白，各式古典服裝，個個長襪及膝，跳起勾手轉動，交換對手的土風舞，有一個小樂隊在旁伴奏，韻律節奏分明，觀眾隨著音樂節拍，拍起手來。第二天我們去一個城堡，上面有一面隨風飄揚的丹麥國旗，城堡有向外轟擊的大砲，這是拍攝電影「王子復仇記」的背景城堡。最後一天，我們在海灣乘露天的機動船遊港，該船可乘載80位遊客，飽賞港灣風景，之後我們就離開丹麥到瑞典去了。

瑞典和丹麥都是實行社會主義的王國。這些北歐人都講求享受，社交和性常識極為開放，每年繳交很高的稅，但人民享有免費的醫療照顧，孕婦七個月後就休息待產，中產階級每天工作四至六小時，下午四點鐘以後就下班到海濱享受日光浴，一百多年來沒有戰爭，因此人民的生活悠閒安樂，可謂世外桃源。夏天日長夜短，在斯德哥爾摩，晚上十一點日落，早上五點日出，中產階級每天都有很長的時間自由活動，大家安居樂業。

斯德哥爾摩是一個現代化的城市，筆者於1987年參加交換學者民間互訪的旅遊團，作了一次十五天的北歐蘇聯四個城市的旅遊，斯德哥爾摩是最後造訪的一個城市，在這次旅行遊記已有詳細的描述，在此不再重複(讀者請參閱本篇後面的北歐蘇聯遊記)，唯一要補充的是1971年旅遊，我們也到過瑞典國王的夏宮Sholembom。這個庭院廣闊的夏宮位於斯城郊外，是國王、公卿避暑的勝地。景色優美花園草坪雕像極多，頗似法國凡爾賽宮，祇是沒有室內繁多的壁畫

和牆壁畫，可見瑞典歷代國王也很懂得享受。至於瑞典國寶有二，雖在前述北歐蘇聯遊記中已描述，在此不妨重述一遍，加重讀者的注意。

其一為每年諾貝爾獎的生物醫學、化學、物理、經濟、與和平獎都在斯城皇宮內頒發，由國王親手頒贈。

其二為卡羅林斯卡癌症醫學研究院（Kalorinska Institute），集中世界癌症病人從事完整的追蹤研究。每次發表的癌症追蹤五年或十年的生存率，數字大，統計正確，常為世界各地發表同樣研究的醫學中心引用為比較參考資料。

萊茵河、慕尼黑

由斯城再飛回德國的杜色勒夫，攜帶兒子、妹妹與我們同往科隆乘大輪船順著萊茵河南下，沿途風光真美，山坡上有各式各樣的城堡，極為壯觀耀眼，真是山明水秀。河流有時彎曲轉角，將是山窮水盡疑無路，突然一段的景觀映入眼簾，進入柳暗花明又一村的境界。有一段河流較急，轉折較大的地方，便是世人所聞「羅略來」的地段，傳說中遊客可以聽到少女歌唱的聲音，其背景故事筆者雖經告知，目前又已忘懷。後來到一個不知名的小鎮，我們都上了岸和妹妹握別，三人改乘火車直奔德國南方的都市慕尼黑。1984年到荷蘭參加國際會議之後，世真和我又到杜色勒夫拜訪妹妹、妹夫。妹夫駕駛德國名車賓士（Mercedes Benz）一起到南部旅遊。首先到妹夫留學的海德堡大學參觀，這是一所世界聞名的大學，筆者中學的同學施啟揚、陳正澄都到此留學，分別獲得法律和經濟的博士學位。此大學的規模和美國長春藤名校，英國的劍橋、牛津可以比擬。我們繼續由高速公路（Autoban）馳騁

南行，因沒有速率限制，汽車以90-100哩／小時之高速前進，似乎要飛起來。我們曾在五、六個大小城鎮歇息，進入大小餐廳用餐。這些不知名的城鎮都是驚鴻一瞥，瞬即離開，無法一一描述。印象最深刻的是，有一次妹夫點了一支小牛腿燒烤供四人共食。店主就端出一個可能五、六公斤重的包括臀部在內的小牛腿示眾，然後再端入燒烤。在等待期間筆者向四面觀看，看到有人把著大杯啤酒作牛飲，有人啃著大塊的豬腳。此種暴飲暴食的現象，在目前重視小餐戒酒的時代，不知德國人的吃象，是否改變了？慕尼黑我們逗留的時間有限，只看了三個地方，首先我們到將於1972年舉行夏季奧運會的場所，圓形田徑賽場幾乎完工，這是奧運會開幕閉幕的場所，觀眾的座位很多。其次我們到慕尼黑博物館，六歲的兒子很有興趣，尤其是礦工的開礦模擬塑像，一隊礦工在工作的場面他看了很久。又在一支比他大的雕塑手模型前也看了很久，筆者忍不住拍了一張兒子和大手的合影留念。晚上我們夫婦到慕尼黑的歌劇院欣賞「蝴蝶夫人」名劇，到了現場才發現所有男士都穿西裝或燕尾服，結領帶，白襯衫黑外衣，所有的女士都穿晚禮服，也都是很長至於鞋面。我穿的是褐色有線條的便裝，世真穿的是夏季衣和短裙，我倆面面相覷，甚感難為情。幸而不久歌劇開始，別人也就不把目光集中在我們身上。那時紐約的林肯中心，不論歌劇院、芭蕾舞、或交響樂團的演出，觀眾都已穿不同顏色的衣服，沒想到德國聽眾對服飾那麼講究，那麼正派，我們得了一個深痛的教訓。

維也納

音樂之都維也納是很多古典音樂大師出身的地方，也是現代

學音樂的天才青少年必定拜訪留學的重心城市。我們於1971年及1992年有兩次維也納之遊。1992年更由維也納進入匈牙利的布達佩斯（Budapest）。多瑙河（River Danue）由奧國進入匈牙利境內貫穿布達佩斯，將其分成布達和佩斯兩部分。在歷史上，匈、奧兩國曾屬於同一國家，亦即奧匈帝國，不料第二次世界大戰後，匈牙利卻成為東歐共產國家之一。因此，匈牙利人也很喜愛音樂舞蹈。

在維也納最大最美的建築要算貝維多宮殿（Belvedere Palace）。此宮殿佔地很廣，有前花園和後花園，都是有寬大的地磚和草坪，並有整齊的花盆、樹木兩旁排列，並有林立的音樂藝術家雕

像、噴泉、水池和座椅。以自然和人工配合成美侖美奐的園地。宮殿的正面一看有綠色的屋頂，乳白色的雕刻柱子排列成二層樓和半地下一層，共呈現三樓的宏偉建築。屋簷有一排雕像更呈現其藝術性。正門前有裸體女上半身和老虎下半身的人獸同體的雕像，令人有「藝術乎？幻像乎？」的不自然感觸。宮內的裝飾則有大理石牆壁、水晶燈、

許世真和長男林存欣（6歲）在維也納莫札特立像前留影。

繪像，配以紅色窗簾、地毯非常壯觀，其中一個大會議廳，桌上擺滿各色的燭台，兩旁排列的椅子則鑲著白色外緣、紅色絨布的靠背椅，高貴的氣氛可以想像。市內許多大建築前都有各式各樣的雕像，如古代的戰士、奔馬上的騎士等等。有一個很大的建築，可能是市政廳，則呈弧狀的二層樓，正門和前面的走廊則為一對一對的圓柱圍繞著，非常莊嚴大方。維也納歌劇院也建成圓弧形的正面和圓柱圍繞。正門有數級台階，三個進口和兩邊的窗都呈圓弧圖形，屋簷有許多雕刻，屋頂則有塑像站立。市內有一個公園，有兩個雕像紀念碑，一個是音樂才子莫札特(Mozart)的立像。另一個是文學家哥德(Goetre)的坐像。我們也參觀了維也納的一個教堂，這個教堂的外形特別之處，是屋頂有許多白色和黃色的線條，呈整齊的波浪般排列，兩旁有許多尖頂凸出的雕刻，並有好幾個尖頂的小鐘樓和一個雕刻密密麻麻的大鐘樓。這個大鐘樓的中心柱也是越高越小的尖頂，四週則有許多較小的尖頂柱子圍繞，景象如一棵筆直的竹子被一群出土的竹筍圍繞，此種藝術雕工，令人嘆為觀止。

布達佩斯

由維也納到布達佩斯，也要經過匈牙利士兵把守的一個關卡，汽車停駛受檢驗，旅客全部下車，同時在那裏換美金為匈鈔，據說沒有用完的匈鈔不能換回美金，因此不能多換。

當晚我們住宿在佩斯的一個旅遊旅館，設備和美國休假旅館(Holiday Inn)差不多。布達(Buda)有許多古代建築，如皇宮、音樂廳之類，同時也是政治、宗教中心和工業區；佩斯(Pest)則為商業區、經濟中心。兩區以橫跨多瑙河的大橋相連結。多瑙河畔風光

美麗，許多遊客和市民在河濱散步，留連忘返。晚上我們在佩斯的一個舞台劇院，觀賞匈牙利民族舞蹈演出，男女服裝鮮艷，舞蹈輕鬆有趣。在街上許多遊客和當地市民能以英語交談，匈牙利市民活潑快樂和西方自由國家居民沒有什麼兩樣和東柏林的居民顯然有別。他們喜歡和遊客兌換美金，在此美金幣值比在國界關卡兌換的高出很多。這種現象在四十多年前的台灣，新台幣換美金黑市換率高於公家的現象一樣。

魯榮、少女峰冰宮、日內瓦

瑞士是中歐的一個美麗國家，兩次世界大戰都保持中立，因此未受戰爭的破壞，自然環境又是十分優美，多山多湖，適於滑雪登山，或作水上運動。瑞士人講三種語言，德語、法語和意大利語，但不論講何種語言，瑞士人都自認為瑞士人，因此未有認同不一致或族群不融合的問題。歷史上瑞士飽受鄰國侵佔及壓迫和台灣有些相似的地方。瑞士的銀行有很多外資儲存，因為瑞士人民生活程度高，經濟穩定，將來歐洲再發生戰爭也會保持中立。瑞士的手錶如羅列士、歐美加世界聞名。瑞士交通發達，火車免費，遊客很多。

因此銀行、手錶和旅遊是瑞士三大收入。不少台灣人提到將台灣建設成東方的瑞士，筆者盼望這個理想願望將來能有實現的一天。

1971年我們在瑞士旅行，一路乘火車由靠北的魯榮(Lausonne)到中間的小鎮因塔洛肯，轉乘上山狹軌火車到達阿爾卑斯山(Alps)最高峰之一的少女峰(Junfrau)，再到南端的大都市日內瓦(Geneva)，三個地方在此介紹如下。

　　魯榮是一個近山靠水，風景優美的中型城市，屬於法語區，是國際奧運委員會的所在地。街道乾淨，有不少古老的店舖、教堂。附近林木花草很多，環境青翠優雅。一邊是大湖，有很長的橋通往湖中很特別的屋亭，遊客爭相攝影。另一邊是高山，我們乘坐火車型用鐵軌拉鍊拉上山頂，坡度可能在四十度左右，漸漸進入雲霧之中，有些驚險的感覺，但到了上面的廣場和圓形建築，往下一看風景十分壯觀，大家非常興奮。在美國和加拿大由山下到此高峰，通常是坐纜車，祇有五、六個人容量，但是此車廂可以載三十個人或更多，非常有效率。

　　接著我們在因塔洛肯乘狹軌登山火車和台灣阿里山的登山火車一樣，前進、倒退、循序而上，在幾個回合之後終於到達少女峰的山頂，在8月的夏天一片冰天雪地，是個滑雪勝地。我們穿著厚厚的衣服，沒有去滑雪而是去冰宮觀賞。到了冰宮的門口，像是以厚厚的冰山挖成的山洞，一陣冷風拂面而來，使人不禁戰慄，真是「高處不勝寒」。冰宮內擺設冰雕的桌椅、花盆、傢俱，還有一部冰雕的Voxwagen龜形汽車，真是像極了。祇是冰宮內太冷不能久留，匆匆蹓躂一週隨即迅速離開，坐著下山火車循原路回到因塔洛肯。

　　最後一個參觀地點，是瑞士南方的一個大城市日內瓦。日內瓦是一個設置很多國際組織的大城市，包括聯合國的舊總部、世界衛生組織、國際紅十字會等。日內瓦的老街在山坡上，門口附近有四位基督教改革者法伯(Favel)、卡爾文(Calvin)、貝茲(Bezh)和諾克斯(Knox)的雕像，這是宗教界非常重視的紀念牆。日內瓦湖(Lake Geneva)非常大，湖中有一個人工噴泉，噴出的水柱高達300多公尺，湖邊有許多漂亮的樓房，再加上湖上的船艇，織成一幅

令人喝采的風景畫。山坡上的大花鐘,比台灣陽明山花鐘還大,遊客人潮順著湖邊小路移動,也非常熱鬧。我們抵達的那一天是八月中瑞士的節日(好像是他們的國慶),街上有花車遊行,兩旁的瑞士民眾和遊客,擠著觀看花車上爭奇鬥艷的美女,各式各樣的花車引來觀眾的鼓掌。這個花車遊行盛會,不亞於美國加州巴莎利那(Pasadena)一年一度的花車遊行。另有一個有趣的傳統,就是隨地購買人手一支的很輕的塑膠鎚子(Plastic hammer),可以隨便敲別人的腦袋,被打的人轉首和打人的照面,一笑泯恩仇。大人打大人,小孩打小孩,我們都被打過,也打了不少別人的頭,我們六歲的兒子也玩得很起勁。

羅馬、佛洛倫斯、米蘭、威尼斯

羅馬是羅馬帝國極盛時代的政治、文化中心,至今仍為義大利最大的都市,名勝古蹟很多。首先我們看以馬內利二世紀念堂(Vittorino Emanuele II),位於市中心的威尼斯廣場,為一新古典式建築。正面有一雕刻神像戰士紀念台,置於台上的是一個穿古羅馬戰袍的騎士和壯馬的雕像,其後的正殿由16根大圓柱構成弧形,兩旁各有一個側廳,也是由4根圓柱撐住,屋頂有騎士和數匹馬的雕像,左右對稱,非常宏偉壯觀。正殿由兩側的台階上去,裡面陳列古代及近代戰爭和歷史性的展覽物。其次我們參觀羅馬帝國宮殿的廢墟(Foro Romano)和競技場(Colosseo, Coliseum)。宮殿已殘廢殆盡,祇剩下幾根圓柱和殘餘的地基。類似2001年美國911後兩棟市貿中心高樓留下一片磚瓦(Ground Zero),令人為其過去的宏偉超群而興嘆。晚上,我們在此廢墟觀賞音光表演,即是數道彩色光柱照射,由擴音器說明偉大的羅馬帝國歷史,有時也播出軍

隊出征、馬隊奔跑的聲音。每說到哪裏，光柱就射到那裏，聽眾似乎回到古羅馬的時代。競技場為圓形，大部分的圍牆已倒塌，留下的可看到至少有四層的觀眾席，現代的棒球場、足球場都模仿羅馬競技場的式樣建造。據說羅馬皇帝壓迫早期基督徒，集體餵獅的殘酷行為也發生在此。我們也參觀了一個小教堂附近的「真實之口」河神面孔大石刻像和三個銅板丟入噴泉(Three Coins In the Fountain)的圓形噴泉，這兩個吸引遊客的地方都在電影「羅馬假期」中出現。

我們去了梵諦岡天主教教皇所在地聖彼得大教堂(St. peter's Bacilica)和群眾聚集受教皇祝福的教堂前廣場。那時要進入教堂的遊客很多，世真穿短褲拖鞋(涼鞋)，守衛不准她進入，闖關兩次都未成功，筆者祇好帶著兒子進入，留她在門外等待。教堂內富麗堂皇，有許多米開朗基羅(Michelangelo)的偉大而永垂不朽的作品。包括祭壇的「最後的審判」、天花板上的「亞當的創造」、「原罪與樂園的放逐」、「諾亞的洪水」等等，還有右邊牆壁「聖母馬利亞抱著耶穌」。廣場成圓形有很多圓柱排列，教堂有羅馬式建築的圓頂，莊嚴雄偉，獨自成為宗教聖地之一。

佛洛倫斯是義大利最富藝術性的城市。最著名的建築是聖母教堂(Duomo)，為以前佛洛倫斯共和國的宗教中心。此教堂以白色、粉紅色及綠色大理石裝飾其外表。Duomo前面有八角形多彩大理石修成的洗禮堂，由四個門進出。另外一個廣場為室外藝術館，有聞名世界的大衛裸體雕像，另一雕像則右手持刀，左手高舉提著一個人頭的裸體男性。在學院美術館(Academia Gallery)內，有各種不同的雕像和佛洛倫斯畫派的油畫。雕像中我們拍到的有摩西坐著的雕像，一位坐著的女人抱著死去裸體的男人(可能聖母

在哀傷由十字架取下耶穌的屍體），一個躺在床上半裸的女人，一個作投擲鉛球或鐵餅的姿勢男性運動員和兩個裸男在打鬥，一男一女在跳舞，二男一女疊羅漢，最上面的是裸體的女人。真是琳瑯滿目，美不勝收。

米蘭也是義大利北方的一個藝術古都。到處可以看到複製品的名畫，達文西(Leonardo Davinci)的「最後的晚餐」原作保存在米蘭的一個小教堂。印象深刻的建築有拱廊商店街(Arcade)和街外的廣場(Scala)。我們也去米蘭大教堂，建築相當壯觀。

水都威尼斯整個城市由網狀運河織成，交通都靠行舟，市區街道反而變成狹小不便，這種奇特的景觀是特別吸引遊客的地方。大運河兩旁有各種大建築，可是許多小運河旁邊的房子則陳舊，也有些年久失修的痕跡。許多小運河都以小橋相連接，在橋上觀看行舟是不常見的樂趣。小運河內有許多船在傍晚時分載著一對情侶由船夫哼著義大利情歌，這種小船叫Gondola，此情景使筆者憶及昔時在台灣碧潭划舟，或兩人共坐一部三輪車的情調。美國賭城拉斯維加斯(Las Vegas)近幾年新建的威尼斯旅館和水都一樣有小橋、運河和情侶舟，就連天空也包括在內，模仿得維妙維肖。大運河可通到聖馬可廣場(San Marco)，在此廣場遊客可看到高聳方形尖頂的鐘塔和圓頂眾多的教堂。廣場四週的建築各式各樣，也都相當壯觀。有飲食店、各種禮品商店。1971年我們抵達時，有一群絃樂能手露天演奏，遊客駐足免費欣賞。廣場內有一群鴿子在地上覓食，遊客走近時已習慣慢走，不必飛起。因為是夏天遊客穿短袖或坦胸露臂的夏裝，相當隨便，在威尼斯我們也參觀了吹製各種器皿的玻璃品製造廠。世真在鑽石磨光店喜歡一個鑲有小鑽石的指環，筆者買了送她，這是結婚(1964年)以來第二

次送她鑽石戒指。

雅典

　　希臘的首都雅典是2004年夏季奧運會的所在地。奧運會源自雅典，那裡有各種競技運動員的雕像，各自表現特別的姿態，在2004年奧運期間，美國的電視曾特別介紹。1971年我們住的旅館是在商業區一個有噴泉的圓環，非常熱鬧的地方。希臘人很多蓄鬍或長鬚的，有的很像猶太人的宗教牧師(Rabbi)，但因服飾不同可以辨認。猶太教牧師，頭上是圓頂帽，較像天主教神父。可是希臘人戴的是方形帽，也有很多戴草織圓筒帽。印象中古典希臘美人應該是兩眼大大，鼻子很高很直，可是在雅典筆者看到的女人各式各樣，大部分黑髮，其實好像介於歐洲白人和中東阿拉伯人之間的人種。希臘古代有很高的文明，有許多學者、哲學家出自希臘。希臘也有富人擁有的島嶼，為世界首富休假觀光的地方。

　　我們在雅典吃到典型的希臘食品，就是烤羊肉串，牛肉較少，他們好像也不吃豬肉。

　　我們參觀了聞名的阿波羅古神殿的廢墟，都是一群矗立的有條紋的大圓柱，屋頂缺如。神殿廢墟在山坡上，坡下有一大堆碎牆殘磚，頗似羅馬宮殿的廢墟，但殘留的比羅馬宮殿廢墟多。有一隅小殿還相當完整，可以看到一排直立的人體雕像。接著我們到郊外山上公園，可以俯瞰雅典的市景，體會出雅典是一個不算小的城市。晚上又回到神殿廢墟的一個小廣場，是露天的劇場，在燈光的照明下，我們觀賞了希臘民族舞蹈，另有一番風味。

伊斯坦堡

　　伊斯坦堡舊名君士坦丁堡，是土耳其的一個大城市，位於歐洲和亞洲的洲際交界線。此城的大部分屬於歐洲，也是較熱鬧的商業區，我們的旅館就在此區。土耳其人皮膚比希臘人黝黑，較似中東阿拉伯人。這是個回教國家，到處可見回教堂。典型的回教堂中間有大圓頂的教堂，旁邊立著多支像火箭一般的圓柱上面有尖端，也像一根直立的鉛筆。有一回教堂更有圍牆，頗似古代城堡的城牆。這裡的馬路很雜亂，行人穿越馬路沒有紅綠燈和斑馬線，可以隨處穿越馬路和汽車爭道。筆者隨著擁擠的群眾將穿越馬路時，隨在筆者身後的愛妻，發現一個十歲左右的男童伸手到筆者的右側褲袋。她喊一聲「小心扒手」，筆者隨即轉身，男童奔跑離去，隨後一個中年婦女，跑到男童身旁，顯然是母親教唆兒子做扒手。這個突發事件足以相信土耳其社會的失序和道德低落。筆者也親眼看到計程車爭遊客，司機打架，計程車沒有計價錶，可以討價還價。據說小偷被捉到，可以私自毆打甚至斬手的可怕傳說。我們曾到一個大湖旁邊的公園玩，也欣賞了郊區風景，但旅行到此身心俱疲，急於回亞洲的故鄉台灣。旅行的最後兩站是曼谷和香港，因地屬亞洲，不擬在此描述。

諾廷罕

　　1990年筆者參加一個國際婦產科大會，在倫敦北部火車行程不到兩個小時的諾廷罕（Nortingham）舉行。諾城雖是一個小都市，但市街整齊乾淨，環境優雅，因為這個大會的晚宴非常特別值得描述。這裡出產絲織品和英國瓷器，遊客也不少，附近有俠盜羅賓漢（Robinhood）出沒的森林，也離英國劇作家莎士比亞（William Shakespeare）的出生地很近而吸引遊客。此次大會也曾將莎士比亞

住過和寫作的房子列為觀光地點。房子不過是英國鄉下的房子，有小庭園的平房，沒有甚麼特殊。這和在美國參觀伊利諾州春田市(Spring Field)林肯總統(Abraham Lincolon)的住家一樣，因房主人的聞名而聞名。世真則趁開會的時間，獨自到羅賓漢森林玩，買了一個小型的羅賓漢射弓矢的雕像把玩。

該國際會議的晚宴設在一個英國公爵住過的城堡。兩部汽車開到森林中的城堡。有一隊六人騎士，身穿鐵甲鐵盔，手持長棍和盾牌，完全和電影「Ivanhoe」中的中古歐洲騎士一樣，他們出城門迎接貴賓，緩緩而入城內，抵達城內的廣場花園，園中有玫瑰花和其他各色各樣的花，時值日落前兩小時，開始喝香檳和紅、白酒的露天酒會(Coektail Party)，其間騎士們表演中古歐洲騎士的決鬥，兩人由遠處騎馬快速相向，用長棍把對方撞倒落馬，勝者即時由馬背跳下和被撞倒者在地上以短刀搏鬥，非常精彩逼真，觀者鼓掌慶祝，這樣六位騎士表演了三回合的決鬥。晚宴則在城堡宮內舉行，城堡內有很多房間每一間只能擺三、四桌，每桌四人享受正式西餐、紅白酒伺候。每一房間都有特別的天花板及牆壁裝飾，金碧輝煌，每間有一個中型水晶燈，桌上也有燭光，壁上有兩個風景或人物畫像，氣氛安祥溫暖。席間有小提琴手個別到每一桌演奏，隨客點曲。筆者夫婦和一對日本來的金岡(Kaneoka)教授夫婦同桌。筆者徵得金岡教授夫婦同意，點了一曲大家熟悉的藍色多瑙河(Blue Danue)，奏得非常動聽。這天的晚宴也繼續了兩個小時，真是人生難得一遇的英國公爵城堡大宴。這和1984年筆者到日本講學時，東京北里醫學院婦產科招待筆者十分正式的和食大宴一樣，筆者的印象非常深刻。後者的情景將在本書遊記的另一文章「日本講學與觀光」中詳細描述。

21. 日本講學與觀光

　　從1969年至2000年，筆者赴日本講學與觀光總共不下10次，其中東京、京都、大阪等大城市都去過好幾次，本文將描寫其中最有代表性的一次旅遊。筆者因略懂日文和日本人能直接交談，對其民族性、一般住民生活習慣、社會風氣，雖不能說深入其堂奧，至少也有相當程度的瞭解。和多位婦產科學術界的日本教授有二十年之久的交情，也有數位長居日本的親友，時相往來，都是重要的原因。

　　一般而言，中老年輩的日本人守秩序、愛清潔、忠於職責、有禮貌、喜歡旅遊，講求自身及公共場所的潔淨與衛生都是很好的習性。可是近期內的青少年則較不遵守傳統，相當厲害的崇洋心理，也常有毆鬥犯罪的傳聞。不論大城市或鄉下，公園街道都保持乾淨，一般住宅都不寬闊，但保持清幽舒適，榻榻米的房間，日本式青翠的庭院仍相當普遍。鬧市的商家、市場、購物中心雖然出入群眾難免擁擠，店員親切有禮、價錢公道，為東亞各國之冠。日本餐則以魚蝦為重心，講求簡單營養色味俱佳。蔬菜水果供應不乏，但不便宜。

　　公共交通講求效率，上下班鐵道車擁擠，城市間新幹線快速，交通發達亦為東亞各國之冠。總之，筆者對於日本的國情、民風有很高的評價。

東京

1969年6月筆者首途赴美留學，在東京停留三天便住在內人許

世真的兄嫂之家,那時他們在日本已居住10年以上。其兄許世楷已得東京大學博士學位在另一大學執教,其嫂盧千惠留學東京基督教大學畢業、結婚,並育有兒女各一。他們抽空陪筆者觀光、購物、親切的招待,至今難忘。筆者此行在抵達紐約之前,亦在夏威夷、舊金山、芝加哥停留受李昭、高光明、蔡炳照諸位友人的接待,可惜高、蔡兩人已英年早逝,令人嘆息。

1984年筆者應長庚醫院婦產科主任宋永槐之邀回台灣講學,利用此次返亞洲之便安排兩週的日本巡迴講學。筆者於1976年受聘芝加哥大學婦產科,專門研究胎兒生理病理學,尤其是對於胎兒成長問題遲滯症(IUGR)及巨大兒(Macrosomia)有深入的研究,至此已有不少相關的研究論文發表,也出版了IUGR一本專題教科書,受到日本學術界的高度關注,也接到了多位教授的邀請赴日講學,於1984年11月的前兩週赴日作巡迴講學,共到九個單位,不但作一次主題演講,也參加了他們的討論會、評論會和晚宴。包括東京的日本醫學院(Nippon Medical College)、東京女子醫科大學(Tokyo Women's medical University)、京都大學(Kyoto University)、近畿婦產科學會(Kinki Society of Obstetricians and Gynecologists)、大阪醫學中心母子中心(Osaka Medical Center-Research Institute of Maternal Child Health)、奈良醫學院(Nara Medical College)、福岡大學醫學院(Medical School of Fukuoka University)及九州大學(Kyushu University)。

那時東京女子醫科大學婦產科主任為阪元正一(Sakamoto, Shoichi)教授,兩年前剛剛由東京大學婦產科主任退休,他是日本皇后的婦科主治醫師,他由東京大學調來副手中林正雄(Nakabayashi, Masao)副教授到女子醫大任教,兩人都很善待客人。我在演講之前對聽講的人說:「我的岳母洪金雀醫師是由東京女

醫大畢業的，算是您們的前輩校友。」此話一出，更受他們的歡迎。後來中林教授也成了皇族的主治醫師。

在北里大學演講後，婦產科醫局十四位同仁宴請筆者到一家很高級的日本餐館盛宴，使我大感驚訝。該餐館有圍牆，位於東京市內小巷中，前面有日本式的庭院，到了屋前有女侍招待換穿鞋子，在一個寬廣的宴會室，有個很大的長方形餐桌，兩邊排滿了鮮艷的坐墊，靠背及左側置擎，都是用綢緞包起來。右側留下一個空位。這些擺設都在榻榻米上。

筆者正在猶豫時，主任請大家坐下來，手一拍，一群侍女魚貫而入，坐在每位客人右側，倒酒勸飲。接著不下二十道菜緊接著出來，有熱湯、多種精美小菜，主食也有四五種都很美味可口，侍女在旁掀開食盒蓋子，幫助夾菜勸食。宴會進行中，大家邊談邊吃，不覺間食盒在每位賓客面前疊成高樓。主食過後亦有數道甜點。吃完後侍女隨將食盒收走，留下酒杯繼續相互敬酒。筆者以為宴會至此結束，不料還有藝妓的歌唱舞踊和吹笛，做為餐後娛樂，整個宴會長達三小時。這是筆者一生中經驗到最高貴的日式宴會和1990年在英國諾廷罕公爵城堡的英式晚宴有同樣深刻的印象，畢生難以忘懷。

奈良

記得奈良在京都附近，以優美的景色和奈良大佛雕像聞名，在大佛像廟的前面，有一座高大的日本拱門，漆成紅色極為耀眼。接待筆者的是奈良醫學院的森山(Moriyama)女教授，她是以動物實驗(老鼠)研究胎兒遲滯症的。這位溫柔客氣的女教授次日和筆者共進早餐，暢談研究心得。

福岡

在九州的福岡有兩次演講。一次在九州大學和產科學系及研究所的主任中野(Nakane, Hitoo)教授見面,並參觀其研究設備。一次則在福岡大學醫學院和認識相當久的金岡毅(Kaneoka, Tsuyoshi)教授,接受其盛大的招待。金岡教授夫婦並陪筆者到福岡郊外及附近的阿斯火山噴口觀光。

東京

1986年4月8至11日,筆者夫婦去東京參加了第4屆亞澳周產期醫學會年會,時值日本櫻花盛開,處處可見。櫻花是日本國花,象徵著古代武士道精神,即是傳統的大和魂。日本人男士英勇灑脫的性格和櫻花迅速盛開,維持不久,隨即飄落的風格極為相似。日本人習慣於此時親友相邀,在櫻花樹下席地而坐,一面賞花,一面飲酒作樂,享受短暫的人生。

大會場所在東京一所Prince Hotel。旅館內庭樹木青草茂盛,也有幾棵盛開的櫻花樹,環境極為幽美。大會主席阪元教授忙進忙出,因為這期間剛好他為日本皇太子妃美智子(Michico)手術,天天要做手術後的照顧。開幕典禮東京市長和天皇弟媳曾出席觀禮。筆者除了發表研究論著,也和中野教授共同主持「胎兒成長遲滯症」的特別講座。

會後旅遊包括參觀東京街景、東京鐵塔並到日光風景區,在德川家康的大宮殿,看到種種日本幕府時代的歷史痕跡。印象最深刻的是三隻猴子分別掩住眼睛、耳朵和嘴巴,表示「不見、不聞、不問」,以保存生命的方法。

京都

　　1995年筆者夫婦赴京都參加第5屆產科超音波國際會議。京都是日本古都、文物中心，其發展比東京(古稱江戶)更早。宮殿廟堂處處，景色幽美，名勝古蹟很多。日本電影中古代武士決鬥以京都為背景的最多。有名的金閣寺、銀閣寺，則建築在茂密的松林之間，環境很像昔日的公園，中間有很大的湖，兩寺都是三層的日式閣樓，底層有玄關、白色日式拉門，上、中兩層有藍色屋瓦，牆壁一呈黃金色，一呈銀亮色，都很耀眼，遊客爭相以此為背景拍照留念。

　　大會的主席為前田(Maeda, Katsuo)教授，英國超音波的大教授，時任國際產科超音波協會的總會長甘貝爾(Campbell, Stuwart)，筆者在紐約的指導教授休曼(Shulman, Harold)教授也都來參加。筆

筆者夫婦在京都金閣寺公園留影

者首次發表「杜布勒超音波(Poppler Ultrasound)比較正常和成長遲滯症胎兒，在腦中間動脈和臍動脈血流量之差異」，甚得讚賞。大會結束前，由前田教授(裝成富豪老莊主)、甘貝爾教授(裝成幕府將軍)，兩位青年武士和三位古裝美女共同演出談判不成，大打出手的鬥劍場面，參加者拍手讚賞他們的精彩演出。

大阪

1995年許世楷教授夫婦由日本遷回台灣，參加台中市立法委員的選舉，親友都很關心。筆者夫婦趁返台的機會到大阪附近探親，首次由成田機場進入。該機場非常寬大且設備現代化。我們先在大阪住了一夜，參觀了水族館及大阪城。大阪和京都一樣為幕府時代的重要據點，城牆高而壯觀，都用石壁砌成，城內屋宇宮殿由層層屋頂重疊而上，由大阪市中心遠眺，確是雄偉壯觀。我們用了一天時間入城觀光。其次造訪已僑居日本多時，許世真的舅父舅母洪耀德醫學博士夫婦，他們的一男二女和多位孫子。當晚表妹表弟以日式海鮮大宴款待。世真表弟江原伯陽曾在芝加哥大學小兒科深造，他們的長女在美國出生，筆者曾作其產科照顧。兩位表妹也都曾在美國相聚，大家都很熟悉。當晚的話題集中在許世楷競選立委能否獲勝。十年後的今日這對很有愛心慈祥的舅父母都已告別人間。

箱根

1997年10月中，筆者參加在箱根舉行的第28屆妊娠病理的國際學會。許世真早於一週前獨自到日本拜訪表弟表妹於大阪、神戶，並乘遠途火車暢遊北海道札幌等地，然後到箱根和筆者會

合。箱根是日本旅遊勝地，有山有水，溫泉泡浴，也是年輕情侶、新婚夫婦蜜月旅行的好去處。大會地點則選在最大最豪華的 Prince Hotel。該旅社依山而建，前面有廣大的湖，湖水如鏡，風光倒映。湖邊二十隻白鵝型泛舟待租。旅館設有室外溫泉浴池，男女分開，旅館內設備食宿購物，應有盡有。大會開幕式由中林教授主持，貴賓日本第二太子夫婦及世界婦產科協會總會長，西北大學的席雅拉(Sciara, John)教授蒞臨參加。

　　開幕式結束後，日皇太子和太子妃留下參加雞尾酒會，大概因為中林教授是他們兩位女兒出生前的產科醫師。二太子留學英國劍橋，說一口流利的英語，本來學習生物學，目前關注的是環保，尤其是生態保護。他們夫婦也要出席許多慶典會議。筆者曾和二太子談了十分鐘並拍照留念。此次大會，筆者發表了兩題研究論文。會後大家共乘遊艇，漫遊湖上，盡興而歸。日本的最大

筆者在日本箱根參加妊娠病理學國際學會(1997)

筆者在日本箱根，酒會中和日本第二皇太子（左）懇談合影（1997）

地標富士山，在拜訪靜岡縣的好友吳金山醫師時，在他三樓洋台看得很清楚，真美。

　　2004年6月，筆者台大醫學院同班夫婦四十多人暢遊日本北海道，筆者夫婦因時間和女兒結婚衝突未克參加。2004年8月許世楷教授夫婦奉派為台灣駐日本總代表，又回到過去長居三十多年的東京，我們很想有機會去探訪。總之，筆者對日本旅遊由過去多次的經驗，是不會厭倦的。

22.北歐、蘇聯遊記

正值夏日炎炎的七月天，內人和我參加了美國婦產科學界學術交換訪問團，前往北歐、蘇聯的四個城市，赫爾辛基、列寧格勒、莫斯科及斯得哥爾摩，做為期兩週的參觀訪問，並與學術界交換論著及醫療經驗。

本團的團長是筆者執教的芝加哥大學婦產科主任A. L. Herbst教授，團員包括二十七位婦產科專家教授及十八位隨行的眷屬。訪問的大學如瑞典的Kalorinska Institute、列寧格勒的Petrov Research Institute Of Oncology及Moscow University，都是世界有名的學府或研究機構。尤其前二者為癌症的研究及治療中心，頗負盛名。

此外，我們也到各地的衛生保健政府機構、一級教學醫院、二級社區醫院、地方的產院和婦產科門診中心，從上而下作了一番巡禮，也和當地的教授、醫師、助產士交換了許多意見，對他們的保健醫療制度有相當的瞭解。此行除了上述目的，也花了許多時間觀光，參觀名勝古蹟、博物館、購物市場。晚間則有音樂、舞蹈、馬戲團等各地文化特產的觀摩。尤其是太太們更趁著白天教授忙著訪問醫院、發表論文之際，集體或個別參觀更多的地方，享盡旅遊的樂趣。

芬蘭的赫爾辛基

芬蘭是北歐的一個小國家，介於瑞典與蘇聯之間，歷史上一度曾為瑞典的一部分(1150-1809)，後來又成為蘇聯的自治區域

（1809-1917）。1917年以後才正式獨立，目前的社會雖為共產制度，但其人文風俗很像瑞典而不像蘇聯。人口祇有五百萬人，約為台灣人口的四分之一，大部分集中在南方。赫爾辛基(Helsinki)即為其南方最大的港都，三面臨海，附近有許多離島，必須乘渡船來往。1550年瑞典國王Gusta Vasa將此地建為大都市，城中交通方便，公共電車四通八達，街坊招牌都有兩種文字，芬蘭語與瑞典語。赫爾辛基的市民多少能講英語，對說英語的遊客非常方便。

據導遊說，芬蘭人中學畢業就必須學會四種語言，包括外來住民的母語、芬蘭語、瑞典語及英、俄、德語中的一種。年前有部分越南難民抵此，因他們學校無法提供越南語教學，祇好又將這些越南人遣離芬蘭，這種國家政策很特殊，卻有很深遠的意義。

我們是在星期六晚上搭乘芬蘭航空班機由紐約出發，星期日中午抵達赫城，隨即住入Hotel Hesperia，這是個相當壯觀的觀光旅社，房間設備和餐食都和美國的Hilton類似。

Downtown乘電車十分鐘或步行四十分鐘可到達。這個城市不大，有些像美國的紐奧良、聖地牙哥、或台灣的基隆。著名的Market Square是在港口的旁邊，附近有許多較高的建築如City Hall, Market Hall及匯集各鐵路終點的赫爾辛基火車站。

我們抵達那天剛好是星期日，整個城像個死城，據導遊說市民都到海濱別墅度週末去了。果然到了星期一，Downtown及Market Square就充塞了熙攘來往的購物人群。Market Square是個廣場，臨時搭起小攤，售賣皮毛、飾物、小吃、果菜，彷彿舊時的台北圓環。有一天我們到廣場港邊的船上餐廳Sumoenlinna觀

光，此島上設有監所及砲台，過去用以抵抗防止由海上侵入的敵船。目前島上有海濱、草坪、樹蔭，可供度假的人們悠閒地享受自然風光。

返程船抵赫城港口後在Market Square解散，內人因想買紀念品，流連忘返，直到市場打烊。時間一到，說時遲那時快，所有的攤販都捲走了自己陳列的商品。熱鬧的市場頓成一片空地，祇剩下幾輛垃圾車及清掃的人。時屆黃昏，我倆走過附近的公園，忽然看到臨時搭建的戲台，艷色古裝的芬蘭人開始表演土風舞，園中閒散的本地人和遊客，馬上聚成很大的人群圍觀，筆者馬上聯想到小時在台灣，擠在人群看廟前戲台上歌仔戲的情景。

在赫城停留的四天，婦產科專家教授們參觀了他們的衛生局、赫爾辛基大學醫院、助產士訓練醫院、Villila醫療中心及家庭計劃中心。太太們則去參觀當地著名的建築、聞名的Open Air Museum及手工藝中心等等。

在赫市的幾天中值得一提音樂方面的兩件事。在一個紀念芬蘭作曲家西比留斯(Sibellius)的公園中，一道巖石牆上豎立著立體的新潮派藝術作品，是由數百條鋼管(Metal Pipe)聚合成樂譜狀的排列，且整個雕塑作品高凸於空中，其對角更塑立一個西氏半身銅像，兩者對立，嚴肅壯觀，是藝術家Ella Hiltunen設計建造的，到赫市旅遊的客人都會被帶去觀賞這個吸引人的作品。

我們在赫市的一個晚上，節目安排為欣賞鋼琴獨奏。地點是離旅館不遠的Temppeliaukio教堂。這個教堂的建築很特殊，下層牆壁由巖石構成，整個教堂呈圓形，屋頂很高很廣亦成圓形帽蓋，屋頂和石牆之間則用玻璃構成上段的圍牆，講台很大，美麗而壯觀。演奏家是位年輕的芬蘭人Laivuori，他演奏三個作曲家的

作品，但最後一個是目前仍在世的芬蘭新潮作曲家Paavo Heininen
的作品。這位演奏家此時竟多次站起來，直接用手指去扣Grand
Piano鋼琴內的絃，配合鍵盤彈出的聲響，相當美妙，聽眾嘆為觀
止。此時已近晚上十點，有一道夕陽的彩虹偷渡屋簷的玻璃進入
室內，使整個教堂顯得多姿多彩。芬蘭的夏天晝長夜短，旭日早
上四時即上升，夕陽要到晚上十點半才徐徐下山。反之，芬蘭的
冬天，日短夜長，冰天雪地，據說許多年輕人因受不了黑暗寒冷
的苦，情緒憂煩而自殺了。

列寧格勒是蘇聯最大的港都

我們將出發去蘇聯時，導遊便吩咐說機場內不准照相，護照
行李個別檢查，十分嚴格，由赫爾辛基到列寧格勒，不到一個小
時的飛程，就將我們帶進一個格調不同的天地。一到機場團員們
大部分收斂了輕鬆嘻笑的心情列隊待檢。檢查行李時有一位團員
帶美國原裝的收音機及錄影帶放映機全被沒收了，理由不清楚。
在查驗護照時，穿綠色軍服的年輕軍警板著臉孔，一句話也不
問，對每個旅客，一會兒看護照上的相片，一會兒凝視你的臉，
這樣反覆兩三次，看得每個人都不自在，啼笑皆非，他才慢慢的
丟回你的護照放行。筆者旅遊世界各地，包括布達配斯、東柏
林、上海、北京等共產國家城市，這次算是最嚴厲的了。

列寧格勒的機場並不大，有點像舊時的台北松山機場。我們
由機場乘國際觀光專用巴士進列市市區，沿途看到寬廣的馬路，
兩旁三、四層樓整齊的建築，也看到工人在進行建築堤壩的工
程。據說列市自十八世紀初建都迄今，已有水災130次以上了。巴
士進入市區，看到沿街店面常有雕刻裝飾，頗有氣派，街旁行人

眾多，也有列隊等候購物或飲水。終於抵達位於泥巴(Neva)河畔的
Moskva觀光旅館下榻。登記時就要繳交護照，一直到四天後將去
莫斯科時才發還。

列寧格勒原名聖彼得堡(St. Petersberg)，係彼得大帝在1703年邀
請義大利建築家Domenico Trezzini，在泥巴河口建造這個美侖美奐
的港都。彼得大帝及以後的沙皇都以此地為首都，直到1917年俄國
共產黨革命成功後，再遷都回莫斯科。這個城市以擁有無數的博物
館、藝術館聞名於世。也以市中多河川和小橋為其特性，有「北方
威尼斯」之稱。這些河川的分佈，類似義大利的威尼斯或荷蘭的阿
姆斯特丹。但是列市的交通仍以汽車及地下鐵路為主。1917年列寧
革命成功之後，才改這個城市為今名Leningrad。

在列市我們首先訪問參觀Petrov癌症研究院，由Bokhman教授
和他的四位助理接待。在交換學術研究經驗及四個學術論文演講
(蘇、美各二)之後，開始參觀醫院及研究設備。據說各地癌症難症
病人集中於此，專門研究人員也集中於此。大體上說許多最前進
的設備仍付闕如，比美國一流大學略遜。可是他們對歐美癌症診
斷治療上的新發現相當瞭解，也頗注意歐美的新文獻。翌日我們
有機會和代表當地政府衛生保健機構的兩位產科女教授開討論
會，列市全市只有一個訓練婦產科專家的教學醫院，所有高危產
科(High Risk Obstetrics)病人都送來這裡治療。社區性的二級醫院及
產院則甚多。筆者給他們兩篇研究專文，其中一位Peinha教授還
贈一本她著的俄文產科書，可惜除了圖表略能領會之外，筆者沒
有辦法看懂。

列寧格勒的市中心為皇宮廣場及其中的皇宮博物館。這個廣
場豎著高入空中的圓柱紀念碑。也有許多雕像排列於屋沿的美麗

宮殿建築。其中最壯觀的是冬宮，宮內的Hermitage是世界最大的博物館。館中陳列許多皇家用過的皇冠飾物禮服馬車、金玉器具、各國朝貢的珍品、藝術品、刀劍等應有盡有。彼得大帝身高七尺，他的塑像和他穿過的龍袍，亦擺在櫥窗內展覽。館內收藏的西洋畫也很豐富，不下於巴黎羅浮宮、紐約Art Museum或芝城Art Institute所收藏的。列市的文化中心反映在Nevsky大道，沿著此街有許多劇場、電影院、書店、圖書館及專賣紀念品的商店叫Beriozka，在此你可買到各色各樣的紀念品。

我們抵達列市當天的黃昏就結群到市區蹓躂，沿著市中心的一條河畔，我們看到了古廟、落日、昏鴉；小橋、流水、船家。兩旁的房屋建築，雕樑畫壁，古色古香，頗能使人緬懷此地過去的豪華。座落在市區的聖以撒克教堂（St, Isaac's Cat hedral），是僅次於梵地岡的聖彼得、英倫的聖保羅，為歐洲的第三大教堂。以教堂高冠群倫，宏偉的圓頂非常醒目。教堂內以500幅名畫為裝飾，配合著無數的大吊燈，金碧輝煌，令人目炫。

另一所Peter And Paul Fortress過去曾做為政治犯的監所，目前也是一個展覽博物館。其中的教堂更有宏偉飾金的大柱，雕樑畫壁相映成趣，是十八世紀代表性的傑作，自彼得一世以後歷代的君王都埋葬於此。

在列市郊區更有許多可看的地方。Pushkin Museum是紀念俄國偉大詩人Alexander Pushkin而命名的。其中的凱沙林皇宮（Catherine Palace）做為皇家的夏宮，據說是彼得大帝為女兒凱沙林而蓋的。飾金的門欄、傢俱壁畫、雕像真可比美巴黎的凡爾賽宮。另外我們曾乘快艇在泥巴河中飛馳，目的是去看建於河濱的皇家郊區行宮Petrodvorets。此宮有一片廣大的室外花園，處處花

圍綠樹，噴泉之多，舉世無雙。在中心區噴泉旁列立著大大小小全身金色的人體雕像，使這花園皇宮表現出一番自然美與人工美的競賽。

此園中最吸引兒童的是，在一角平舖石塊的地下設有機關，兒童在石頭上跳躍，不小心踏上了機關石（Key-stone），無數噴泉同時噴出，兒童便被淋得滿身是水。

我們在列市的晚間活動，包括看了一場由Leningrad State Ballet Company演出的現代式芭蕾舞及當地的馬戲，演出都相當精彩，過了愉快的兩個夜晚。美中不足的是，這個大型觀光旅館提供的餐食包括鹹魚、硬牛肉、高麗菜、馬鈴薯都很難吃。團員早聞蘇聯的自來水不夠潔淨，桌上的冰水少人動用，味濃的啤酒很不是味道，因此許多人就另外花錢買Coca Cola了。在此住了幾天，許多團員叫苦連天。

內人每次隨筆者到國外旅行時，常一個人跑去闖，如在Amsterdams時她去海牙玩，在英國Nottingham時她跑到羅賓漢出沒的森林去，在上海時她乘公共汽車去找上海音樂學院，在北京時她到王府井大街購物，這些地方英語、北京語通行，她都沒有問題。這次她到列市，也獨自出去想替女兒買芭蕾舞的書及錄影片，備嚐語言不通之苦，在她和店員比手劃腳之際，幸得一位來自匹茲堡的美國留學生及時替她解危。

以克里姆林宮及紅色廣場為中心的莫斯科

莫斯科也是建築在一條河畔的大都市，這條河就是蜿蜒市區的莫斯科河。這個首都目前掌握著蘇聯的政治、軍事、經濟與文化，到蘇聯觀光，似乎非到此不可。克里姆林宮的外觀及蘇聯軍

政領袖每年閱兵的紅色廣場，對於大部分讀者都不陌生。這次筆者正好下榻於對街的國際觀光旅館Rossia Hotel，這個旅館是我們住過最大的一個，據說可容納6000個客人，氣派非凡。共有東西南北四個大門，每個門可容納六、七部汽車供旅客上下。我們很幸運，被分配到西邊第五樓的一個房間，由窗口望出去正好可看到克里姆林宮及紅色廣場的全景。克宮在紅場這一邊的圍牆由紅色磚石建築，上面有凹凸缺口（或槍口），每隔一段距離便築一綠色尖頂的紅磚塔樓，以供守備瞭望。中間最大的一個便是列寧墓的所在地。這個圍牆有點像小型的萬里長城。克宮外面的紅色廣場

長約有一英哩長，五百英尺寬由紅色磚石舖成，走起來腳步聲格格作響。紅場中間矗立著聖巴西里教堂（St. Basil's Cathedral），這個美觀的教堂由大小十個左右的塔樓聚成，每個塔樓上面為不同色彩圓錐形的屋頂，上面各頂著一個金色的十字架，非常獨特耀眼。抵莫斯科第二天傍晚，筆者閑

筆者於莫斯科紅色廣場
（1987）

來無事，便由旅館房間窗口連續拍照，四五個不同的角度，可以拍下克宮及紅場的連續全景。接著筆者用一支有五色的原子筆，對聖巴西里教堂作了一個速描。

我們抵莫城當天，簡單安頓之後，便匆匆忙忙地跑到紅色廣場散步。此時夕陽西沉，天幕漸暗，突然「比吧」聲響，東南角天空出現了彩色煙火，更加添了許多熱鬧氣氛。原來那天是七月二十六日，他們在慶祝，海軍軍官和他們的女伴，男的軍服勳章，女的舞裝禮服，一對一對地走進旅館的東門，是在開慶祝舞會吧！因為禁止一般旅客由該門進出，我們也無法一窺他們的活動。

第二天我們主要的參觀活動為克里姆林宮內和列寧墓。第三天則為地下鐵路車站、莫斯科大學、Pushkin博物館及Gorky Park。遊克宮有如遊北京的紫禁城（即皇宮），看到了過去帝王的奢侈排場，是仰慕？是嗟嘆？不同的是北京看到的處處黃色琉璃瓦，紅綠相間的雕樑，金龍的裝飾有的在大殿，有的在屋頂，有的盤繞在柱上，黑色的匾牌上有皇帝太后金色的題字。在克宮看到的許多白色的教堂般建築，襯著金色圓錐形屋頂，庭院則較平坦，不像北京有上上下下的台階，殿內則有同樣壯觀的佈置。克宮在共產黨執政之後，似乎改造了很多。目前的政治首領戈巴契夫先生的辦公大樓是一棟黃色的建築物，相當大，屋頂上插了一支大紅旗。屋前停了一排名牌黑色轎車，專為蘇俄政要代步的。另外看到了一棟新式建築，類似美國Washington DC的Kennedy Center，是他們重要代表開會的會議堂。在克宮內草場的一角，我們也看到了有紀念性的一尊大砲及一個缺了一角的大鐘。參觀列寧墓則不簡單，排隊等了三十分鐘左右。在隊伍行進中必經五個搜查的關卡，照相機不准帶，女人手提包以外的行李袋不准

帶，每關卡有衛兵搜身，驗手提包，最後總算通過荷槍正立的兩個衛兵，開始走入地下室的台階。地下墓園不大，列寧的屍體西裝領帶平直地躺著，特徵性的微突的前額和八字短鬚和他的銅像或相片完全一樣，一看即可認出。使筆者驚訝的是這位俄共革命領袖，身材竟是那麼短小。墓室內站著許多衛兵，指揮遊客排成一行，以相等的距離，快速的腳步，從裝置列寧屍體的玻璃櫃繞場一週，噤聲平視，迅速走出，不容任何人滯留室內多看一眼。我們隊中有一位中年醫師太太，平時喜歡高聲談笑，喋喋不休，這時她想向走在後面的人說句話，馬上被衛兵禁止，並以「噓噓」之聲警告遊客不准在列寧墓內說話。這種嚴厲的監視行動，給許多遊客留下惡劣的印象。走出列寧墓，在旁邊的廣場走道上，列著一排過去政治領袖的半身銅像及事蹟紀念牌，包括Torsky, Stalin, Kurushev, Brezhenv Andropov等十多人。列寧墓的另一邊草坪，則建了一個有永遠燃燒火焰的大理石無名英雄墓。當我們列隊等候進入列寧墓之前，我們看到了兩對身著白色禮服的新娘新郎，拿鮮花到無名英雄墓致敬。是他們學了美國阿靈頓國家墓園？還是美國學了他們的？筆者想順便在此一提的是，在列寧格勒及莫斯科到處可以見銅像，但這些銅像不僅限於政治領袖，同時他們也紀念大文豪、詩人如Tolstoi, Pushkin，音樂家如Mussorgsky，Tchaikovsky，科學家、藝術家和太空人等。

在列寧格勒及莫斯科，地下鐵路系統是他們重要的交通網。莫斯科的地下鐵建在很深的地下，要搭很長的快速電動扶梯才能下到車站。筆者前曾讚嘆英倫的地下鐵很深，巴黎的地下車站很美，如今體會到蘇聯的地下鐵車站更深、更壯觀。據導遊說莫斯科地下鐵道網全長160公里，有130個車站，因呈放射網分佈，因

此有數處必須鑿過莫斯科河河床之下。我們利用兩個小時的時間參觀了三個主要車站,每個車站都很寬廣潔淨,分由蘇聯不同種族如白俄羅斯、烏克蘭、哈薩克等以他們的民族藝術裝潢。參觀的第一站叫Knebcknn,是以大理石壁鑲以烏克蘭民族圖畫為主體的。第二個叫Bielo-Russian是為紀念白俄羅斯游擊英雄群聚活動的銅像,頗似美國有名的五戰士共扶國旗的銅像。據說這個車站的模型,曾在巴黎世界博覽會時展出,深獲好評。第三個車站叫Maiakovskaia,大幅圖畫裝飾在屋頂,每一幅畫全由彩色小磚片接成(也就是Mosaic的藝術作品),這些美妙的構圖再配合許多壯觀的吊燈,整個車站是一個藝術博物館。據說第二次大戰時,史達林和他的政要同僚常在此車站內開會,避免受空襲干擾。在蘇聯各大都市建有這樣完整講究的地下鐵路網,平時保持住民上下班交通流暢,戰時無疑地可提供人民大型的原子彈避難所,真是設想非常週到。

另一個晚上我們到Tchaikovsky Concert Hall,去看了一場Moisser Dancing Company演出的民族舞蹈。節目緊湊,服裝艷麗,燈光音樂都配合得很好。前半場的節目包括蘇聯各民族具代表性的民族舞蹈,後半場則是蘇聯農工大眾的群體舞如開隧道、耕田、秧苗的長出等,舞技純熟,整齊劃一,實有高水準的演出。三年前在布達佩斯看到以快速動作取勝的匈牙利舞,男的跳躍踢腳揮打馬鞭,女的阿娜多姿彎腰揮手,兩種舞蹈實有異曲同工之妙。可惜這次蘇聯之行,著名的Kirov Opera及Bolshoi Ballet都出國,分別在列市及莫城停演,使內人嗟嘆不已。內人是學音樂的,目前女兒又熱中於芭蕾舞,在這次旅行未出發前,因兩者都記於節目表中,內人一直嚮往能在蘇聯聽到最好的歌劇,看到

最好的芭蕾舞，他們的停演使她很失望，幸好，在Beriozka商店及旅館買到專門介紹Kirov及Bolshdi印刷精美、相片頗多的專書及錄影片，總算給她一點補償，也給女兒帶來了無限的快樂。

在莫斯科機場的出境驗證和列寧格勒入關是一樣嚴格。上了飛機，團員們像飛出籠中的鳥，頓時活躍起來，在蘇聯八天比較收斂的笑臉再度綻開了。不知是語言不通的困擾，或是在共產封閉社會及敵視美國的國度裏，觀光客多少有點恐懼心理在作祟吧！下一站是大家熟悉的瑞典首都斯得哥爾摩，像是由地獄飛向天堂!!

瑞典的斯得哥爾摩

瑞典是一個社會主義的王國，其首都斯得哥爾摩是位於東南方的一個港都，市中心最醒目的是皇宮(Royal Palace)。我們由機場驅車赴旅館的途中，便看到華麗的皇宮和停泊在港邊的巨輪。我們下榻在市中心鬧區的Sergel Plaza觀光旅館，搭車、走路都很方便。安頓後已是日薄西山的晚上九點半，當晚自由活動。雖然在機上吃了晚餐，仍覺饑渴難當，內人和我決定出去走走順便宵夜。此時許多餐館都打烊了，忽然離旅館不遠處有黃色雙弓的麥當勞(McDonald)標誌，我們便直奔那裡去吃了。東西味道不錯，但價錢似乎比美國貴了兩倍半。

皇宮庭院有衛兵站崗，擺出年輕英勇的姿態。可是據導遊說，他們祇是用以擺場面，沒有真正軍事訓練，是經不起打仗的，畢竟瑞典已有一百多年未參加戰爭了。皇宮內的大廳小房，擺設的傢俱、壁氈、名畫、吊燈都是珠光寶氣，一套皇室貴族的氣派。其中一部分裝飾畫雕、金器是法皇路易十四贈送的。皇宮位於市區，綠地很少，瑞典皇家平時住在郊區別宮，可是每逢國

宴及重大慶典會議都在此皇宮舉行，如每年頒贈諾貝爾獎金的大
典及慶祝宴會都在此舉行。斯城另外一個大建築是市政廳（City
Hall），一進大門就有一個屋頂很高、空洞的大廳，壁內有雕像古
鐘等裝飾，有一台階可上二樓再通到別室。這個大廳足可供數百
人跳舞或聽講的。後面有一個完整的會議室，裝飾得古色古香，
每一議席上都擺了一個現任議員的名字，由此通過數個廳房都是
壁畫或雕刻。在一處高高的壁上，看到一幅描述人生的連續畫，
由右邊的嬰兒哇哇出世，往左看就是孩童，然後長大成人，生兒
育女，勤奮工作，以至老死，最後竟豎起了一個墓碑。看了這個
圖不能無感觸，年輕人會鼓勵奮發，年老的知道來日無多，頗有
警世戒人的作用。離皇宮不遠處有一個叫Storkyran的大教堂，堂
內座位很多，前面的講堂很大，兩旁有小型的講台懸在半空中，
門窗都鑲以彩色玻璃的宗教圖案，堂內有大吊燈，是個十足典型
的歐洲教堂。教堂外面就是有名的舊街（Old Town），街道舖有起伏
不平的石塊，街道狹窄，兩旁店面很小，專賣手工藝術品、紀念
品、玩具、書報，偶而參雜小吃店，十足的古歐洲風味。

　　此行四個城市，學術交換做得最好的是瑞典。瑞典在社會主
義制度下，抽稅很高，但免費醫療再加上政府大力鼓吹民智大
開，保健醫療做得最徹底。目前瑞典是世界新生兒死亡率最低的
國家，也是癌症病人治療後，追蹤統計做得最徹底的國家。我們
參觀了Kalorinska Intitute癌症放射治療中心的Radium Hemmet。
專司癌症手術的市南區規模最大的教學醫院Sjuhhust South
Hospital，二級社區醫院Nacka Hospital。瑞典的教授及年輕醫師，
個個精通英語，不論是論文的發表，醫療保健問題的討論和參觀
時的臨時發問都能充分溝通。有一位癌症手術專家Ｄｒ.

Frankman，看起來四十歲左右，他竟曾到美國開會訪問達十五次之多。筆者發現瑞典的醫療設備並不比美國先進，醫療的新技巧處處學美國。不同之處是他們醫療糾紛絕無僅有，醫師都能盡展其術毫無顧忌，病家則與醫師充分合作。

在教授們參觀醫院時，太太們專利的觀光包括展示各色各樣人形雕像的Milles garden.，Carl Milles是舉世聞名的雕刻家。Waldemarsudde是皇子Eugene過去的住家，目前成為收集西洋畫的博物館，皇子本身也是畫家，其中包括許多他自己的作品。Svenskt Tenn是展示室內裝潢的Design Shop，有琳瑯滿目的專門作品。在瑞典最後一天的下午，全團去參觀了一艘十七世紀在瑞典近海沉沒的大戰船Vasa。首先我們看了30分鐘的電影介紹大船的建造、沉沒後的海底探險及如何一片片撈起、沖洗泥沙、重新裝修的經緯，然後再看整修後恢復舊觀的戰船，使人聯想十七世紀在海上稱霸的瑞典人的威力。

在斯城購物有大的NK Department Store，也有精緻高雅的商店，完全和美國一樣。

最有名的特產算是水晶製品及毛大衣。做為裝飾用內含飛禽走獸花草各形各樣的立體水晶及餐桌上的水晶杯盤碗匙美麗耀眼，令人目不暇接。我們這一團似乎每個人都受不了價廉（比美國便宜些）物美的引誘，或多或少，都買了水晶製品回美。

在斯城的三個晚上，可說夜夜笙歌，酒會晚宴，歡聚一堂。第一場是在一個有氣派的公園餐廳宴請瑞典教授。酒會時大部分團員都無拘無束，表現美國狂歡的作風。有的說笑，有的狂飲，有的高歌一曲。獨唱、二重唱、多重唱，手拍足蹈，渾身搖擺，一而再，再而三。飯後再飲，再舞，再唱，直到半夜才賓主盡歡

而散。第二場是晚宴後去一個十七世紀貴族所擁有的皇家劇場
Ulriksdal's Palace，建築古老，但演出的歌劇Life at the Moon，是
以海頓音樂譜成的鬧喜劇。這個小劇場坐得滿滿的，散場時太太
在場內販賣部買了一張瑞典現代著名鋼琴家Lars Roos演奏名曲的
唱片。最後一天晚上在旅館內餐廳佈置了一場惜別餐會。酒會時
大家相互拚命拍照，柔和的燭光與輕盈的音樂，香檳酒與佳餚，
還有男人西裝筆挺，女士更是盡展所有，華服粉脂珠光寶氣，是
歡聚，是離愁，別有一番滋味在心頭。互道再見，聲聲保重，真
是天下沒有不散的筵席！

尾記

　　全程十五天，搭的都是芬蘭航空公司大型的客機，飛機即將
降落甘迺迪機場時忽聽廣播：「Dr. Lin, Dr. Lin, Please contact
flight attendant!」筆者震驚了一下，什麼事？是佳音，是惡耗？結
果航空公司的小姐給了我一個電話號碼，電話的那一邊是老同學
周醫師熟悉的聲音。原來他邀約了紐約附近及長島的同學夫婦十
二對，當晚在皇后區的一家海鮮餐館為我們洗塵敘舊。歡暢的心
情沖淡了旅途的疲勞，七年寒窗，而且我們在第二故鄉的紐約住
了八年，這深遠而永久的友誼，畢竟不是這些兩週朝暮相處的美
國遊伴所可以比擬的。女兒在波士頓習舞四週後，寄居於長島許
醫師府上，我們第二天接她，第三天便一起回芝城了。

　　這次的旅行筆者有不少感觸，也留下了深刻的印象。古人
云：「行千里路，讀萬卷書。」又說：「人生短促，古人秉燭夜
遊。」旅行的記憶，是好是壞，總在我人生的旅程上留下了無法
抹滅的一頁。

23.二度遊北京

前言

去年筆者曾在台灣公論報寫了一篇「北歐、蘇聯遊記」，頗受讀者的歡迎與鼓勵，因此想再試禿筆，將前年及今年兩度赴中國講學及觀光的觀感寫出來。首先筆者想作兩點聲明。第一、台灣同鄉近年來赴中國觀光、講學、科技指導或有商務關係的人很多，筆者去的地方有限，膽敢為文介紹，恐有「關公面前舞大刀」之嫌，請同鄉讀者多多包涵。第二、由於政治因素及近年來中國政府拚命拉攏台灣人的情勢下，許多海外同鄉將赴中國一事視為禁忌，筆者為何赴中國講學，擬在此提出說明。

筆者專研胎兒生理病理學及高危產科學，於1976至1985十年間，發表了多篇這方面有創見性的學術研究論文，且於1984年出版一本專書「子宮內胎兒成長遲滯症」，頗受國際產科學界的注意，因此接到了不少美國、歐洲、日本、台灣及中國的講學邀請。筆者曾於1982至1988六年內先後返台講學三次，歐洲三次、日本兩次。也曾到過東德、匈牙利、芬蘭、蘇聯等共產國家講學觀光。筆者旅美二十年，充分接受學術自由思想的洗禮，認為學術無國界，應充分讓全人類分享。目前中國盛行每個家庭只能生一個嬰兒的人口政策，如何防治遺傳性先天性畸形、產前感染、早產兒、胎兒遲滯症都是他們迫切需求的知識，筆者講學的內涵正符合他們目前的需要，筆者願意貢獻學術上的所知給歐美、東亞各國，中國也不例外。

中國講學的行程

1986年四月初，日本櫻花盛開的季節，筆者由於受到日本產科名教授前田、阪元等邀請，在東京舉行的亞澳地區週產學國際學會上擔任主講員之一，乃決定順路在會後到中國之上海、北京講學。到北京時正值德國與中國合辦的第一屆國際產前醫學研討會，該會之講演者大部分來自歐美，而聽眾則為來自中國各地產科學界代表將近兩百人。筆者除了在上海第一醫學院及北京之北京醫科大學、協和醫學院、中日友好醫院之聯合演講會講學之外，也在該國際研討會作了兩次演講。這次遠東之旅的旅費是由日本週產學會負擔的。當時在北京主催國際學術研討會的柏林大學Dudenhausen教授，筆者先後在東京、北京兩地邂逅暢談；他也是這兩個國際學會之主講者之一。

不料兩年後的1988年四月，現職瑞士Zurich大學的Dudenhausen教授，再度主催在北京長城飯店舉辦第二屆國際產前醫學研討會，

筆者參加在北京的國際學術研討會，最左為許世真，右二為好友德國教授杜連豪森(Dulenhousen)，右一為美國教授，左二、三為比利時教授夫婦(1988)

筆者被邀請為八位歐美教授主講員之一；此行旅費全由德國Auinte Ssence出版公司負擔，會後自費赴西安講學觀光。

在這兩次講學觀光的旅程中，接待我們的中國教授們都很親切誠懇和以前赴英倫、荷蘭、日本、埃及等國家講學時受到主辦國教授熱烈招待的情形，並無二致。

內人有興趣考察中國之音樂及舞蹈教育，因此兩次都與筆者偕行；她的旅費是自己掏腰包的。我倆在這次講學旅遊，去了上海、蘇州、北京、西安等四個城市，其中北京去了兩次。本文的主題是北京，在談到北京之前，先對上海、蘇州、西安三個城市，分別略作描述。

世界第一大都市——上海

第一次去中國是先由東京飛上海，由上海第一醫學院Z教授親自到機場接我們，由機場到我們下榻的和平飯店，要經過相當長的車程，上海牌的汽車雖不豪華卻也相當寬敞，車子最初由彎曲顛簸的土路，漸漸把我們帶進人車潮湧的市區，最後進入高樓大廈的鬧區，南京東路和南京西路。在這裡我們看到人車爭道的景象，行人和自行車特多，常從非交叉路口之街道橫闖過去和台北雜亂的交通景象，非常相似。所不同的，在上海看到的是成群的自行車與行人雜陳和台北街頭摩托機車和汽車競相奔馳的景象有異曲同工之妙。

我們下榻的和平飯店，位於南京東路盡頭黃埔江口，附近有一個黃埔公園供人休閒遊樂，約略和台大醫院旁邊的台北公園相彷彿。在上海鬧區的南京西路看到不少在台北街頭熟悉的招牌，「正章洗染店」、「商務印書館」、「綢祥布莊」等等，原來台

北街頭隨國民政府遷台而開張的許多商家,是由上海逃難而來的
分店。

當天晚上Z教授接我們到他家中晚餐,由兩位在醫學院當研究
生的公子親自下廚。夫人和教授同在一處工作,他們的公寓在三
樓,有一廳二房及一個小廚房,相當簡樸。第二天剛好是星期
天,Z教授夫婦陪我們去蘇州玩了一天。

星期一,筆者在上海第一醫學院演講兩題,有一百多個聽
眾,第二醫學院及上海許多醫院都有人來聽講,不少人認真筆
記。演講後參觀醫院,病房設備簡單,每個房間排了八張病床,
就像筆者當學生時,台大醫院或省立醫院的三等病房一樣。嬰兒
室由產科醫師自管,嬰兒個個包紮緊密,只露出一個臉,不像美
國嬰兒室內嬰兒只包尿布,再蓋以薄被,四肢可以自由活動。

星期二,有半天我們去逛街,南京東路每一商店都擠滿了
人。民眾、店員都穿灰黑色的中山裝,向內望去萬頭鑽動,黑影
幢幢,我們連櫥櫃內擺的是什麼商品都無法看清楚,更談不到挑
選購買了。我們只好去管制嚴格,祇能使用外幣對換券交易的友
誼商店購買紀念品了。

星期二下午,內人獨自擠公共汽車,想去參觀上海音樂學
院,到了校門被擋駕,因她沒有介紹單位的信函,說什麼也不讓
她進去,只好悻悻地坐計程車回旅館。今年她去參觀北京中央音
樂學院,就事先安排有人介紹引見。晚上我們搭中國民航班機順
利抵達北京。

上海地域廣闊,也有一些名勝古蹟和聞名的租界區,因滯留
時間有限,都沒能去參觀,非常可惜。

堪比天堂的古城——蘇州

蘇州是中國最古老的城市和鄰近的杭州都以風光明媚，富於古代建築藝術的廟宇庭院而聞名天下，故有「上有天堂、下有蘇杭」之美譽。可惜我們無法去杭州，無法比較這兩個江南美麗的城市。

在蘇州我們果然看到了紅門雕樑、各式各樣的圍牆、花園假山、亭閣石橋，是古時富有人家講究的建築。頓悟日本式的住宅、木門高牆、庭院假山、魚池石橋，可能模仿自中國蘇州式的建築。

我們去看了吳王闔閭建造的虎秋塔。古時吳王為了和越王勾踐相爭，在園中選置了一個很硬的岩石，上面刻有「試劍石」三字；據說吳王為了爭勝越王，命人打造許多寶劍，每劍製成都要在試劍石上砍過，因此能合格的寶劍都是堅刃鋒利無比。後來越王為了復仇，臥薪嚐膽，這是人人耳熟能詳的故事。

蘇州市中心有一座七層浮塔，遠遠望去頗似台灣左營春秋閣的模樣，是三國時代孫權用以登上遙望孫母的地方，此塔叫視北塔。另有一個頗值得一看的是五百羅漢殿。進門處有面目猙獰、耀武揚威的四大金剛。五百羅漢是五百尊鍍金的羅漢銅像，個個面容姿態各異，分別陳列於幾個大房間。這些羅漢銅像都有實人大小，悲歡苦笑的表情都有，有的多鬚狂放、有的面目清秀，更是使人目不暇給。

左後進一個陳列室的中間，豎立著一尊手持芭蕉扇的濟公活佛銅像，特別引起筆者興趣，因為由右側看去，濟公滿臉笑容可掬，可是由左側看去，濟公悲傷哭泣可憐，真是人生苦樂無常，

濟公臉部的表情，對此毫無保留地表現出來。筆者深感塑造此像的藝術家，其幽默的風格以及遊戲人間的心態，正如濟公其人，萬分佩服。

另一方面我們看到的是，蘇州街道狹窄，遊客又多，你擠我推，秩序很亂。衛生設備不好，在虎秋塔園內的公廁，男用的是一條水溝，女用的據說是蹲坑，祇有左右隔間，前面的扇門闕如，因為缺水沖洗，臭氣衝天。

中午我們在一家人民食堂用膳，也是人群擁擠，等吃的人圍在每張餐桌旁邊等位子，桌上食客一散，馬上搶灘，更有不認識的人同坐一桌。侍者清理桌面隨便，桌面餐具的清潔大有問題，雖然主人殷切，食品風味尚可，但是這種雜亂不潔的感覺，很使人倒胃口，以後再也不敢嚐試了。

由上海到蘇州的距離不長，可是由公路單程要花掉三小時以上。這條蘇滬間的幹道是單行道，卡車、巴士、小汽車、鐵牛車夾雜其中，車列牛步，無法超車和台灣四十年前交通不發達時的景象類似。

留有城牆的古都——西安

今年四月底，我們在北京停留了五天之後，再往西安講學觀光三天，由L教授安排筆者在陝西省婦幼保健院與西安大學醫學院合辦的演講會，作了兩題演講，在西安我們有兩天觀光的時間。

西安之成為中國首都比北京早，目前正在開掘的秦代兵馬俑和秦始皇墓陵，證明二千多年前的秦朝即已建都於此。西安的古城牆還在，以市中心的鐘樓為中心，通往東西南北四個城門，街道寬廣直交，印證此城過去的繁華。我們下榻的西安賓館，另外

一個觀光旅館金花，還有西安醫學院、婦幼保健院等較新發展的建築物都在城外。

在西安我們曾參觀了聞名世界的出土古蹟──秦代兵馬俑。成百的實人大小的秦代將兵石像和他們的坐馬，由土中開掘出來，洗刷整理之後依原位排列，每隊成四排，兵將面容髮髻各異，除了少數人像有缺頭斷臂之外，絕大部分保存完整。最完整而且具代表性的石像，則陳列於展覽館的玻璃櫃內，遊客可以靠近仔細觀察或與兵馬俑合照。在西安許多大小商店，都有大小不同的兵馬俑模型當古玩出售。內人買了兩套最小的模型，每套有六人二馬。尚未出土的兵馬俑及附近的秦始皇陵墓正待繼續開掘。

我們也去參觀了驪山的華清池，古色古香的建築依山腰而建，有門樓迴廊、雕樑畫壁和屋頂的玻璃瓦，層層往上建築。遠遠望去紅綠相間，相當雅緻美觀。亭閣之間則有山石花樹翠松綠草，自然與人工競美，相互配合，益增情趣，是休閒養性的絕佳去處。華清池的前排是大廳，紅色圓柱、大花缸，室內雄偉壯觀。內庭一側有一棟戲樓，對面則為皇家觀戲中型閣樓，其中一間外觀特別華麗，裏面設有聞名的貴妃池，這就是昔時楊貴妃「溫泉水滑洗凝脂、侍兒扶起嬌無力」的地方。可惜當天正在整修內部，我們不得一窺這個裝金飾玉的浴池的真面目。在西安到處出售貴妃出浴圖和貴妃醉酒圖的圖畫、刺繡和竹簾。楊貴妃當時為唐玄宗神魂顛倒，成為「後宮佳麗三千人、三千寵愛在一身」的貴妃，至今仍被認為古代美人的典型。

華清池建築群的後面幾間，為西安事變當時蔣介石的辦公室及臥房，房間不大，外觀仍是雕樑玻璃瓦，前窗玻璃有兩處槍擊

彈孔的痕跡，聽說蔣介石和隨從由後窗翻身逃難。

在西安我們也參觀了陝西省博物館、孔廟、大雁寺(唐三藏取經回來後居住及藏經的地方)及碑林。博物館前有石獅，大雁寺內有一口大銅鐘，而碑林館內則陳列著無數的刻字石碑，對於考古有興趣的遊客，是很珍貴的古代文物。

在西安我們有機會到西安賓館內的售店及附近的商店購物，飾物玉器和書畫特別多。

值得一提的是，現代中國書畫家趨向以濃淡不同的墨跡構圖和以前中國畫用毛筆筆尖細描的風格不同，我們買了三幅現代中國畫回來。另外也有所謂農民畫家，以彩色鮮明的水彩構圖表現農村生活百景，他們都是無師自通的畫家，頗似在南台灣轟動一時的鄉土畫家洪通先生的作品。

近代王朝的首都──北京

我們兩次抵達北京都在晚上，第一次由北京醫科大學的X教授和中日友好醫院的C教授去接我們，觀光則大部分由一位年輕的博士班研究生C醫師陪我們。第二次則由X教授和她的大兒子年輕的H先生接我們，陪我們觀遊則落在X教授的兩位公子肩上。其中兩度遊頤和園都是由X教授親自陪同參觀，仔細說明。兩次學術研討會都是北京醫科大學Y教授和Dudenhausen教授聯合主辦，Y教授已七十歲，身體健朗，過去留美，說一口標準的英語，她算是目前北京最受敬重的婦產科權威人物，可是待人非常和藹親切。

北京建城據說有三千多年歷史，早在秦始皇統一中國時歷經數朝一直是中國北方的重鎮，最近八百多年來，北京一直是歷代

王朝的首都。北京的地理位置處於華北平原、東北平原和黃土高原的交會點，依山臨海，形勢雄偉，有發展成大都市的天然條件。歷史上屢次成為北方少數民族入侵中原漢族的門戶。萬里長城的建立，為保護這個文化政治中心的首都必要的人工屏障。

目前的北京市中心區，可以說以天安門廣場為中心，由南向北，依次為天壇、天安門廣場、故宮、北海公園成一系列的排列，貫穿其間的東西長安街，前門大街和南北走向的王府井大街等馬路寬廣，遊覽觀光非常方便。聽說為了發展上的需要，把頗具歷史性的城牆全拆了，留下幾個城門樓。北京市區可以看到許多十層以上新蓋的住民公寓，但仍留有許多胡同小巷，我們沒有時間去穿梭，在此不加形容。過去的四合院則成為好幾個家庭共住的場所。

目前供觀覽的名勝古蹟都掛有「重點文物保護」的招牌，遊客必須購票始能入內參觀。除了年有增加的外國遊客外，全大陸各地的中國人也都喜歡到北京遊覽，因此隨時碰到人潮擁擠不堪的現象。想停下來拍相，必須有人在旁擋駕，否則不停的人潮會從照相機和被照的人之間闖過去，無法拍照。

帝后的權力象徵——故宮

古代帝王生活奢侈，除了建造富麗堂皇的王宮，也設置了不少狩獵避暑的行宮或夏宮，東西洋王國皆然。英倫的白金漢宮、法國巴黎的凡爾賽宮、瑞典斯德哥爾摩市中心的皇宮、俄皇在列寧格勒的皇宮、東京的皇城、中國的紫禁城都是氣派不凡的正宮。英倫的溫沙古堡、瑞典郊區的夏宮、蘇俄列市郊區的凱沙林宮、布達佩斯的奧匈帝國馬利亞德的沙夏宮、北京的頤和園和被

八國聯軍燒燬的圓明園則屬於行宮。有時行宮帝后起居作息的殿房，建造得比正宮內住居部分的殿室更為講究。筆者和內人都曾觀遊過上述宮殿。

北京的名勝古蹟絕大部分，可說是古代帝王顯示其權威所留下來的宮殿，祭天拜佛的天壇寺廟，以及死後埋葬的墓陵，本文後節將一一加以描述。可惜圓明園已被燒得留下一小片頹牆及幾根石柱，比埃及古都魯索(Luxor)王殿留下無數的擎天大柱，羅馬帝國的廢墟，或希臘雅典的古神廟遺蹟還少得可憐，幸好故宮和頤和園經多次整修後保持得相當完整。

故宮是近代皇帝的正宮，建於明朝。目前留下的大部分是清朝乾隆皇帝以降陸續整建的。故宮四週高牆環繞，又有護城河與宮外隔離，戒備森嚴，不准任何庶民百姓接近，被世人視為可望而不可及的「紫禁城」。目前的故宮佔地72萬平方公尺，有殿室九千多間。

其中的三大建築「太和殿」、「中和殿」和「保和殿」正好落在全城的中軸線上，其他的建築都是嚴格遵守著左右對稱排列的形式。全城的正北方堆起了一座土山，叫景山；登上景山可以俯瞰紫禁城全景。皇城的四方均有高大的城門樓，南面通往天安門的叫午門，亦即故宮的正門。北面通往景山的是故宮的後門，叫神武門。東西的側門分別叫東華門及西華門。

由午門進入經過一個方形的廣場，其中有一條小河貫穿東西，河上建有五座並排跨河的白玉石橋，過了橋走過高大的太和門，便進入太和殿及殿前很大的廣場。太和殿俗稱「金鑾殿」，乃昔時皇帝即位、朝會大典和生日祝壽等重大慶典都在此舉行。太和殿內有六根粗大的蟠龍金柱，正中設有兩公尺高的平台，台

上安置漆雕金龍的皇帝寶座。整個大殿雕樑紋劃，金碧輝煌。殿前設有十八座銅鼎爐、銅龜、鶴形香爐、金鐘等等巨大裝飾和焚香鳴鐘的設備。太和殿和兩側的宮殿都蓋著金黃色的琉璃瓦，陪襯著一片片紅色磚牆，金紅相映，非常壯觀。太和殿外有一個三萬多平方公尺，平舖灰白石磚的廣場。殿前有一排白玉石的扶欄與台階。昔時皇帝陞殿坐北朝南，接受朝臣貢使朝拜的壯觀場面便在於此。看過金像獎影片「末代皇帝」的讀者，諒必記得數千西藏喇嘛跪地朝聖的壯觀場面，這一幕便是在此地拍攝的。

太和殿後面有一座方形殿堂，比太和殿小，便是皇帝休息及演習禮儀的中和殿。再進去的保和殿乃是皇帝舉行宴會和典試的地方。太和殿東西兩側各有一組建築，其中東側的文淵閣為宮內最大的圖書館。

再進去是裝飾華麗的乾清門，為宮殿內庭的正門。門前置有數對金獅、金缸。這些金缸當八國聯軍洋兵攻入宮內時用，刺刀將表面的金層刮走，目前金缸表面呈現許多污黑的斑跡與刮痕。內庭的宮殿包括乾清宮、交泰殿、坤寧宮等，乃是皇宮皇后起居生活的地方。兩側殿室東六宮及西六宮，則為皇帝嬪妃內監起居生活的地方。這些裝修華麗的殿室無法一一描述。

有山有水的夏宮──頤和園

頤和園位於北京西北郊，為中國現存最大的古代皇家園林，為清朝帝后的夏宮。頤和園是由昆明湖及萬壽山組成，湖水面積約佔全園的四分之三。據稱乾隆皇帝為了祝賀其母親六十歲生日，用了十五年的時間，於1764年完成了萬壽山及人工昆明湖的建造。1860年英法聯軍侵入北京時受破壞，慈禧太后奪權後，於

1888年挪用海軍軍費又重新建造,將昆明湖建成她喜愛的杭州西湖模樣。1900年,八國聯軍攻入,頤和園再度被破壞,以後再次重修,在中共政府文化大革命時,又有一部分圍牆亭閣被紅衛兵破壞,至今留有破壞的痕跡。

頤和園之美在於皇宮殿宇背山面水而建,園林廣闊,亭閣處處,湖濱風景絕佳。湖邊有一條很長的畫廊,更以藝術點綴自然風光,令人嘆為觀止。頤和園的正門為東宮門,門前有一對很大的銅獅,姿態雄偉,栩栩如生。由東宮門經仁壽門迎面就是仁壽殿,此處是慈禧及光緒皇帝召見群臣的地方。殿內陳設豪華,地平床正中建九龍寶座,周圍有御案、掌扇、仙鶴、蠟燈、鳳凰、龍袍柱等美麗的室內裝飾。寶殿後面的屏風有無數寫法不同的「壽」字。殿前庭院中建有一隻傳說中的麒麟怪獸,龍頭、獅尾、鹿角、牛蹄、遍身鱗甲集於一身。遊客爭相與怪獸一起照相。繞過仁壽殿南面走一段小路便通到樂壽堂、玉瀾堂和宜藝館,都是裝飾華麗、雕樑畫壁,有寶座、臥室及餐廳。這便是慈禧、光緒及后妃們起居坐息的地方。1898年戊戌變法失敗後,玉瀾堂兩側配殿內建起很高的磚牆。慈禧便將光緒皇帝幽禁在他的寢宮玉瀾堂內,連住在宜藝館的隆裕皇后亦無法見到光緒。

德和園位於仁壽殿北面,由頤樂殿和大戲樓組成,殿內正中設有金漆百鳥朝鳳寶座,慈禧觀戲的座位。大戲樓建築雄偉,飛檐翹角,昂首凌空,是當年日月笙歌為慈禧演戲的地方。

居住區以西為遊覽區,分為前山、後山和昆明湖三部分。前山部分以佛香閣為中心的一群巨大殿宇,從臨湖的「雲輝玉宇」牌樓,通過排雲殿、德輝殿、佛香閣,一直到山頂的智慧海,形成了一條層層上升,宏偉壯觀,層層相疊的殿宇。由湖邊往山頂

望去，真有直上凌霄的感覺。我們曾在這裏一個陳設豪華的餐廳，吃了一頓豐富的午餐，邊吃邊賞窗外風光。在排雲殿前有一處在長椅上，左右安置真人一般大小的皇帝皇后塑像，中間預留一個空位，遊客可坐上去和皇帝皇后一起照相，享受片刻和皇家平起平坐，飄飄欲仙的幻覺夢境，筆者和內人各照了一相留念。

前山東西兩側，依山勢點綴，建成許多單獨或成群的樓台亭閣，如重翠亭、湖山真意、畫中遊等。許多黑底金字的招牌都是慈禧、光緒的題字。慈禧字體優美端正，書法功夫不賴。在昆明湖的一角，泊有一艘以巨石雕建的石舫，是為帝后欣賞一年四季湖光景色而建的。在觀賞前山景物，可沿著一條橫貫東西的湖邊畫廊叫「長廊」，全長728公尺。中間隔成273間，裝飾許多畫面，有山水人物、飛禽走獸、四季花草，還有取自西遊記、水滸傳、三國演義、封神榜的畫面。這條彩帶一般曲折的畫廊，起自東邊的邀月門，經過樂壽堂、排雲殿，止於西邊的石丈亭，中間建有四座八角亭，名為留桂、寄瀾、秋水、清遙，象徵著春、夏、秋、冬四季。筆者遊頤和園特別欣賞這條長廊，徘徊觀賞，久久不忍離去。

後山也有許多殿宇，這裏的入口是北宮門，由此向山頂一望也見到台階圍牆，紅色磚牆，金黃色琉璃瓦屋頂，層層相疊。走近一看，牆上雕有許多小佛像，低處的佛像有許多被紅衛兵破壞，高處的佛像則依舊貼緊在這些殿宇的牆上。後山的風景包括四大部洲、西藏喇嘛寺廟、雲會寺、善現寺以及花承閣多寶琉璃塔。另有風景絕佳的諧趣園，是頤和園內的「園中之園」。

昆明湖東岸有一突出景物，是四面臨湖的四角亭，由此一望萬壽山的美景盡收眼底。每逢初春湖水如鏡，附近垂柳冷綠，就

知道春天已到，故名「知春亭」。由湖邊東岸以一條十七孔白石虹橋和湖中浮島蓬萊島(亦叫南湖島)相連。島上有許多古式建築和湖水風光相映成趣。這座橫於碧波上的十七孔橋，是仿照著名的蘆溝橋建造的，湖中可以泛舟，享受水中樂趣。筆者和內人兩次到頤和園，第一次因時間不足，第二次則因風浪太大，失去了泛舟取樂的機會。

天壇與北海公園

天壇是明清兩代皇帝祭天祈禱豐年的地方，座落在北京永定門內東側，在故宮的南邊。祈年殿是整個天壇公園建築群中最主要的，矗立在三層白石台基上的一座三重檐的圓形大殿，殿頂覆蓋深藍色琉璃瓦，逐層縮小。中間是巨大的金黃色塔頂，裏面結構有許多紅色圓形木柱，共有28根，象徵天上的28星宿。大殿四週沒有牆壁，全是格扇門。殿內石板地面，中間有一個龍鳳石，殿內設有寶座、御案、圍屏等，有許多龍鳳圖案，門前白石台階中間亦有石雕龍鳳圖案。位於台北市中心和總統府遙遙相對的中正紀念堂，也是白石台階和深藍色屋頂和北京天壇的造形極為相似。是偶然的巧合或別有用意，令人費思。

北海公園則位於故宮的北邊，入北海南門，迎面就是高聳的白塔和被松樹掩蓋的瓊華島。島上有許多殿塔、樓閣、湖石、岩洞。經過永安橋即為永安寺，是喇嘛唸經和皇帝燒香膜拜的地方。園內有九龍壁、五龍亭等勝景，湖邊景色迷人，是北京城中觀遊休閒的好地方。

萬里長城——由河北到甘肅

中國的萬里長城和埃及的金字塔，同為聞名世界的古代偉大建築，也是古代專制帝王奴役百姓，犧牲無數生命，由一塊塊石頭累積起來的偉大工程。秦始皇統一中國後，將春秋戰國時代各諸侯國建造片段之城牆連接起來，形成今日的萬里長城。長城全長六千多公里，東起河北的山海關，沿著山嶺綿延不斷，西止於甘肅的嘉裕關。其中以北京西北郊的八達嶺長城一段，最常為遊客觀賞，登城口為居庸關。這一段長城牆高約八公尺，牆基寬度約六公尺，可供十人並行。

長城全由方形石塊舖砌。外側圍牆更築有方形的望孔和射洞，由於瞭望關外景緻，山嶺起伏，春天翠綠草原，花樹松柏參雜其間，一片自然和平景象。很難想像當年帝王如何奴役百姓，將一塊塊石磚運搬上山，積年累月，造成多少家庭破裂分離，而有民間流傳的「孟姜女哭倒萬里長城」的悲慘故事。更難想像這裏是當年匈奴騎兵出沒、標槍射箭交織的地方。長城每隔一段距離築有一座方形的城堡，是保衛守望的戰士駐屯的瞭望台。每當衛兵見到敵軍出沒時，即刻高舉烽火示警，在沒有飛機戰炮的古代，長城的防衛非常有效。

由居庸關登上長城，遊客絡繹不絕。向右的一段距離較短，也較平坦，可繼續登至兩個城堡。向左走的一段距離較長，路面也較彎曲峻峭，攀登的遊客也較少。我們選擇向右一段，爬登到兩個城堡的盡頭，充分享受運動與賞景的雙重目的。登上城堡高處，不覺綻出征服艱難的得意微笑。

明陵──石人、石獸與地宮

明十三陵位於北京北部軍都山南麓，是明代由永樂到崇禎十三個皇帝埋葬的陵墓。明陵的入口為大紅門，過了大紅門，便踏上「神道」。中央有一座碑亭，碑亭的北面便是陵道兩旁的石雕群，共有石人石獸十八對井然排列。遊人都喜歡這些石人石獸，頻頻照相留念。石人中有四勛臣、四文臣和四武將，石獸則有四獅、四豹、四象、四鳥和四麒麟。再過去則是龍鳳門和一座七孔石橋。

我們看了長陵和定陵。長陵是規模宏大建築壯觀的一座陵寢。進入陵牆大門有一庭院，立有石碑，進入第二院落便見到一座宏偉的建築，叫棱恩殿。有許多兩人可以合抱的巨大木柱支撐著整座殿宇。定陵原先的主要建築包括陵門、棱恩門、棱恩殿、明樓、寶城、寶頂和志宮。但大部分棱園內的建築已被破壞，祇有上蓋金黃琉璃瓦，石榜上刻有「定陵」的明樓仍巍然矗立。最有價值的部分是參觀地宮，由石隧道往地下走，越走越深；隧道的盡頭是用花斑石砌成，巨大堅固的堵牆叫「金剛牆」。由一個門進入一個大地窟，即是壯觀的地宮。

地宮分前、中、後三殿，中殿兩側另有配殿，全部用巨石建成。每一殿門都用設有白玉、雕刻的石門。中殿是地宮的正殿，設有白玉石雕的三個寶座。中間一座有龍的圖案，兩旁有鳳的圖案；座前分別放置有長明燈，是由大缸裝燈油，油面置一銅製圓瓢及燈蕊。

據說地宮封閉時，長明燈點火，盼望能永遠明亮。當時這種想法缺乏科學常識，因此地宮內的氧氣耗盡時，明燈熄滅，事與

願違。

後殿是地宮最大的一個殿堂，是放棺材的墓室，正中為皇帝的棺槨，兩側是兩個皇后的棺槨。棺床上還有許多紅漆木箱，裝滿了陪葬器物。關於明陵有兩個傳說。一個是建陵的工人在工程完成之後都要殉葬，以防止秘密洩漏，另一傳說是墓園顯明的皇陵，祇是騙人的衣冠塚。皇帝屍體另藏別處，以免後人盜墓鞭屍。此種傳說是真是假筆者無法知道，但是過去獨裁者與人民為敵，視人命如螻蟻的心態，卻在這種傳說中表露無疑。

筆者參觀了明陵。想到埃及古都魯索(Luxor)見到的地下王陵，頗有與北京明陵相似的地方。在一片紅土高原上矗立著一個紅石山壁，背著山壁雕刻著四尊巨大的帝王石像，也呈紅土色。石像約有五層樓的高度，帝王戴冠長鬚，面目清晰可認，其中最著名的一個帝王為好大喜功的羅姆斯二世(Ramses)，據導遊說，他征服過的地域頗廣，娶有三十多個后妃，子女超過一百人。在石像之間有地下陵墓的入口，由此經過很長的地下道，漸漸深入地下。兩旁牆壁有許多鳥獸人像及象形文字的壁畫，有的文字凹陷，有的文字浮凸，是代表不同時代的作品，筆者已記不得凹字與凸字在歷史上的先後了。大部分壁畫具有永不褪色的色彩，頗富歷史價值。地道的盡頭也有較寬廣的墓室，中間置放帝王遺體的木乃伊，供人瞻仰。這個深入地下的墓室內空氣稀薄，令人頗有窒息之感。

香山——風景與佛寺

香山位於北京西北郊，是有名的風景區，其關係有如台北和近郊的草山(陽明山)，也是遊客必到的地方。香山樹木很多，黃楓

樹居多,間雜有綠松、柿樹。秋天最美,層層金黃色楓葉滿山遍野與台北草山的櫻花季節一樣,對吸引遊客有異曲同工之妙。香山寺廟頗多,我們參觀了碧雲寺和臥佛寺兩處。

碧雲寺內有羅漢堂及建築宏偉奇特的金剛寶塔。從山門到山頂共有六層院落,寺門口有一對石獅,前殿有一尊笑口常開、坦胸露腹的彌勒佛銅像;中間的大殿為供奉釋迦牟尼坐像的地方;後殿改為中山紀念堂,正中放有孫中山半身塑像。右邊放著玻璃蓋銅棺,左邊陳列著孫中山遺囑和他的墨跡。在西邊的羅漢堂則陳列著500尊羅漢金像,比我們在蘇州看到的五百羅漢塑像為小,過道上還有七尊神像及一尊濟公佛像。

臥佛寺是一座古剎,寺門前矗立著一座美觀的琉璃牌坊,有黃綠相間的屋頂及牆壁,中間橫置一個白底招牌,刻有「藏密參同」四個紅字。下面有三個圓頂拱門讓人通行,坊前石路兩旁古柏參天。寺內主要建築有天王殿、三世佛殿和臥佛殿。

筆者夫婦於北京近郊香山臥佛寺(1986)

臥佛殿內的巨大臥佛是釋迦牟尼的銅塑像，身長一丈六尺，側身躺於榻上，左手平放在左腿上，右手彎臂托著頭部，旁邊站立著十二尊代表他的弟子的小佛像。到此參觀，聯想到在泰國曼谷見到的許多佛殿佛像，東洋的佛殿神廟，正如歐洲各式各樣的教堂，總成為旅遊觀光必到的地方。

天安門廣場

北京市的中心是天安門廣場，比莫斯科的紅色廣場、台北總統府前廣場還大，是他們集會、遊行、閱兵的地方。天安門坐北朝南，左邊是文化館，右邊是中山公園，後面是故宮。登上天安門遙望，廣場的西側是人民大會堂，正南方為毛澤東紀念堂，東側則是歷史博物館，都屬於現代式的建築。

人民大會堂有一個大禮堂，分樓下、樓上共有一萬座位。登上二樓可通到一個很大的宴會廳，有大型圓柱及華麗吊燈，據稱可容納五千人的大宴會。一九七二年，毛澤東即在此設席宴請尼克森。在這一棟建築內佈置大小不同的各省展示廳，我們祇看了一部分，包括裝飾華麗的上海廳、大幅壁圖的雲南廳和有日月潭風光的「台灣廳」。這個「台灣廳」的設置和他們電視氣象報告時，將台北、香港的氣象同列於國內氣象報告項目一樣，充分表露中共政治領導群對台灣統戰的野心。

毛澤東紀念堂的參觀和參觀莫斯科列寧墓一樣需要排長龍。這個紀念堂建築得相當壯觀，堂前是由白色花崗石砌成的高大基盤，配有台階及大石柱，屋頂蓋著金黃色琉璃瓦，一進門便看到一座巨大的毛澤東石雕坐像和台北中正紀念堂內的蔣介石像、華盛頓林肯紀念堂內的林肯坐像一樣，都是準備供人瞻仰的。坐像

兩旁排滿了新鮮花籃，紀念堂中間的一廳，正中間玻璃棺內，平擺著毛澤東遺體和列寧墓內的設置類似，參觀的行列肅穆地走過，最後再經過南邊另一廳，即可走出紀念堂的後門。虎死留皮，人死留「像」，石像不朽，可長期留存；古代的皇帝，近代的政治領袖，都有同樣的願望吧！

大觀園、北京大學、商業街

在北京近郊新建有一所紅樓夢小說中的大觀園，高高的圍牆環繞全園，由門樓進去馬上可以看到園中的亭閣、山石、花木、小徑，成群的屋宇據說都根據紅樓夢作者曹雪芹的描述而佈置的，如怡紅院、瀟湘館、大觀樓等應有盡有。屋內客廳、書房、臥房依書中情節，散置許多實人大小的主要人物塑像，有賈寶玉、林黛玉、薛寶釵及重要侍婢如迎春、探春、惜春等。每個人物造型逼真，面容可愛，古裝艷麗，姿態活潑，栩栩如生。能使遊客疑真似假，暫時掉入渾然忘我，如入夢境的境地。可是整個大觀園的幅員並不很大，無法和頤和園相比。昔時的劉姥姥可能是一生未見過大場面，才會大開眼界，歎為觀止。

在參觀過的大學、醫院，祇有北京協和醫院和北京大學有古色古香的建築。協和醫院有綠色琉璃瓦和紅色圓形木柱的門樓。裏面的建築並不壯觀，地點在市中心靠近王府井大街等鬧區。北京大學也有一個雕樑畫檐琉璃瓦的門樓，門前安置一對石獅，一進門樓便有石橋小河，紅花綠柳即刻映入眼簾。望前便看到廣大的內庭，被正中一座、左右各一座高大雄壯的大樓包圍。內庭樹立著兩根高大的圓形石柱。繞過大建築後面的林蔭小徑，一直可以通往後面的小丘和一個很大的人工湖。湖中的小島及亭閣和山

後矗立的佛牙塔遙遙相對。校園內有數不盡的建築，也有廣闊的空間和運動場。騎自行車的年輕學生處處可見，是個相當美麗而有規模的校園。

逛街購物則該去王府井大街、前門大街、西單大街和榮寶齋書店街。最繁華的王府井大街位於天安門以東，長安東路以北和北京飯店距離很近，此大街商店林立，顧客如織和二十年前台北的中山北路或南京東路類似。出售的貨色包括刺繡綢緞、桌巾、地氈、木刻飾物、書畫古董、食品雜貨，大部分都能在此買到。前門大街位於天安門廣場南面前門樓之邊，很多公共汽車、計程車都以此為終點站，頗似台北公路西站之中正路。西單大街則位於天安門西側，這兩條大街也都商店雲集，出售的商品和王府井大街類似。

榮寶齋位於北京和平門外，這裏專售書畫、文房四寶和古玩，也有幾間珠寶店。店面美觀雅緻，頗有書香氣息和其他商業區商店吵雜擁擠的景象，有相當不同的格調。內人頗受這些書店、珠寶店的吸引，在那裏逗留許久，不忍離去。

交通、旅館、食堂

我們兩次抵達首都機場都在晚上，由機場進入市區，道路筆直，兩旁樹影幢幢，車子跑了三十分鐘左右即進入市區。離開北京時都在白天，因此能享受到首都機場大道兩旁紅花白花處處，翠柏綠柳夾道，春意盎然。可惜路面太狹窄，無法容納大量汽車奔馳。首都機場規模不大，頗似過去的台北松山機場。

我們兩次由上海飛北京及由北京赴西安搭的中國民航，行程都很順利。由北京赴西安的機上全是觀光客，大部分是西洋人。

可是回程的班次臨時被取消,三個月前預定的座位即成泡影。在
L教授和她的助理人員奔波之下,得到兩張軍方辦的班次,五點還
在北京尚未起飛,一延再延到七點多才開始驗關,屆時秩序大
亂,爭先恐後,擠來擠去,大小行李都要放入大型X光照射,幸
好我們將照過的膠卷保存於錫袋內保護,才免於全部被曝光的惡
運。載我們的是一架高齡俄製飛機,飛起來吱吱作響,旅客中祇
有兩個西方人,大部分為軍人及中國人旅客,幸好飛機平安降落
北京軍方機場。我們挨過了七個小時的憂心、緊張、掙扎和疲
勞,終於返抵下榻的北京飯店。

　　北京的陸上交通以公共交通和自行車為主。私家汽車、計程
車,今年雖比兩年前多些,但仍不甚普遍。公共交通包括地下鐵
道,由北京火車站通往各地的長程火車、市內公共汽車、電車等
等構成相當繁密的交通網。可是由於住民遊客眾多,現有的公共
交通設施,不夠負起「出門有車,各地互通有無」的任務。舉例
來說,由北京到上海的長程火車票很難買,除非很早預定和國內
飛機票一樣難買到。在北京我們有三次搭公共汽車的經驗,上下
車都很擁擠,等車民眾毫無秩序,汽車抵站蜂擁而上,在車內也
不停地擠來擠去,要下車的旅客如不使勁往車門衝,也許過了站
還下不來。

　　私家汽車和計程車則集中於遊覽區及商業區。中國自製的上
海牌和日本製的汽車最多見,上下班的時間,也常造成車水馬
龍,寸步難移的現象。計程車很難在街上隨便招攬,很多是受客
人承包半天或一整天,比零星叫車便宜及方便得多。由旅館代叫
或到北京市中心的北京飯店排隊等候最為可靠。有一次我們三點
多搭一計程車到不同地方逛街購物,五點一到司機說不再開了,

要回家吃飯，要我們在那裏排隊，改乘另一部計程車返長城飯店。這是在共產制度下，司機多跑的工資不歸他所有，因此時間一到立即停工的又一例證。因此最可靠的是雙腿和自行車了，難怪在放學下班時間，大街小巷都可以看到成群結隊騎自行車的人，蔚然成為北京的一大景觀。交通不夠發達，是目前中國民生的改善和社會建設進展遲緩的關鍵因素。

在北京我們住過長城飯店和北京飯店。新蓋的北京國際飯店，據說內部設備比長城更豪華，我們曾路過看到該旅館的外觀，頗具規模。長城的設備頗似美國大城市的Sheraton、Hilton之流的現代觀光飯店，有寬大的Lobby和舒適齊全的客房。裏面有七家中、西菜餐廳，年輕的女服務員一律穿緊身旗袍，打扮得花枝招展，婀娜多姿，笑容迎人和兩年前我們在上海和平飯店碰到穿灰黑衣服，對顧客愛理不理的服務員比起來，真有天淵之別。

今年是龍年，長城飯店在進口處設置一條有三丈高的巨形彩色蟠龍，張牙舞爪，雄踞於石林之上。這條龍成為旅客拍照的焦點，使人聯想在美國聖誕節前後，大旅館豎起的巨大聖誕樹，對旅客有同樣的號召力。在左邊的一片牆上，有一幅很大的萬里長城壁畫，也有一片設有音樂演奏台的室內咖啡廳，座位可能在一百個左右。置身其中感受到的和在美國舊金山、達拉斯或芝加哥的觀光旅館毫無差別。櫃台上的小姐服務態度良好，登記結帳完全電腦控制，效率極好。筆者好奇地問她們：「是不是你們的經理到美國或日本學習過？」

她們的回答竟是：「不是，是美國人來這裏教我們這樣做的。」有獎勵的待遇(Incentive Income)，可在共產制度的北京訓練出比英、美、西洋更親切有禮的旅館服務小姐呢！

　　北京飯店則位於市中心熱鬧區和許多購物街、餐館、劇院都很近。外觀長方形，有如數百個火柴匣疊成的龐大建築，相當壯觀。裏面也有高大的Lobby和數區購物中心。

　　二樓也有許多中、西菜餐廳，不過最有趣的是一間很大的食堂，可能擺有近百的大圓桌。

　　這個餐廳在一樓，有巨幅風景壁畫，足可容納千人旅客同時進餐。客房、房間很寬大，天花板很高，更有大沙發、大衣櫥、大浴室。木板組成的地板走起來吱吱作響，就我們住過的那個房間而言，陳設雖然西式，卻有住入歐洲古堡陰森膽怯的感覺。

　　較小型的旅館在北京也很多，筆者沒有經驗過，無法在此介紹。

　　北京的飯館很多，打算僅僅介紹幾家筆者去過而且相當有名的飯館。

　　(一)前門飯店：位於前門大街的前門飯店，本身是一家有客房及中、西餐廳的旅館。

　　兩次國際醫學會的大宴會都在這裏舉行。前年是十人一桌，輪流上菜的八道菜大宴會。今年則採取自助餐方式，吃的也是中菜，每次都有兩百人參加，菜餚相當可口。

　　(二)全聚德烤鴨店：在北京最負盛名，也有幾處分店。兩年前我們臨時和C醫師夫婦想去品嚐正宗的北京烤鴨，卻被店員擋駕說：「你們要來本店吃，一週前便要預定位子了！」筆者有些不服，回應說：「一週前我們還沒到北京呢！而且一週前鴨子恐怕還活著呢！」店內一望，果然食客滿堂，座無虛席。我們既然不得其門而入，祇好悻然離去，望鴨興嘆！今年再去北京，Y教授早就安排和北京九三學會會員，共享一席全聚德的「全席北京烤

鴨」，包括前期小吃、湯、主菜和點心都是用不同部位的鴨肉和內臟製成的，再加上可口的包餅和特製的甜醬，果然風味絕佳。

（三）四川飯店：位於宣武門絨線胡同內，是一座紅門高牆的四合院，外觀上不大像一個飯館，可是裏面有院落、雕漆迴廊和一間間宴會廳，清靜幽雅，是北京一家很盛名的正宗川菜飯店。鄧小平常在這裏請客，如果這些貴賓要在此宴會，飯店就不對外開放。兩年前我們吃不到烤鴨店的北京烤鴨時，就轉到這裏吃了一頓熱辣的川菜。

（四）都一處燒賣館：位於前門大街一個二層樓不太顯眼的飯店。今年陪我們觀光人民大會堂和毛澤東紀念堂後，年輕的H先生領我們在此午餐，享受最有名的三鮮燒賣和其他食品。據說有一次乾隆皇帝到通州私訪歸來，正值舊曆除夕夜，在北京城內一路找不到地方吃飯，只有這家飯館在營業，乾隆就在此吃得很高興。回宮後親手寫了「都一處」三個字送給店家，表示整個首都僅此一家能為他效勞之意。故事傳開後，這一家飯館生意興隆，身價百倍，店東就把店名改成「都一處」了。

（五）仿膳飯庄：位於北海公園風景絕佳的瓊華島上。是由清宮御膳房的廚師創辦的。因此這個飯店能烹調傳統的宮廷食品和著名的點心，色香味俱屬上乘，很受賓客歡迎。

在這裏可以吃到慈禧太后喜歡的種種點心，包括聞名遐邇的小窩頭。我們曾在此吃了一頓午餐，但沒有吃到小窩頭。此店可以邊吃邊觀賞北海公園的風光。

教育、醫療、娛樂

文革時代，知識份子都成為紅衛兵鬥爭的對象，青年學生下

放鄉間做苦工，教育廢弛，文學、科技完全停頓。近年來他們大力倡導教育，提昇科技專業教育，除了原有的大學恢復升學競爭之外，也設置了不少實用的科技專業學校，如紡織學院、煉鋼學院等等。在北京最有名的大學如北京大學、清華大學、北京師範大學等都已恢復原有的名聲。工農教育發達，體育、音樂、舞蹈有專長的年輕人也被羅致集中嚴格的訓練，達到相當高的水準，能在國際上與外國競賽。

內人曾於筆者忙著國際研討會的時間，獨自去參觀在北京的中央音樂學院和中央芭蕾舞團。在一個星期四的下午，她由北京醫科大學一位年輕女醫師陪同，正式參觀中央音樂學院。她曾參觀學生上英語課、理論課、鋼琴課和三重奏。學生似乎相當自由，在英語課的課堂有人睡覺，老師也不弄醒她。鋼琴的練習每人一琴，不必排班，學院擁有很多Steinway及Yamaha等名牌鋼琴，他們這樣集中訓練，政府負擔所有的學生生活費和教育費，這種制度很容易培養出有水準的鋼琴手。音樂學院的教師，大部分屬於年輕的一輩。

另一個星期六上午，她去參觀中央芭蕾舞團，學校的設備和芝加哥市立芭蕾舞團差不多，可惜星期六他們沒有排演，無法實際上看到他們的訓練成果。陪她的人說，芭蕾舞團訓練嚴格，有高水準的演出，經常在國內及國外巡迴演出。就在我們離開北京後的一星期，他們即將在北京演出「天鵝湖」名劇。

關於北京的醫院，筆者曾參觀了協和醫院、北京醫科大學第一醫院和中日友好醫院。協和在數年前曾改名首都醫院，目前又改回原名，表示對美國的親善，這個聞名很久的醫院之建立和美國的庚子賠款有關。目前協和為中國醫學科學院的機構，教育制

筆者(左一)和筆者指導的研究員北京醫科大學肖溫溫教授(右三)和多位芝大婦產科教授合影(1987)

度嚴謹,教學研究均為全國首屈一指,但醫院的設備已相當陳舊。北京醫科大學有第一及第三醫院,設備頗具規模,學術研究氣氛也很盛。中日友好醫院新設,設備儀器最新和日本有互換訓練人才的契約。筆者參觀後覺得該院設備雖有,病人不多,人才相當缺乏,制度尚未健全。等而次之,其他的小醫院或保健門診中心,則設備更簡陋了。

　　一般而言,中國的醫療水準落後甚多,防疫保健的許多措施尚無法完整實施,更難奢談高科技的診斷及治療設備了。醫務人員工作時間長,待遇不高,青年熱中學醫的不像在美、日、台灣踴躍。可是和年輕醫師談起,他們似乎執著於自己的興趣和對國民保健的奉獻,很高的哲理。師資方面有斷層的現象,最具實力的老教授都已在六、七十歲;奮力研究的年輕學者多在四十歲以下;四十至五十歲的一輩則為文革時代的受害者,目前正不斷在

充實自己。醫學教育都用中文的統一教材或翻譯教材，英語或外語的參考書昂貴，並非一般學生，甚至教授所能私自購買的。可是翻譯速度又不如日本快速，一本書經三年譯成後，該書的內容已經落伍了。目前的補救辦法似乎不斷舉辦國際會議，邀聘外國學者講學和派出大量教師短期出國留學。可是有不少留學國外者，有滯留不歸的現象。近年來由於醫療制度正常化，過去盛行一時的「衛生兵」──赤足醫生，已由逐漸淡化而消失了。

在婦產科領域有幾項特徵：（一）因提倡獨生的人口政策，在城市初產婦佔90％，因此剖腹產率也高，約在30％左右。（二）女性醫師佔90％以上，女人的事情女人自己管的觀念相當前進，再加上95％的女性就業率造成這種情況。（在美國這種觀念也急速抬頭，目前訓練中的女婦產科住院醫師佔全額的70％左右）。（三）忽視1000克以下的早產兒和畸形兒的救護，因為獨生政策，每個家庭要求成熟健康的嬰兒。（四）強迫人工流產盛行，即使四、五個月孕婦亦頻頻施行，以保證獨生政策的徹底實行。（五）注重遺傳、胎兒感染、產前診斷，以防止畸形嬰兒的出生。（六）過去盛傳的以針灸替代麻醉的情形，並不如想像中那樣普遍。（七）新生兒死亡率逐年下降，妊娠高血壓、糖尿病的治療普遍化，都在證明他們的產科學確有逐漸進步的趨勢。

關於晚間娛樂亦僅介紹筆者親自看到的為限。兩年前我們在上海看了一場湖北歌舞團的表演，他們的年輕人已學會了Zajj音樂和Flassing舞蹈的真諦。燈光旋轉閃爍，服飾晶亮刺眼，演員動作迅捷，樂隊歌聲震耳，他們的表演不亞於英、美、日本的爵士樂舞團。

兩年前我們在北京也看了一場「四郎探母」的京劇，由於兩

邊有中文字幕說明劇情、唱辭,演員唱作俱佳,故事動人。中場休息時,由於×教授及她的丈夫H教授和演員熟識,而陪內人到後台探視,內人曾和女主角合影。

今年我們很想看中央芭蕾舞團的表演,不巧這段時間她們停演,我們改看了一場法國巴黎歌劇院芭蕾舞團的演出。這場表演在規模相當大的天橋劇場,觀眾之中,不少西洋人,演出相當精彩。最好的一場表演是在西安看到的「仿唐音樂歌舞表演」,地點在我們下榻的西安賓館對街唐樂宮。劇場內設備豪華壯麗,頗似拉斯維加斯上空舞蹈表演的劇場,顧客邊吃邊享受音樂,吃完舞蹈表演即開始。女服務員打扮得花枝招展,笑容迎賓,身穿緊身旗袍,走起路來婀娜多姿,再加上上選的菜餚,悅耳的樂聲,一派宮廷的氣勢。演出舞者古裝長袖,舞步輕盈,畫面整齊,或獨舞,或成雙,或結群,弄得觀者眼花撩亂,如醉如痴。古代橫琴、吹笛、琵琶、胡琴、小鼓等各式各樣的樂器,各顯玄機,奏出悅耳的歌聲。或獨奏,或重奏,或齊奏,不禁興起「此景只應天上有,豈能消受在人間」的感歎!他們演出華清宮、鞭舞、春鶯、秦主破降樂等十大項目。真是一場難得的娛樂,雖然票價高達每人美金38元,卻非常值得。觀眾大部分為觀光客,很多西洋人。

在中國看到的許多表演,相信都是為吸引觀光客而擺出的櫥窗,這種娛樂在中國並未普遍化。

生活百態

在談了許多名勝古蹟、旅館、食堂、劇場之後,筆者想在此補述一些和當地人談起或親眼看到的生活點滴。

　　首先談到和筆者接觸最多的大學教授們，他(她)們很多出身北京大學等名校，他們可謂知識份子的代表。雖然在文革時代，他們遭到不少苦境，可是目前已得到他們應有的肯定和尊重，居於學術機構的要津，對他們國家相當忠誠。他們得到的待遇少於做買賣的商人、搞黨政的要員，甚至開車的司機，可是他們仍秉持著一份知識份子兩袖清風的傲骨，認真從事百年樹人的教育工作，很少流露出對政府的怨言。

　　在北京，Y教授邀請的北京烤鴨宴席上，我們遇到的是不同科目的教授，有工程、地質、文學和醫學的專家，他們同屬於「九三學會」的會員。九三學會是一個聯合知識份子，崇尚民主與科學的全國性組織。這個學會起源自五四運動，而以日本投降簽約的紀念日九月三日定為這個學會的名稱。筆者十分驚訝在共產一黨專政的制度下，能容許這種知識份子相互結合的團體存在。席間內人問他們一個很有興趣的問題：「在中國為什麼夫婦互稱愛人，而不稱外子內人或先生太太？」他們相顧大笑之後，回答說：「這是基於男女平等的原則，早在毛澤東、周恩來等十萬里長征後定居延安時，這些革命領袖的夫婦便這樣互稱，中國共產黨取得政權後，全國上下便學用這個稱呼。」這是在不民主的共產制度下，在家庭內相當民主的表現吧！

　　在過去國民黨的政治宣傳下，中國大陸的家庭應該是父母不慈，兒女不孝，可是我們看到的許多家庭都是父母關心子女，子女聽從父母，非常重視家庭倫理和在日本、香港、台灣的家庭觀念並無不同，這種家庭倫理觀念東方人比西方人濃厚。

　　前面已提過，中國的成人女性95%都有工作，城市如此，工廠農村也不例外。為此各地辦有托兒所，集中托管幼兒，使女人

能安心工作。青年男女要達到一定的年齡得到批准才能結婚。為了將女性就職率提高到歐美國家望塵莫及的極點，他們大力提倡「獨生」的人口政策。目前他們速求經濟的開發，怕經濟成長的成果被眾多的人口吃光，「獨生」的人口政策有其暫時必要性。可是如果這個政策繼續下去，三十年後每個家庭都有四個祖父母老人，父母親兩個，第三代的獨子或獨女祇有一個。獨子會被嬌生慣養，失去認真工作的態度，長此下去會形成生產力人口驟減，退休養老人口特多的畸型社會現象，後果堪憂。在今年北京國際研討會的宴會席上，我們碰到了上海的Z教授，在知悉他的兩個學醫的兒子，目前都在美國自費留學中。內人向他打趣說：「如果他們留在美國結婚生子，您就可多抱孫了。」他聽了哈哈大笑，表示默認。

在共產制度下有一定的酬庸，增加的收入不歸己有，缺乏金錢酬勞的鼓勵。以醫學方面來講，醫學院教授的薪水比一般醫院醫師的待遇高，可是醫師的待遇並不高於汽車司機或工廠的工頭。這種受較高的教育，更認真努力工作並不一定能得到較高酬勞的制度，使各行業的工作效率大打折扣。內人在西安時，曾到辦理國際外匯事務的中國銀行，以信用卡付帳方式換取現金（對換券）。接辦的銀行員，工作慢吞吞，拖延手續時間，等了很長的時間才辦好這樣簡單的一個手續。陪她去銀行的小姐說，這些銀行行員有一個打不破的鐵飯碗，絕不在乎別人對他們工作效率的批評。

前年去北京看到的中國人，不論當地居民或遊客，以穿灰黑色衣服的人最多。可是兩年後的今天，已有不少人穿花花綠綠的衣服，尤其是兒童與青年人最多見，女人髮型也漸有改變。

目前中國大城市有許多小商人容許賺錢歸自己所有，因此變成較活潑及主動。我們在西安時，看到店員到街上招攬遊客進店，商品亦可討價還價。開計程車和公家汽車的司機，也不再向乘客板著臉，因為他們可以賺取一些外快。共產制度是逐漸在修正，據說在深圳、天津、上海、海南島等處，已容許外國資本家設廠投資了。

最後想到拉攏台灣人的事實。在中國許多旅館商店訂有優待港澳台胞的辦法。連一般小店商人對台灣去的遊客特別親切。兩年前在上海入關沒有看到，今年則看到上海機場的驗關處專設了一個「台胞入關處」的道口，中國政府對台灣人的統戰似乎在加緊進行。

尾語

中國地廣人眾，筆者在有限時間內只能看到冰山的一角。可是我們觀光的四個城市深具代表性，尤其我們去了兩次的北京，是中國政治文化的中心，是全國的櫥窗。在此略述幾點觀後感做為本文的結束。

在海外的台灣同鄉，如果抱著去觀光一個歷史性古國的心情去中國遊歷，中國是有許多名勝古蹟值得一看的，到中國和去印度、埃及、英國、法國、蘇俄一樣，可看到不同朝代的歷史性古蹟。很有趣的是被史家評為焚書坑儒的暴君秦始皇，卻留下了千年不朽的萬里長城和頗具規模的西安兵馬俑古蹟；被認為守舊、專橫、獨斷的慈禧太后，也在故宮和頤和園處處留名。歷代英明的皇帝卻沒有留下許多遺蹟，難怪古詩人會有「黃鐘毀棄，瓦釜雷鳴」之嘆！

　　目前中國政府對台灣人的拉攏統戰是很明顯的。如果同鄉沒有堅定的台灣意識，很容易為大中國主義所迷惑。他們訂有許多所謂「優待台胞」的辦法，貪小便宜的觀光客很容易受人情攻勢的包圍而靠攏過去，失去了本來立場。對他們的親切招待，以禮還禮則可，向心靠攏則大可不必。

　　目前中國仍在「均貧」的階段，雖然近幾年來開始著手改善民生，開放國際交流，可是中國居民的生活水準，交通科技落後甚多，比台灣三、四十年前的景況還不如。要在十年、二十年內趕上目前的台灣水準是辦不到的。在這樣經濟、社會條件懸殊的情況下，想要合併統一，筆者認為只會加深雙方人民的痛苦。再加以雙方思想背景、價值觀念的迴異，選擇各自發展的政策，為最合乎雙方人民的意願與幸福的途徑。

　　中國政府集權，目前大力提倡科技，謀求現代化，只要不再重演三年一小亂，五年一大亂的歷史，不再發生文化大革命那樣具有破壞力的政治運動，則進步雖慢，卻有發展成二十一世紀在世界舞台上扮演一個重要角色的潛力。在亞東的一個泱泱大國和周圍許多現代化的國家日本、韓國、台灣、菲律賓、泰國和平共存，是一幅多麼美麗的前景。

24. 中一中同學會遊記

跨洋的同學會

　　一年前接到奧克拉荷馬州當病理醫師的劉文徹同學意見調查，他有召開台中一中同屆同學會的構想，筆者覺得非常興奮，表示絕對參加。屈指一算，初中畢業(1951)已經將近四十年；高中畢業(1954)也超過了半個人生，目前同學們的年紀都在半百以上。知悉在台同學曾在台北、台中開過同學會，但有許多同學仍久未謀面。有不少同學留洋深造，學成留洋；有少數同學「黑名單」榜上有名，有故鄉歸不得。在美國舉行這樣一次跨洋同學會，屆時勢必驚奇新穎，往事記憶翻新，情誼流露，熱鬧一番。

　　同學會既經決定，劉兄即刻安排聯絡人。在美劉文徹自任總聯絡人，張介耿輔之；在台指定莊銘山為聯絡人，許子正輔之。時間、地點、方式選在聖誕節前一個星期(1990年12月17日至24日)，在佛州中部休假聖地鵝鑾頭(Orlando)，以參加一星期之Premier's Cruise/Disney Week(遊園再乘遊艇)行之。大家在迪斯奈樂園附近的Howard Johnson旅館集合。到了十一月間，報名參加的同學有二十多位，連同家屬將近五十人。劉兄再通知大家，萬事俱備，只欠東風。在台的同學都要越洋，在美同學也都要孔雀東南飛到佛州參加盛舉。

　　記得1988年春節後，筆者返台當客座教授，並出席由國際學者受邀參加的婦產科學會年會。三月十二日童瑞欽同學邀我一起南下台中，參加在母校舉行的台中一中同學會。當天下午因不願錯過兩場重要的學術演講，加上高速公路塞車，童兄的賓士轎車

無法飛馳。我們抵達會場時，介紹會、演講會和團體照相節目已過，幸好我們趕上最重要的晚宴，有機會和一百位左右老同學見面，欣賞了當過台中市長的曾文坡同學以卡拉OK方式一展歌喉，同時也看到了多位「老」老師。1990年8月初，筆者當北美洲台灣人教授協會（NATPA）會長，返台召開第十屆年會，會後在台北、台中兩地作客，受到台中一中同屆同學們的歡宴。這兩度返台和台中一中同學短暫的聚會，已帶給我無比的興奮與無限的回憶。即將來臨的七天晨昏共處的同學會，相信將帶給每一位參加者更深刻的回憶，終生難忘。

有緣千里來相處　相逢何必曾相識

這次同學會共聚集了二十三位同屆同學，有的攜帶太太子女，有的夫婦檔，有的獨自赴會。七位由台灣，二位由日本，十四位由美國各地趕來參加。十七日傍晚，這間中型旅館的進口會客處，已經聚集了不少各路英雄好漢，頓時成為風雲際會的場所。台灣話成為這些久別重逢的同學們呼叫對方名字，相互介紹家人的主要語言。使得幾位旁觀的「西洋客」，以驚奇的眼光欣賞這一幕喜劇。我們也感到在美國難得有這樣一次「喧賓奪主」的驕傲。從這一刻起大家以興高采烈的心情，揭開了七天朝暮相處偕遊的序幕。有說不完的往事，有道不盡的相互關心，真摯友情的流露發揮得淋漓盡致。

當晚大家各自打發了晚餐之後，主辦人劉兄在旅館召開了一次緊急會議，使大家正式見面，互道久別重逢的情誼，也趁機說明了這次旅遊的整體計劃。當晚難得有地主黃世傑夫人陳岫雲和來佛州度假的林炯隆夫人魏素貞出現和大家見面。林炯隆同學為

波斯頓大學化學教授，年前因出海釣魚意外與世長辭，同學們為之深深痛惜與悼念。

七天中有三次大集會，第一次為十九日晚上在黃世傑府上的宴會，第二次為二十日晚上蔡炳照夫婦在鵝鑾頭市區一家中菜館「明園」宴請部分同學，第三次則為二十一日晚上在遊艇音樂酒吧間的集會。其中以黃宅宴會為這次旅遊的高潮。此外在旅館的四個夜晚，在迪斯奈樂園的午餐廳，遊艇的游泳池畔和晚餐廳都是大家聚談的場所。

大家感到最快樂的時刻，莫過於晚上十點至清晨兩點的飲酒閒談。連續四個晚上，莊銘山、謝紹年的房間讓男士們聚集，蔡垂憲夫婦供出他們的房間讓女士們聚集，不盡情歡樂，絕不散會。於是天南地北，古今中外無所不談，古人秉燭夜遊，生為二十世紀人的我們亦不遜色。往事一幕幕地重現：宿舍生在浴室赤身相見；通學生聚眾圍觀女生；如何與雅號「驢馬」的訓導主任譚卓民玩捉迷藏；常把「爭取第一，保持第一」的口號掛在嘴邊的「金龜」校長金樹榮，管勞動服務及教書法的「獅頭」許文葵，還有剛踏出校門年輕的數學女老師施純芬……，大家都記憶猶新，印象深刻。施老師每次課後，常被我們這一屆高三男生包圍請教，不易擺脫。有一次她的男友來訪，在學校後庭幽會，竟被一群惡作劇的同學偷看，氣得哭出來。

同學的雅號有熊(劉文徹)、牛(蔡明宗)、羊(楊彰信)、兔(鄭仁澤)……等等，台中一中簡直成了動物園。十九日晚上在離鵝鑾頭一小時車距的Plant City開業小兒科雅號「秀才」的黃世傑大請客，黃兄有四個壯丁兒子，繼承父業，不是醫師便是牙醫師，且個個是網球高手，黃宅擺滿了網球比賽優勝的銀盾獎牌。當晚由

黃宅回到旅館，又繼續深夜長談，忽然有人呼叫在邁阿密經營旅館業兼售遊艇的劉梅璿一聲「將軍」，劉兄借酒高談闊論，頗有大將之風。其實劉兄應該受之無愧，當年他是陸軍官校優秀畢業生，而且渡洋深造過，若非受命運擺佈，棄軍從商，他今天一定是將軍無疑。俗語說「秀才遇到兵，有理說不清」，可是黃兄與劉兄同住佛州，時相往來或電話交談，成為莫逆。自稱永遠「少年」的謝紹年，這次別具用心，跑到母校校園拍了許多景物照片，供大家觀賞。台中一中校園景物，除了「光中亭」依稀可辨之外，面目全非。在笑談中一些未出席同學會的風雲人物也被提及，包括文武高官施啟揚(行政院副院長)和張光錦(前總統府侍衛長，將軍)，大文豪李敖、政治評論家謝聰敏以及農運領袖林國華。其中數位同學在其成名之前，都走過一段坎坷的人生道路。孟子之言不虛，「天將降大任於斯人也，必先苦其心志，勞其筋骨，餓其體膚，空乏其身，……」在現代人中亦可找到例證。我們亦很肅穆地追悼永別的同學盧侃榮、林富田、李文雄、林炯隆等。

在未赴同學會前，內人許世真擔心認識的同學夫人們太少，「是你們的同學會，太太們只是跟著湊熱鬧而已。」可是，幾天下來，她們談得比我們更起勁。事實證明，相逢何必曾相識，熟識全不費工夫。每夜內人都比筆者晚了一步回房間。後來在遊艇上常見她們三五成群，比手劃腳。筆者未參加女士們的座談會，無法詳加描述。她們的話題包括莊銘山如何追求女朋友(即現在的莊太太。莊銘山此行把她的相片帶在身邊)，蔡垂憲夫婦在日本住豪華公館，蔡太太在日本如何以無師自通的日語完成購物任務等。她們之中有五、六位是台中女中前後期的校友，她們也趁機開了台中女中校友會，談論她們的師長與同學。最後一夜，梁啟文太太

竟教大家跳起舞來。

二十一日早上，大家玩過迪斯奈樂園，準備在下午登遊艇前先參觀甘乃迪太空中心，再繼續第二階段的遊程。住在加州洛城附近，雅號「芭樂」的江合祥同學及時帶來了五加侖的豆漿和五十份燒餅油條，使大家享受了一頓家鄉味的早餐。苦的是個子不大的江兄，差一點被這些豆漿燒餅油條壓扁。筆者感激之餘，聯想到聖經故事耶穌在加利利海濱以二塊餅五條魚餵飽五千人。如果江兄有此本領，就可不必受此背負重擔之苦，可以輕輕鬆鬆地到佛州來了。另一位江同學是執教於紐約復旦大學的法律學教授江永芳，他原本計劃參加十九日晚上黃世傑府上的大宴會，受到航空公司臨時取消班次的波折，遲遲抵達旅館。屆時同學們已煙消雲散，他自己又不知黃府在何方，只好跑到旅館游泳池沖涼去了。這兩位江同學在遊艇上同住一艙，旅行社的承辦人「辦事小姐」(Ms. Jean pence)誤以為他們本來是一對夫妻，因感情不睦分居於紐約及洛城兩地，此次旅遊想靠這艘「愛情船」(Love Boat)重新撮合。美國人的亂點鴛鴦譜，莫此為甚。

與我們同遊的有兩家朋友。廖明徵的好友李石山夫婦帶來兩位女兒。李兄在研究工作之餘兼任休士頓台語學校校長，信佛吃素，是一位彬彬有禮的紳士。同學們要合照，李兄都自願當照相師。另一家為婦產科醫師張信行夫婦及三位兒女，他們是在遊艇上加入陣容的。張兄夫婦都是歌唱高手，在我們大集會於遊艇內酒吧間，張兄夫婦為大家獻唱數曲感性的台語歌曲，如「出外人」、「針線情」等，歌聲繞樑，博得熱烈的掌聲，連在酒吧服務的兩位黑白洋人也聽得目瞪口呆。

多位同學攜帶青少年兒女參加，共有十多位。他們有時有各

自的節目及一起去吃「漢堡」和義大利餅「鼻炸」。

杯盤交錯享佳餚　齊唱校歌憶往年

無疑地隨著時間的過去，迪斯奈樂園的節目將會淡忘，遊艇及巴哈馬(Bahama)島上的景緻終會消失，可是黃世傑府上的感性場面，必將在每一位參加者的腦海中留下最深刻的記痕。首先由參觀黃家次公子的牙醫診所開始，車隊伴著暮色直驅黃宅。黃宅雖然寬廣，要容納五十人而不覺擁擠，也著實不易。首先映入眼簾的是，在廚房中忙碌的三位女士──黃太太、黃太太的妹妹和吳澄秋太太，接著是排滿餐廳兩旁盤盤色香味俱全的佳餚。女士們先佔據了客廳，男士們只好走向較大的一間後廳，三五成群，談笑不已。黃家的兩位公子忙著照顧大家飲料啤酒，賴家公子忙著為人群拍攝錄影。此時主人招呼大家進餐，頓時杯盤交錯，談笑聲此起彼落，相機的閃光相互輝映，織成一幅不尋常的熱鬧場面。

飽食微醉之後，齊集後廳開始每家庭兩分鐘的自我介紹。當晚在場的有莊銘山、謝紹年、蔡明宗、魏鵬冀、王新德、賴深藏、梁啟文、呂秋成、劉文徹、張介耿、陳逸材、黃世傑、李文治、廖明徵、蔡垂憲、蔡炳照、劉梅璿、吳澄秋、楊彰信、楊宗昌和筆者等同期同學。有的以嚴肅的態度描述自己如何成家創業，有的以感人的故事敘述如何與惡劣的環境纏鬥，有的則以幽默的口吻介紹自己的人生觀，個個有苦衷，個個有成就，筆者稱之為「群英會」，並不算誇大。

莊銘山以政治系出身從商，任日本商社要職。他說起先以勤奮工作到處奔跑，經濟穩定後在台北買了樓房，卻因交通壅塞常

有有家歸不得的感嘆,而以「有路無厝,有厝無路」描述他的人生奮鬥歷程。王新德則家有恆產,從事獅子會、空手道領隊等社會福利及體育群育的工作。他以標準的台語表示一生不離開台中,關心地方,也關心台灣社會的健康發展。蔡明宗專門婦產科,早年留日深造,在東京大學研究,返台後在員林開業。謝紹年永久「少年」,幽默風趣,人生樂觀,難怪他青春永駐。魏鵬冀在水利局工作,由加拿大返台後自創專業,製造防波堤材料,現住台中。梁啟文專門賺富有女人的錢,自創公司專門由法國、義大利進口名牌時裝,呂秋成對前段在台灣就業的遭遇作不平之鳴,赴日後深造研究,為廠商提供尖端工業發明,大有成就。劉文徹為病理醫師,曾在榮總、馬偕服務,現住奧克拉荷馬歐吐市。張介耿為維琴尼亞大學化學教授。張兄自中學時代即展現正經學者風格,迄今不變。陳逸材現住加州,從事機械工程工作和劉文徹、蔡炳照為大甲小同鄉。李文治為化學工程專家,住路易斯安那的巴通路誌市,最近用心研究台語,將出版台語字典。住休士頓的廖明徵是專心研究治癌的生化博士,他用心良苦,在休士頓創辦台語學校,使同鄉子女有機會認識母語。現住東京的蔡垂憲被他任職的美國藥廠派往日本當大老闆,管管日本人。蔡炳照來美研究兒科心臟學,曾任馬偕醫院兒科主任,目前在西維琴尼亞州的費蒙市開業小兒科診所。劉梅璿則以可歌可泣的經歷,堅定了他為自己事業也為台灣前途奮鬥的信念。吳澄秋曾教過書,現住佛州的片沙可拉市,在一家化學公司當研究員。感謝吳太太提早趕到黃家幫忙,當地主招待客人。楊彰信為明尼蘇達大學教授,為學術研究延遲了婚姻,夫人為小兒科醫師,他們的孩子比同學的子女年幼,有人戲稱他有了「孫子」。政治運動健將

楊宗昌為土木工程師,這次同學會他攜帶了台中一中高中全期同學的相片影印與他當發行人的報紙「台灣公論報」,分贈每一位同學。筆者,現住芝加哥,為專研高危性產科及胎兒醫學的芝加哥大學醫學教授,曾任第十屆NATPA會長,也帶了「NATPA十年的回顧」一書,分贈大家。

下一個節目則為黃世傑同學精心準備的錄影帶放映。他把畢業紀念的許多群體照片、生活照片、個人照片和師長照片錄製成影帶,並配合他的說明,放映供大家欣賞。大家聚精會神觀看,且時時勾起往年學生生活無限的回憶。錄影帶亦放映台中一中校歌,大家齊唱校歌,唱得情感充沛,歌聲嘹亮。初中的校歌為「捫笛無聲,題碑有恨,一線絃音偷續,……。」高中時的校歌則改為「雲霞燦爛,絃歌鏗鏘,濟濟多士,聚首一堂,……。」筆者對校歌記憶模糊,記得較清楚的倒是台中市歌,「美哉台中,居島之中,……,柳川柳川,貫穿西東,……。」的寫實歌詞與優美的韻調。台中一中有一創校碑,記載「吾台人初無中學,……。」中部鄉紳林獻堂、林紀堂、林烈堂、辜顯榮等感於日治時代台灣人淪為二等國民,乃於1915年集資創辦以收容台灣子弟為主的台中中學,此即為母校的誕生,也是第一所台灣人辦的中學。台中一中自創校至今已75年,為台灣培育了不少人才。

世上沒有不散的筵席,鐘聲打了十一下,大家辭別了主人,趕回旅館繼續該晚的深夜長談。

樂園散處在三方,天天趕場
驚訝冒險和歡暢,身心健康

十八、十九、二十,這三日同學們分批到迪斯奈樂園趕場。

梁啟文一家三口和筆者夫婦共乘一車，下面的描述以我們看到的
為限。

壓不克遊樂中心(Epcot Center)的前段為展現過去、目前及假想
中的將來人類科技發展而設，置身其中，你可貫通祖先、自己和
子弟數代的人類文明與生活方式。後段則展現十一個國家的文化
特色，代表性建築及景物，人民生活習性與食物，置身其中，可
在半日內環遊世界一週。晚上有電光音響的壯觀節目。在此園中
遊樂一天，不但心曠神怡，且可增長知識，頗具啟發性教育價
值。古人讀萬卷書、行萬里路以得人生經驗，今人可在壓不克中
心一天內完成相等的知識。

進場最先碰到的是此遊樂中心的標誌大地球。進入其中你可
眼見過去的歷史痕跡與未來的幻想世界。兩旁各館，由海中地面
到天空，由能源糧食到健康，還有未來的太空旅行，你都可以學
到東西。坐在「體內戰爭」(Body Wars)的電椅上，在伸手不見五
指的黑暗閉室內，由於身體的上下前後左右搖擺，加上視覺與音
響效果，使你感到冒險驚訝與刺激。在你進出心臟血管的過程
中，時時發出驚叫，心理上產生危險呼救感。十分鐘下來，膽小
的人會被抖出一身冷汗。此一節目與二十日在MGM影城中的「太
空戰」節目完全一樣，唯一不同的是，以別的星球與太空船取代
血管壁與血球，使你產生在太空中激戰和相撞的冒險鏡頭。

在環遊世界的旅程中，我們曾乘湖中渡船到彼岸，也欣賞了
各國特色的建築和街上的樂隊表演。加拿大、法國和中國館都是
以360度寬銀幕影片，介紹各國的歷史風光、人民的活動與生活方
式、建築及文化特色以吸引觀眾。挪威與墨西哥館則以乘舟順
流，觀賞岸上該國的特色。墨西哥館內的夜市和日本館內的廟

寺、木橋、假山、魚池和旅行該國所看到的實情一樣。各館都設有或大或小的餐廳，供應該國的特色食品。我們在中國館吃午餐。

米高梅影城(MGM Studios)是新增設的樂團。十九日這一天幾乎所有的同學都碰在一起，由楊宗昌及兩位青年帶隊。我們先搭上參觀影棚後院的小火車，看攝影廠的佈景、道具與服裝的展覽。旅程中在山谷間受到暴風雨和雷電的奇襲。我們也看到了一幕幕由遊客臨時扮演的電視節目，包括新聞報告、新聞採訪和小劇場。楊宗昌曾出現電視螢幕採訪登陸月球的太空人，博得不少掌聲。我們乘小舟順水而下，經過西部槍戰，以及恐怖的海盜與巫婆妖怪，也看到了和平歌唱的美麗世界。我們在一個大劇場看到以佈景取勝，並且看到印地安那瓊斯(Indiana Jones)出生入死的驚險場面。我們也經驗以遊客自己製造的音響為電影配音。最後我們在露天劇場，看了百老匯式的音樂舞劇「偵探捉竊盜」。米高梅影城可增加遊客對影劇電視的興趣與瞭解其中的奧妙，臨場請遊客參加演出的手法，可使節目的娛樂性大增。

第三天我們到魔術王國(Magic Kingdom)，此為典型的迪斯奈樂園和洛城及東京的樂園類似。我們到「冒險園地」的瑞士大樹住屋，荒林遊舟(Jungle Cruise)看林中河畔的犀牛、猴子、野人和河中的大象、河馬，也到草屋內聽鳥群及花木歌唱(Tiki Birds)。我們到「明日園地」坐太空船到火星，並觀看美國家庭生活的進步(Carousel of Progress)。在圓形劇場內我們看美國家庭祖孫三代同堂，以蠟像人表演1920年代、1950年代及近代(1980年代)家庭起居生活的進步，包括廚房、客廳、浴室、衣服及娛樂設備隨著文明的進步而改變，可惜沒有再安排一場廿一世紀(公元2000年以後)

我們子孫生活的預測。我們以立體眼鏡(3-D)觀看一場電影，描述一群天真兒童的奇遇記。這電影和兩天前在壓不克中心看黑人明星傑克森(Michael Jackson)主演的一場太空戰的電影有異曲同工之妙。在魔術王國園中，我們也享受坐纜車、馬車、火車、渡船和走路穿過仙女碉堡(Cinderella Castle)及主街(Main Street)的情趣，也到售賣紀念品的商店巡禮一番。

這三天，天天趕場的遊園，有相等於打高爾夫球的走路運動和歡樂中將煩事置之腦後的效果，達到了以休假增進身心健康的目的。同學們年紀已過半百，可是大家童心未泯和兒童少年一樣興奮，充分感受「返老還童」的心境。

自由的滋味，海闊天空
娛樂的人生，化外仙島

十二月二十一日我們登上豪華遊艇「大西洋號」，傍晚啟碇東航，目標巴哈馬群島的首都納梭(Nassau)。估計有九百多位遊客同航，包括走路緩慢的白髮老人和到處亂竄的頑童，是相當大眾化及家庭化的遊客，體會不出「愛情船」影片中處處充滿羅曼蒂克的氣氛。

船艙還算寬敞，有完整的浴室、小客廳、沙發、茶几、電視俱備。兩個衣櫥、兩張床，還有一個可以向外看海景的小圓窗，麻雀雖小，五臟俱全。上船後開始列隊大集合，訓練穿救生衣和講解船上安全措施，以防萬一。解散後，筆者在遊艇內到處走走認識環境。重要的設備包括露天的游泳池畔排滿的日光浴的臥床，此設備佔地最廣，在船尾，由此可登上船上最高的瞭望台。同一層的中段蓋有透光屋頂，亦有一個游泳池，池畔則佈置大陽

傘和室外桌椅供客人休閒或用餐。下兩層有室內的娛樂設備，包括一間賭場、一間電影院、一間歌廳和一些小商店。這些娛樂設備都在遊艇的中央，兩旁則排著整齊的一間間客艙。最下一層為很大的餐廳及廚房。上下船樓則有階梯及電梯使用。

乘遊艇度假最重要的就是「玩」與「吃」。我們在船上一共享受了三頓正式的晚餐。

第一天法國式，第二天義大利式，第三天美國式大餐。早餐、中餐及下午茶小餐，筆者都在游泳池畔的自助餐桌和同學們以無拘無束半談半吃的方式打發，增加相聚的情趣。據說每天午夜以後下層餐廳都開放，供應三明治、甜點、水果及飲料讓遊客宵夜。筆者只參加最後一天的高潮惜別宵夜餐。這個晚上整個餐廳佈置得美侖美奐。正中央佈置著巧奪天工的冰雕，有火雞、大魚、花果等，造形極美。再配合以乳酪奶油塑造的美國總統人頭石刻像，迪斯奈樂園的仙女碉堡和紐約自由女神像，維妙維肖。兩者相互輝映，為遊客相機爭取的對象，閃光燈此起彼落，好像為聖誕節的來臨，大放煙火。由此中軸，餐桌在兩旁作「井」字形排開，上面擺滿了一盤盤顏色鮮明的食品，包括火腿臘腸、魚蝦蔬菜、水果飲料、各式甜點和三明治，讓客人自由選擇。大家開懷笑談，享受這自由美好的良宵，久久不忍離去。

二十二日早上，遊艇在海上緩緩航行，在甲板上遠遠望去，海水共長天一色，真是海闊天高。天上朵朵白雲，時聚時散，銀色海鷗自由飛翔，使你真正嚐到無拘無束自由的滋味，難怪世界上有那麼多愛海的人。船靠岸後，遊客有的參加市區觀光和購物，有的乘船出港去看海底景物，成群游動的大小熱帶魚和靜坐海底的珊瑚海綿，構成一幅美麗的海底景觀。另有一些遊客則去

嘗試潛水遊戲。據說巴哈馬已獨立十七年，島上土族黑人靠觀光業為主，生活自由快樂。大部分遊客逛街都會走到一個草織品市場(Straw Market)，那裡售賣著草帽、手提袋、木刻、泥雕、T衫及各種紀念品，有如二十年前台北中華路或延平北路夜市路攤，可以討價還價。同學中有一位醫師和一位律師，為了幾塊錢和這些小販議價了半天，未免太天真了。晚上我們再度出發，有的到賭場碰運氣，有的去看上空大腿舞，有的去看土風舞和敲擊音樂，各俱情趣。這個不夜城擁抱著你，使你感到有如置身於賭城拉斯維加斯。

二十三日大家乘渡輪到一個叫Salt Cay的小島，島上除了供休息午餐的草屋外，一片自然風光。海灘處處，棕櫚樹成排，海水碧藍，內灣無浪，適於游泳、戲水、或日浴，外海海浪翻滾，巖石尖凸，適於觀景。我們一群人在這個化外仙島的懷抱中，度過大半天悠閒的時光，有的聊天、有的游泳、有的日浴、有的在樹蔭下的吊床睡午覺，樂而忘返。

三天的出航就在看海、進餐、聊天、觀光、購物、賭博，多姿多彩的休閒生活中溜走。二十四日筆者起個大早，到甲板上看日出，適逢莊銘山、陳逸材、蔡炳照、魏鵬冀也為了相同目標，一個一個在那裡出現。我們自然又做了一次臨別前的小聚，一直到遊艇駛進佛州海域，岸上風光清晰可見時，我們幾個人才歸隊吃早餐。不久船靠岸，已到了大家互道珍重再見的時刻，忽然間劉文徹、劉梅璿兩位劉兄交給我一個苦差事，就是寫這篇同學會遊記。

尾語

這次中一中跨洋同學會最可貴的地方，就是幾十年不見面的同學，都能清楚地認出對方，言談間流露出真摯的情感。談到同窗共讀的往事，這些兩鬢成霜，頭髮日漸灰白的老同學，更表現出童心未泯，坦誠相待，時而互相取笑，時而嚴肅討論。雖然各自的家庭事業背景迥異，但是對於故鄉台灣的關心卻是一致的。

召開這樣一次跨洋同學會並不容易，若非參加者的決心，主辦者的毅力，很難成功。七天之後，大家同感收穫豐碩，不虛此行。在短暫的人生中，樂趣要自己去創造，自己去尋求，正如參加這次同學會，帶給大家無限的歡樂與回憶，是非常值得珍惜的。

25. 埃及和南美之旅

　　1980年筆者已在芝加哥大學任教四年被升聘為副教授，那年12月筆者夫婦和林海馬(Lindheimer M.D.)教授夫婦、他的研究生威廉斯(Williams, Bill)，由芝加哥到埃及開羅(Cairo)參加第2屆妊娠高血壓合併症國際會議。筆者發表的論文為「各種高血壓妊娠及腎病引起胎兒不良預後」，討論包括早產兒、成長遲滯胎兒及胎兒死亡諸問題甚受矚目。

　　此行並不比由美國回台灣容易。由芝加哥到紐約，再到英倫轉機，抵達埃及，總在18小時左右。

　　眾所周知，埃及古文明崛起甚早，對於歐洲文明發達有直接間接促成的淵源。在芝加哥大學東方研究所、紐約的都會區博物館、英倫的大英博物館，都有木乃伊和種種埃及古文物展出。尤其是雕像、壁繪、象形文字，更為學埃及歷史的人必會學到的。在舊約聖經「出埃及記」，即敘述以色列人在埃及作奴僕，由摩西帶領遷出埃及的拯救工作。可見那時的埃及文明即已相當發達，尼羅河(River Nero)下游的開羅(Cairo)和亞歷山大(Alexandria)是埃及的兩個大城市。

開羅

　　這個國際會議在開羅舉行，由埃及撒姆(Samou)教授擔任大會主席，開會的旅館相當現代化，第一晚的宴會由埃及政府的教育部長宴客，極盡豪華之能事。羊肉串、中東剁餅、米製食品、荷葉包，各種甜點，琳瑯滿目，吃不勝吃。

　　第二天開會期間，內人許世真和友人參加市內旅遊，到購物商店買了許多紀念品，埃及美女繪像、鑲珠寶的小鞋、銅盤、銅製人頭獸身擺設品和大理石金字塔等等不勝枚舉。她也去騎駱駝，到金字塔內爬階梯等令人好奇羨慕的經驗。

　　晚上有擺設在沙漠區帳棚內的宴會。兩部觀光汽車在開羅大街行駛，突然都停下來很久，大家以為是汽車故障，原來是有一牧羊人，趕著一大群羊橫跨大街而過，將交通完全堵住了，這算是古文明中的現代社會失序吧！晚餐都是烤肉為主，大家坐在小木凳，帳棚內掛滿照明的油燈，中間廣場做為表演的舞台。有多位美少女輪翻上陣，頭臉作埃及艷后的打扮，頭上頂著點火的燭台，跳起火辣辣的肚皮舞來。遠來的觀眾看得目瞪口呆，隨後熱烈的掌聲此起彼落，表示大家的好奇與激賞。

陸索

　　大會後的旅遊是到古都陸索(Luxor)和尼羅河上游的大水壩。這個水壩就如美國拉斯維加斯附近的胡佛水壩(Hoover Dam)、中國長江三峽新建的水壩，對於流域的灌溉和洪水的預防，甚具重要性。有趣的是這個旅遊是要事先報名的。因為飛機客滿，晚報名的妊娠高血壓國際學會的會長查斯潘(Frederick Zuspan)教授，居然被排入在機場送行的一群人，眼巴巴地看著飛機馳入跑道起飛。

　　陸索的古宮殿已年久失修，留下許多直立的圓柱、方形柱和殘牆，大的圓柱直徑足供三個成人連手圍抱，可見埃及古宮殿之雄偉。雕刻在石牆依壁而立的帝王羅慕斯二世(Ramse II)，高達成人的六倍，帶冠，蓄鬚，面目清晰可辨，有魁梧的體格，令人瞻仰敬畏，久久不忍離去。此遊亦看到了幾位皇帝陵墓內的木乃

伊,大部分體形完整,面目全非無可辨認。因筆者曾在美國、英倫博物館內看過,不甚驚奇,但是導遊詳細述說歷史,在陰涼的館內駐足甚久。筆者較注意的倒是陵墓兩邊牆壁刻滿圖案、象形文字及可能是阿拉伯字。有些是凹進去的,有些是凸出來的浮雕,以歷史年代而論,前者比後者更早。

我們當然沒有錯過泛舟尼羅河,觀賞沿岸風景和在現代化的陸索市街商店觀光。由陸索回開羅的飛機更是慘遭誤點趣事。原來有一班機應在早上11點起飛。我們預定搭乘的下午2點30分起飛。可是兩群旅客擠滿機場望眼欲穿,只聽時鐘聲,不見飛機來。到了下午4點鐘,一台大飛機終於停在機坪上。此時旅客喧嚷秩序大亂。航站員首先讓早上的旅客進入,後來控制不了局勢,就宣佈:「不按號就坐,坐二等艙或頭等艙都可以,坐滿為止。」於是大家爭先恐後,跑向飛機。我們夫婦算是中間的一群,終於在二等艙搶到兩個座位,也不知後面有多少人被留在陸索過夜。一生中尚未體驗過坐飛機也要這樣生存競爭。

可以想像越南美軍撤退時,大陸難民逃離共產黨時,那時的逃難情景是如何可怕呢!

布宜諾斯愛里斯

1992年南美之旅,也是為了參加在阿根廷(Argentina)的布宜諾斯愛里斯(Buenos Aires)舉行的妊娠高血壓合併症國際會議(第8屆)。筆者除了發表胎兒成長遲滯症(IUGR)論文外,也被指定主持一個特別講座「IUGR對胎兒及新生兒之影響」,共有8位學者提出論文發表。芝加哥大學婦產科的林海馬教授夫婦和女助教授希巴爾(Judith Hibbard)夫婦也同去。在學會會場遇到由耶魯大學來的台灣

人後輩許朝棟助教授。阿根廷是南美面積第二大的國家,位於南半球相當南部,其首都布市是個相當現代化的城市,市容整齊,很像歐洲的建築。十一月南半球的初夏,氣候溫和宜人,市中心的大街非常寬,可容五部車同向駛行,會場附近公園綠地處處可見,是個值得讚美的美麗都市。大會開幕禮隆重,首晚貴賓齊集大會主席阿根廷教授家中飲酒盛餐,雖為自助餐方式但食品豐富,美味可口,比一般美國人家庭宴會更盛大,賓客盡歡而散。大會的晚宴則在博物館舉行,賓客觀賞名畫雕像通宵跳舞,享受拉丁美洲人的熱情。另有一晚,則觀賞舞台上的拉丁熱舞探戈、吉魯巴等等,男女成雙表演熟練技藝高超的舞蹈節目。

旅遊則包括到布市郊外騎馬,越野運動和晚餐享受燒烤羊肉。一隻一隻羊都以鐵條貫穿倒立,後腿張開,在室外以碳火燒烤,火焰薄煙,逐漸變色的羊肉,構成一幅很奇特的圖繪。這和美國夏天盛行的「巴比久」(Bar B.Q)有異曲同工之妙。另外我們曾參加登高旅遊,到比較涼爽的山丘湖邊享受自然之美,可惜我們錯過了深山中的冰河奇觀。

筆者在南美阿根廷會後郊遊(1992)

伊瓜斯瀑布

　　旅遊的高潮應算是觀賞伊瓜斯(Iguazu)瀑布。這個瀑布位於阿根廷(Argentina)、巴西(Brazil)和巴拉圭(Paraguay)三國交界處，是流經原始林的阿馬森河(Anazon River)由高處向山谷傾瀉形成的急流瀑布，筆者認為比位於美國、加拿大邊界，水牛城(Buffalo)和土崙多(Toronto)之間的尼加拉瓜瀑布(Niagara Falls)更壯觀。後者雖分成美國與加拿大兩個川流，瀑布寬度和深度都夠，可是看起來較為單純。而前者包含數層大小瀑布，共有二十多個，且其橫斷面比尼加拉瓜寬，從最上層量到最底下的縱深亦比尼加拉瓜為深，因為數目眾多，吼聲有如交響樂團的吹奏。我們曾走到最大的瀑布上邊觀賞，其吼聲大於雷鳴，振耳欲聾，故有「惡魔之喉」(Devil's Throat)的雅號。我們也僱請拍攝錄影帶的商販，替我們拍

筆者在南美伊瓜斯(Iguazu)大瀑布前留影(1992)

攝了30分鐘沿河觀賞的錄影，以便時而觀賞，享受美景，吼聲的刺激。最刺激的莫過於乘皮筏船，穿救生衣，駛近瀑布激盪的下游，驚險萬分，幸而翻船受溺的情勢未曾發生。這一次伊瓜斯瀑布之遊，比多次尼加拉瓜瀑布之遊印象更為深刻。

在瀑布地區，我們也參觀了在巴西境內的大發電廠，十多條水柱在水泥坡上急流傾瀉而下，發電廠產生的電除了供應巴國幾個大城市外，也有剩餘的電源賣給巴拉圭。我們也到原始林中探險，坐著吉普車深入密林之中，欣賞奇草異木，林中鳥和野生動物，幸而未曾為籐叢、蛇蠍所阻盡興而歸。為了腳踏三國，筆者在巴拉圭鄰邊界的一個小鎮，購買了一個有刺紋的皮製手提包，至今仍在使用。

聖保羅

接著由瀑布區飛到巴西的聖保羅市（Sao Paulo），住在Mogi Das Cruz的世真的五舅父和他最年幼兒子伯允到機場接機。很可笑的是因語言的陌生，聽不懂機員的說明，誤以為聖保羅是此飛機的終點站。當部分旅客由後機門出機時，我們仍和其他客人靜坐以待，等到由前門上機的旅客要我們讓位時，才知此地即為聖保羅，匆匆下機，差一點五舅和伯允即將離開，失之交臂。

五舅父洪耀星夫婦及四個兒子五十年前移居巴西，1992年三個兒子都已結婚，並有多位孫兒女。大媳婦為台灣人，二媳婦、三媳婦都是巴西出生的日本人後裔，因為Mogi Das Cruz地區，日本移民數代聚集，為安全富裕的地區，洪家在市中心開設一所高級百貨店「幸福之家」，為其二媳婦負責，長男、次男經營，三男當醫師正在建築新住家，全家三代時相聚餐其樂融融，真是幸

福。其幼子則為聖保羅現代音樂出名的歌手，他曾返台演唱，轟動台北。我們抵達當晚，不免大家動員，準備了一桌豐富的晚餐。次日其幼子陪同到聖保羅市中心逛街，體會大城市熱鬧的滋味，真是人潮擁擠，據說扒手相當猖獗，要注意看緊自己的錢袋提包。一天的觀光過去，除了花錢買些紀念品，並未被偷搶。巴西本地人有黝黑的皮膚，行動敏捷，常露笑容，應該算是易於親近的種族。他們似乎喜愛音樂，不太講求生活品質的樂天派。聖保羅的市容也是整齊清潔，不會比阿根廷的布市差很多。可惜因此行時間有限，無法去觀賞有「世界最美麗的海灘」之稱的里約熱內盧(Rio de Jenerio)，真是可惜。五舅父舅母是社交舞高手，全家喜歡唱歌跳舞，他們也在家中正式教導跳舞，據說慕名而來習舞的人不少。我與世真趁機也當了他們的學生，可惜沒有複習，優美的花步早就忘光了。

26. 美國大城市的景觀及特色

前言

　　筆者夫婦自1969年來美留學，迄今已逾35年，越過了我人生的一半。美國50州、一特區(華盛頓)及屬地(波多黎各、加利比海島嶼、關島等)，尚未腳踏其地的剩下沒有多少地方，因此很難寫遊記。本文美國大城市的特色及景觀，下文看不盡的美國國家公園，將會概述遊記中精彩的部分。至於在美生活的回憶將在另一筆者回憶錄中述及。

　　本文將約略描述美國14個大城市的特色，旅遊目標和景觀。這14個城市中筆者住過紐約、芝加哥和舊金山。其他11個城市華盛頓、費城、波士頓、俄蘭多、亞特蘭大、紐奧良、聖路易、休士頓、丹佛、洛杉磯和拉斯維加斯都去過至少3次，也有多達10次的。其他大城市如巴爾地摩、底特律、克里夫蘭、邁阿密、達拉斯、西雅圖、鳳凰城等因篇幅所限，無法一一描述。

華盛頓(Washington D.C.)

　　華盛頓是美國的首都，是廿一世紀世界政治權力的中心和經濟中心紐約構成國際龐大最有影響力的總樞杻，取代過去盛極一時的倫敦、巴黎、柏林、東京、上海等國際大都市。華盛頓為一行政特區和馬里蘭州及維琴尼亞州相鄰，屬於美國東北區大西洋海岸不遠的市區和波士頓、紐約、費城之間鐵路、公路交通方便。機場則有雷根機場(Ronald Reagan Washington National Airport)、杜勒斯機場(Washington Dulles International Airport)和巴爾地摩華盛頓

國際機場(Baltimore-Washington International Airport)。市區西南邊有波多馬克河貫穿，河的南岸即為維琴尼亞州。市區內有公車、地下鐵捷運系統可以載客到每一名勝古蹟。

主要景觀

可以參觀的地方很多，白宮是美國總統辦公、住宿的地方，前面有極大的草坪，建築完全白色，前後都有圓柱，總統最常發表講話的地方是橢圓辦公室(Oval Office)及後面的玫瑰花園(Rose Garden)。平時白宮可以開放公眾參觀，戰時則關閉。目前因反恐戰爭屬關閉狀態，團體申請(如學校旅遊)則可以供參觀。裏面房間佈置、傢俱、畫像，隨著第一夫人的喜惡而異，如甘乃迪夫人賈克琳就是很喜歡佈置的一位。國會大廈是圓頂大廈，前面有大台階，裏面的大廳則有演講台，後面有一個小舞台，然後一排排座椅成弧形狀為議場座位，後面二樓則為旁聽席。每年一度總統對國會議員發表的國情諮文時由電視看得最清楚。總統站在講台，面向議員演說，副總統(參院議長)和眾院議長坐在總統身後小舞台上。議員們則共和黨、民主黨分坐兩邊。內閣閣員、三軍將領和各國使節則坐在前面聽講鼓掌。當然國會大廈另有許多房間和附屬建築，不多描述。最高法院大廈也是很高大的大理石建築，有圓柱，有象徵司法公正的雕刻石像。九位大法官決定基本人權和解釋憲法。以上三處是美國行政、立法、司法三權分立付之實現的最高權力機構所在地。

下面幾個地方是紀念美國偉大總統及國家大事蹟的地方。華盛頓紀念碑(Washington Monument)是一個方錐形555英尺高的大理石紀念碑，大型電梯可載客至頂點，晚上亮光輝映，是全市最顯

目的地標。傑富森紀念堂（Jefferson Memorial）也是圓頂建築，屬羅馬式建築，內有美國第三任總統湯馬士・傑富森銅鑄立像，他是美國獨立宣言起草者。

林肯紀念堂（Lincoln Memorial）是古希臘式的建築，內有高大的林肯總統坐像。他是美國南北戰爭解放黑奴，在蓋茲堡發表「民有、民治、民享」民主大原則的偉大總統。由此紀念堂前面台階順著方形反射游泳池，直望華盛頓紀念碑和國會大廈連成一線，為最壯觀美麗的景觀。阿靈頓國家公墓（Arlington National Cemetry），由林肯紀念堂過了波多馬克河的跨河大橋可直通，是為紀念自南北戰爭以來為國殉職的無名英雄公墓。其中在公墓的中央是阿靈頓精舍（Arlington House），曾為南北戰爭時代南軍的李將軍（Robert E. Lee）居住過。在精舍下面則有埋葬甘乃迪總統（J. F. Kennedy）、其夫人賈克琳（Jacquline Kennedy）和其弟羅伯甘乃迪（Robert Kennedy）參議員，這三位為美國1960年代政治核心人物。

甘乃迪總統的名言「不要問國家能為你做甚麼？問你自己，你能為國家做甚麼？」至今銘記於美國人心中。甘乃迪中心（Kennedy Center）也是為紀念這位在職殉國的英明總統而建的現代建築，大理石牆落地窗，寬廣優雅，適於舉辦

華盛頓林肯紀念館內林肯總統坐像

文化音樂活動。1997年才開放的羅斯福總統紀念館(The FDR Memorial; Frauklin D. Roosevelt Memorial),有靜靜的水池及流下的水簾,並有十個銅雕像,是紀念羅斯福總統和其夫人耶列諾(Eleanor)長期帶領美國人由經濟大衰退(Great Deepression),贏得第二次世界大戰,逐漸成為國際領袖國的奮鬥史(1933-1945)。這個紀念館是目前旅遊者最踴躍參觀的地點,位於波多馬克河畔西邊公園,居於林肯和傑富森紀念館的中間,這一帶在每年四月初櫻花盛開,遊客如織。越戰殉國英雄紀念碑(Vietnam Veterans memorial)是長達492英尺的黑色大理石,上面刻著近六萬為國殉職的男女英雄名字。

博物館

華盛頓市區中的博物館林立,不勝枚舉。其中最有名的當數斯密索尼博物館(Smithonian Institute),收藏世界最有名藝術作品。

筆者夫婦留影於華盛頓波多馬克橋附近公園(2004年4月初)

另外可克蘭藝術館(Cocoran Gallary of Art)、赫世宏博物館(Hirshhorn Museum & Sculpture Garden)、國家航空太空博物館(National Air & Space Museum)、國家典藏博物館(National Archives)、國家藝術博物館 (National Gallery of Art)、美國歷史博物館(National Measeum of American History)、自然科學博物館(National Museum of Natural History)等等使遊客目不暇接,四、五天也看不完。其他如台灣擁有的過去大使館的雙橡園,逼使尼克森總統辭職的水門(Water Gate),也都在華府。

紐約(New York)

地理

在廿一世紀,紐約仍為世界經濟及貿易的神經中心,也是一個最國際化的大都市。最繁盛的曼哈頓島(Manhatton)西邊以哈德森河(Hudson River)和紐澤西州及史達登島(Stuten Island)隔河相望,東邊則以東河(East River)和中間的皇后區(Queens),北邊的布朗區(Bronx)和南邊的布魯克林區(Brooklyn)相隔。所謂大紐約市就是包括曼、史二島和布朗、皇后、布魯克林五個區組成。曼哈頓和紐澤西州及其他四個區則以橋樑(George Washington Bridge, Triborough Bridpe, Quensborough Bridge, Williamsbarg Bidge, Manhattan Bridge, Brooklyn Bridge)、隧道(Lincoln Tunnel, Holland Tunnel,兩者皆為河底隧道和紐澤西州相通),或渡輪(和史島)相通。曼哈頓有火車和其他大城市如費城、華盛頓往來和東部三區都有地下捷運聯絡。曼哈頓各街道都成單行道,以疏減交通擁擠。

曼哈頓由59街以北到116街,由第五大道以至第八大道,為長

方形的中央公園(Central Park)供市民運動休閒的空間。樹木、草地、池塘可供遊樂及聚集,有時成為抗議及犯罪的場所。南曼哈頓在14街以南有較小的華盛頓公園(Washington Square Garden),其西邊即為青年人及小藝人聚集的格林威治村(Greenwich Village),在1970年代這裏也有很多嬉皮族(Hippies),紐約大學校區(New York University)就在近鄰。另一所名校哥倫比亞大學校區(Columbia University),就在中央公園西邊接近著名的黑人區叫哈林區(Harlem)。哥倫比亞大學的醫學院則位於哈德森河畔,喬治華盛頓橋頭。康乃爾大學醫學院(Cornell Medical School)則位於最安全的東邊Midtoun Manhattan,接近洛克斐勒中心(Rockefeller Center)。在皇后區的Flushing有許多台灣移民聚居,在此可以聽到許多家鄉語言,商店、市場、飯館都像台灣,有「紐約的小台北」的雅號。

事故與活動

紐約令人最難忘的是2001年911炸毀商業中心的雙生樓(世界貿易大樓,Twin Towels-World Trading Center),這個大樓的地下層停車場在多年前就曾被恐怖份子爆炸,曾幾何時竟再度被恐怖份子劫機撞毀,奪去數千條無辜生命。在美國及世界各地由電視上都看到慘案發生的真相,喪生者遺族的哀哭和後來公佈的恐怖份子臉相。筆者於2003年去紐約時,也看到了現場夷為平地的零地基(Ground Zero)。這一慘劇如2004年聖誕節發生於印度洋沿岸各地的地震海嘯奪去十五萬無辜生命一樣動人心腑。廿一世紀發生的天災人禍,令人驚心動魄,人人都有危機感,也造成經濟上的莫大損失,有良心的人都會祈禱上帝憐憫,上天保佑,此事不要再發生。

紐約的長跑大賽,有3萬人參加,沿路有超過100萬人歡呼加

油。每年一度的遊行有聖巴特里克日遊行（St. Patrick's Day Parade），綠色衣飾15萬人參加在第五街遊行（3月17日）。格林威治村遊行則於萬聖節（Hallowen, 10月31日）化妝遊行。由Macy商家舉辦的感恩節遊行（Thanksgiving Day Parade）則是有許多童話故事主角，動物的脹大汽球，吸引許多兒童歡呼。筆者記得30年前，連續四、五年都帶著幼年兒子在寒風中發抖，在街上觀看這些巨形老鼠、大象飄浮而過。除夕夜在時代廣場觀看亮球降落、讀秒、群眾親吻的景象，是至今每年不可少的電視螢幕上的觀禮，也聽到觀眾「新年快樂」的祝賀聲。筆者在1970年代最大的享受，要算在林肯中心（Lincoln Center）觀賞世界著名的交響樂團演奏、芭蕾舞蹈和歌劇的演出。在紐約州立大學指導研究的瓦連地教授（C. Valevti）持有長期訂購票，他不能每次觀賞，就將票給我。後來因世真是學音樂的，我們也常常買票到林肯中心觀賞音樂舞蹈。林肯中心音樂廳的燈飾、裝潢大方艷美，自不在話下。

主要景觀

　　紐約值得參觀的地方實在太多，不易描述。長久居於世界最高建築的帝國大廈（Empire State Building）有102層（1454英尺）高，最高層的燈光隨著紀念日的不同而變色，最高層的觀望樓（Observatories）每年有三百萬遊客涉足，今日仍為紐約市最顯著的地標。前述世貿中心的雙高樓被恐怖份子炸毀，以紐約及美國的經濟力不難在數年後高樓再度站起，附近的華爾街（Wall Street）則仍為美國股票的交易重心。由曼哈頓的南端可乘渡輪到自由女神像（Stature of Liberty），這個世界自由的象徵，高舉著火焰。全身光綠，晚上后冠及火焰會發光，遊港船隻更能清晰見到。女神體內

有梯階可上，在沒有恐怖份子的時代，遊客能在下面小公園逗留或爬階梯上下。

洛克斐勒中心(Rockefeller Center)

位於曼哈頓靠東的Midtown的第50街，是最熱鬧的地方。這些1930年代John D. Rockefeller Jr.預定要建構歌劇院，後來因經濟大衰退改成一群購物商店、辦公室、餐館及庭園。Channel Gardens間隔英國及法國建築。每逢聖誕節立起大型聖誕樹，裝飾很多亮麗的彩色燈，非常壯觀，也有室外溜冰場供大人、小孩溜冰玩樂。此中心的劇場叫雷電城音樂廳(Radio City Music Hall)，大群美女表演踢腿舞，很精彩。每逢復活節、聖誕節吸引很多觀眾。聯合國大廈(The United Nations Building)位於東河河畔，也是John D. Rockefeller捐購土地於1940年代建立的聯合國總部，建築由其後圍看似三棟方形建築連接，由另一面看則呈方塊狀。每年逢聯合國開會，各國旗幟飄揚，目前超過190個會員國。聯合國旨在增進世界安全與和平，解決落後地區災病及國與國之間的爭端，曾於1989年獲得諾貝爾和平獎。聯合國有導遊說明，也是遊客熱門的參觀地。聖巴特里克大教堂(St. Patrick's Cathodral)位於Midmanhattan最熱鬧市中心，也是建築最美、最大的天主教堂。此建築是最精緻的哥德式建築，前面有台階導至大銅門。屋頂尖凸，有許多飛彈狀的構造，由空中俯瞰，好像一群飛彈指向天空。裏面可容納2500人一同望彌撒。也有多樣彩色玻璃及雕刻，很值得參觀。河邊教堂(Riverside Church)位於曼哈頓西北部哈德森河邊第122街，此教堂也有很多雕像，圓頂教堂配著很高的鐘樓。另外曼哈頓高樓處處，較別緻的有魚鱗狀建築的克來斯勒大樓

（Crysler Building）、割刀狀上層的花旗大樓（Citigroup Center）等等。

博物館

紐約的博物館：現代藝術博物館（Museum of Modern Art）、都會區藝術博物館（Metroplitan Museum of Art）、委托尼美國藝術博物館（Whitney Museum of American Art）、美國自然科學博物館（American Museum of Natural History），都是建築宏偉，內容豐富值得參觀。要買高貴物品則到第五大道（Fifth Avenue），要海濱游泳則到長島海濱（Long Island Jone's Beach），要看音樂舞蹈則到林肯中心（The Lincoln Center of the Performining Arts）或肯乃基音樂廳（Carnagie Hall）。

費城（philadelphia）

歷史性景觀

費城是美國獨立的誕生地。1776年美國13個英國殖民地的代表共同在費城簽署「獨立宣言」。17世紀時英國貴族賓威廉（Willian Penn）在大西洋岸邊德拉維河（Delaulare River）出海口建立城市，歡迎歐洲各國移民遷入，因此費城擁有許多歷史性遺蹟和多民族移民混合的文化遺產。

到費城旅遊，飛機、火車、汽車都很容易抵達，重要的是參觀歷史性的文物建築。在費城市政廳前面有一個迴高矗立的賓威廉（William Penn）的銅像。在國家歷史公園有獨立廳（Independence Hall），裏面擺設桌椅，就是各殖民地代表簽約宣佈美國獨立（1776）的場所。附近就可參觀一個很大的銅製吊鐘，即是著名的自由鐘（Liberty Bell）。最早的美國製錢所（U.S. Mint），專製銅錢也設在這裏。

博物館

費城的博物館法蘭克林居所(Frankleir Court)：Benjamin Frankleir居住及工作的建築包括郵局和博物館，賓州藝術畫廊 (Pennsylvania Academy of Fine Arts)收藏印象派、現代抽象派作品，費城美術博物館(Philadelphia Mustum of Art)，巴尼斯基金會館(The Barnes Foundation)收藏許多雷諾(Renoir)、馬帝斯(Matisse)、雪嬋 (Cezanne)、梵谷(Van Gogh)、畢加索(Picasso)等名畫家的珍貴作品。費城醫師學院(College of physicians of philadelphia)收藏展覽醫學健康有關18世紀以來之資訊。國家美國猶太人歷史博物館展覽美國猶太人的文物等。

賓州大學(University of Pennsylvania)校園廣闊，為長春藤名校之一。筆者曾在校園內和法蘭克林(Benjamin Franklin)的雕像同坐一長椅拍照。

波士頓(Boston)

地理

波士頓位於美國東北部大西洋岸的海港，也是查理士河 (Charles River)的出海口，在地理上是整個新英格蘭地區(New England)進入的關口。英國移民到新大陸乘五月花輪(May Flower)抵此，故名新英格蘭。波士頓發展始自十七世紀初葉，是個古老的都市，波士頓是麻省首府，富有古老美國歷史遺蹟和文化；也是富有青年學子發展新科技，新舊混合的有趣都市。

波士頓的境界三分之一是港灣，三分之一是河邊，三分之一

是內陸。海、陸、空的交通都可抵達，波士頓的街道呈蛛網狀，有點像法國巴黎，不熟的遊客自己駛車容易迷失。

主要景觀

值得參觀的地點頗多，筆者將在此簡略介紹。自由走道(The Freedom Trail)：要參觀美國歷史文化這條長達2.5英里(4公里)的走道，用紅色標記可指引遊客拐彎抹角邊走邊遊。自由走道由波士頓民眾廣場開始，走過新市區和舊市區，直到查理士鎮(Charlestown)。麻州首府建築物(Massachusetts State House)是個宏偉的T字形建築，正門有金色圓頂、大圓柱和台階。州參議員會議室在前面，眾議員會議室在左側，後面則有州政府大廳，其進口處有彩色玻璃州政府標誌。老州政府(Old State House)原為英國總督府，位於現在的的商業區，規模很小，像個教堂。波士頓民眾廣場花園(Boston Common & Public Garden)是民眾集會的廣場，在東北角有南北戰爭的英雄羅伯蕭(Robert Show)紀念碑，西南角有喬治華盛頓騎馬的銅像。東南角則為1756年英軍及美軍殉難者墓地。廣場為目前市民休閒的綠地。肯西市場(Quincy Market)為吸引遊客最多的購物及晚餐去處。港邊遊覽區(Waterfront Attractions)包括岸邊商店、新英格蘭水族館(New England Aquarium)、波士頓茶會船(Boston Tea Party Ship)及兒童博物館(Children's Museum)等遊樂處。三體合一教堂(Trinity Church)是一座精緻大理石教堂，有許多雕刻及彩色繪像玻璃窗。甘乃迪總統博物圖書館(John F. Kennedy Library & Museum)是紀念由麻省出身的甘乃迪總統，貝聿銘(I. M. Pei)建築師設計，以水泥及黑色玻璃建造的。收藏有照片、影片、文件、紀念物等哀悼甘乃迪總統被暗殺的特別博物館。館內並複製一個

白宮橢圓辦公室，以紀念甘乃迪總統任職總統一千日。波士頓附近的海灘Cape Cord則為聞名的海灘活動，包括游泳、滑水、快艇、帆船的地區，甘乃迪家族的老巢在此。

重要大學

波士頓和劍橋(Cambridge)只是一條河相隔(查理士河)，這裡有兩所最有名的高等學府——哈佛大學(Harvard University)和麻省理工學院(Massalduesetts Institute of Technelogy, MIT)，培養出許多美國政經科技的領袖人才。哈佛廣場(Harvard Square)是青年學生聚集購物餐食的主要場所。劍橋廣場(Cambridge Common)則為社會、政治及宗教活動場所。

Orlando(俄蘭多)

美國東南端的佛羅里達州(State of Florida)是東岸居民休假、退休的好去處。過去邁阿密(Miami)因有美麗的海灘，是最吸引遊客的都市。由此更可南下到連鎖島嶼的Key West群島玩。Key West為著名作家海明威居家寫作的地方，可以參觀他的住處。近三十年來遊客漸被吸引到佛州中部的迪斯奈樂園(Disney World)，最接近此樂園群的都市即為俄蘭多(Orlando)，這都市本身乏善可陳，但其機場的航班比邁阿密多，附近的旅遊業、餐飲業則非常發達。貫穿其間的四號國道，則東可達坦巴(Tampa)及聖彼得堡(St. Petersburg)，很是熱鬧。

主要遊樂場

迪斯奈樂園群中的魔術王國（Magic Kingdom）及夢幻世界(Epcot)，在本書的另外兩篇遊記可作參考（第22，1999年北美台大醫

學院校友會年會側記，第28，中一中同學會遊記），在此略作介紹。

　　魔術王國是迪斯奈樂園的主軸，最受10歲以下的兒童歡迎。太空山(Space Mountain)位於明日園地(Tomorrow land)，在黑暗的太空中，你可看到太陽系星球及更遠的太空，是太空旅行的首次經驗。時間輪(The Timekeeper)是360度影像幕表演，遊客會滿足時間瞬逝的迴輪旅行。太空射砲(Space Ranger Spin)，你坐著兩個車作旋轉太空旅行，並可操控雷射砲的射擊。在幻想園(Fantasy land)，你可在辛達雷拉少女的古堡(Cinderella's Cstle)進進出出。這裏常是園內卡通動物米老鼠、唐老鴨在迪斯奈大街遊行的出發點。溫尼小豬(Winnie the Pooh)用新科技聲光效應來製造刺激興奮的經驗。

　　彼得潘飛行(Peter pan's Flight)乃是小飛俠很愉快的樂聲配合飛翔。在自由廣場(Liverty Square)遊客可在鬼屋(The Haunted Mansion)經驗驚嚇和走過陰森的墳場。在開荒地(Frontier land)有暴雷雨鐵路(Big Thunder Mountain Railord)、野獸大吼的Country Bear Jawboree和滑入水中的濺水山(Splush Mountain)等驚險動作遊戲。冒險地(Adventure land)包括叢林中泛舟(Jungle Cruise)，遊客乘舟經過彎曲的叢林河道，飽受河馬、鱷魚、噴水大象的驚嚇。加利比海海盜(Pirates of Caribbeans)，船行入地下水道監獄，看到惡行惡狀的搶奪劫殺罪犯。

　　在夢幻世界中心(Epcot Center)，遊客會有新奇刺激的經驗。此中心的一半是展現世界各國的特色，沿著人工湖建造各館，湖中有舟可乘以便隨時減少路程。在此遊過就好像半日之內旅遊了十多個國家。中國館以360度放映影片，介紹中國歷史，墨西哥館有高大的神廟，法國、挪威、日本也都展示其本國特色。晚上接近關閉時間有空中夢幻表演，雷射光火花和噴水交織的美麗閃動表演秀叫Illuminations。另外在此可經驗體內戰爭(Body Wars)，想像

你在人體血管中被沖流,隨波逐浪快速搖動。試車道(Test Track),將你處身於每小時106公里賽車式行駛。想像館(The Imagination Pavillion)是用3-D影視和特殊效果的影片觀賞。海中探險(The Living Sea),遊客到海底探險,由透明隔離玻璃看海底景觀,也會遇到鯊魚、海豚的游動。米高梅攝影棚(MGM Studios),可參觀拍攝電影的設備、背景、道具。搭上小火車出遊,在此也可親身體驗不同的空中、海中、太空的驚險旅程。在野獸王國(Animal Kingdom)可看到奇樹異花、各種動物、大象、老虎、恐龍。有動物化妝遊行及劇場表演和非洲野生動物探險等等。海洋世界(Sea World)則是另外一個遊點,可以接觸到多種海生動物,也可以觀看動物表演,其中以海豚和鯨魚的表演最為吸引遊客。

亞特蘭大(Atlanta)

歷史背景

亞特蘭大是美國南北戰爭時南軍的大本營,也是黑奴時代很多富豪居住的都市。名著小說「飄」及拍成的電影「亂世佳人」(Gone With the Wind),以此為背景拍攝的。

目前亞特蘭大機場為美國東南部轉機最多的忙碌機場(僅次於芝加哥的O'Hare機場),被稱為新南方首都,為發展迅速的都市,1996年舉辦奧運。1960年代領導黑人平權運動,呼出名言「我有一個夢」的金恩博士(Martin-Luther King Jr.)及經濟投資改革的透納(Ted Turner),都是以此為發祥地。處處高樓,許多企業,飲料大王可口可樂、建築材料Home Depot、郵件寄物的UPS,總部都設於此。

主要景觀

此都市值得觀賞的有世紀性奧運公園(Centenial olymptic Park)為市中心綠色廣場，有許多高燈照明和市內高樓相望成趣。透納田徑場(Turner Field)是奧運時拳擊明星阿里(Muhammad Ali)點燃聖火台的運動場。亞特蘭大地下街(Underground Atlanta)，為了避免鐵路的阻礙，此處地面觀光中心，而地下則發展為購物中心，熱鬧的地下街。馬丁路得金恩歷史陳列館(Martin Luther King Jr., Center for Nonviolent Social Change)，分成自由廳(The Freedom Hall)展示金恩博士紀念品，寫作、相片及民權運動記錄。金恩博士出生居宅、Ebenezer教會和國家遊客中心。卡特總統博物圖書館(Jimmy Carter Library & Museum)、藝術博物館(High Museum of Art)，為多棟白色磁磚建築，主樓分四層，展示一萬件畫作，許多是美國十九及二十世紀畫家作品。自然科學博物館(Fernbank Museum of Natural History)，此博物館靠近艾默利大學(Emory University)，展示大型恐龍的骨架(Gaints of Mesozoic)。在世紀奧運公園對面有美國目前收視率最高的CNN新聞中心(CNN Center)。可口可樂的世界(The World of Coca-Cola)，此為飲料大王的總部，有三層樓的大建築。內有1000種以上的歷史性展示和大型霓虹燈廣告，有旅遊嚮導帶隊參觀。

紐奧良(New Orleans)

歷史背景

紐奧良是美國最南方路易斯安那州最大的都市，位於美國第一大河密西西比河出海口(流入墨西哥灣)附近。這個南方大都市夾

於膨恰特連湖（Lake Pontchartrain）和圍繞的密西西比河（Mississippi
River）之間，有50萬人口。是個有活力而誘人的港都，天氣潮熱。
法國區（French Quarter）的熱鬧和近代音樂──爵士音樂（Jazz）、
Cajun、Blues等等，使你隨著音樂的節拍在街上起舞。盛產的海鮮
使你夜夜享受美食，尤其是餐廳之多很容易找到好去處。

重要活動

最重要的季節性活動為Mardi Gras，是化妝遊行，當地各種不
同背景的人們稱為「Krewes」，為了慶祝狂歡節的化妝遊行。大
部分站在遊行車上，以紫色、綠色、金色、紅色來裝飾臉部、面
具、頭冠或披衣。此遊行有點類似台灣的迎神會或日本抬轎打鼓
的遊行。Mardi Gras始於19世紀末的Krew of Rex和Zulu。Rex's
King於Ash Wensday（復活節前的第七個星期三）之前的星期一由密西
西比河的Lundi Gras進入紐奧良。Zulu族另有其遊行的地區。
Mardi Gras是法語，意思是「Fat Tuseday」，即Ash Wednsday的
前一天，遊行最熱鬧。尤其是在French Quarter街道被觀眾擠得水
洩不通，遊行隊伍不斷向觀眾丟銅板、小裝飾物或玩偶，筆者夫
婦曾在休假旅遊時遇到Mardi Gras，加入觀眾擠沙丁魚。其次是
紐奧良的爵士音樂和傳統慶祝會（The New Orleans Jazz & Heritage
Festival），很受歡迎，有悠久歷史的音樂傳統，也是世界聞名的。
爵士音樂可以說是起源於美國，紐奧良爵士音樂樂手在舞廳、遊
行，甚至於送葬，吹奏此種音樂慢慢形成風格，成為世界音樂文
化的一種。許多著名爵士音樂能手出自美國南方的黑人，靈感受
到非裔工作情調及精神，參雜一些美國及歐洲民謠融和而成。此
音樂傳統於十九世紀盛行於紐奧良。在此地一邊餐飲，一邊聽爵

士樂隊演奏是人生最大的享受。

法國區（French Quater）的飽邦街（Bourbon Street）是有名的色情街。有許多跳脫衣舞、半裸的舞女在小舞台上表演，台下遊客飲酒欣賞。為了招徠生意，店

筆者於紐奧良和化妝遊行者合影（Mardi Gras遊行後，1989）

門半掩，遊客從店前人行道走過，驚鴻一瞥，也有人佇足探視。筆者夫婦曾帶五歲兒子經過此街，不經意讓兒子也看到了裏面的表演。第二天，兒子向筆者說：「爸爸，我們再到昨天熱鬧的地方玩，好不好？」我回問：「什麼地方？」筆者以為他問的是白天去看的賽馬場。不料他竟說：「沒穿衣服跳舞的表演啊！」筆者夫婦同時回答：「不去了，看一次就好了。」

我們曾駛過很長的跨海大橋，也參觀過研究熱帶醫學有名的杜廉大學（Tulane University）醫學院。筆者曾到紐奧良三次參加醫學會議，短暫的逗留，可是印象很深。

芝加哥（Chioago）

地理

我們從1976到2002在芝加哥住了26年。芝加哥一直是美國第二大都市（僅次於紐約），數年前大概因冬天太冷，人口少於洛杉磯，遂降為第三。

人口有3百萬。芝加哥有29英里的湖岸線。芝加哥位於美國中北部，在伊利諾州(State of Illinois)的東北部，歷史上是美國物資的集散地，為中西部的經濟大都，目前是美國最繁忙的空運轉運站。城市的東邊是密西根湖(Lake Michigan)的湖岸，北接威斯康辛州，南接印地安那州，西接愛荷華州，成直立長方形。其北郊、西北郊、西南郊都很繁榮。氣候四季分明，但冬天風大雪多，積雪達四個月之久。

主要景觀

芝加哥是世界有名的具有創造性建築物的大都市。建築大師法蘭克‧羅以‧萊特(Frank Lloyd Wright)和他的學生在芝城及附近精密設計建造了許多著名的建築物，也成為遊客參觀的項目。芝加哥的建築物屬於不同的類別，包括(1)復興哥德式(Revival Gotbic)，以水塔(Water Towel)為代表。(2)義大利式(Italianate design)，以豪華的杜雷克旅館(Drake Hotel)為代表。(3)李查森式(Richardsonian Romannesque Style)，以紐貝里圖書館(Newberry Library)為代表。(4)安妮皇后式(Queen Anne Style)，以Crilly Court的住宅為代表。(5)商業高樓則以雷利安斯高樓(Reliance Building)為代表。(6)新古典式(Neo-classical)，則以芝加哥文化中心(Chicage Culture Center)為代表。(7)國際型高樓(International Style)，則以西阿斯高樓(Sears Tower)為代表。(8)後現代式(Post-medern)建築，則以紀念前市長哈羅華盛頓的圖書館(Harold Washington Library)為代表。此外芝加哥有許多高樓公寓也具特殊建築姿態，如芝加哥河邊兩棟玉米狀(Corn Shape)的船泊市(Marina City)，建在湖中的凹凸圓柱結構的湖中塔(Lake Point Towel)，都會令人嘆為觀止。

到高樓頂上觀夜景是一大人生享受，芝加哥湖邊有兩個觀點。約翰漢克中心(John Hancock Center)有94層，1127英尺高，位於最熱鬧的市區，稱為奇妙的一哩(Magnificent Mile)，也就是密西根街(Michigan Avenue)在芝加哥河北邊的一段逛街購物最佳地段。約翰漢克高樓有快速的電梯可載遊客到頂樓觀測台，其下面即為轉動型餐廳，可以看湖景，也可看南、北及西面市街。另外一處湖邊觀點是南邊的幾棟高樓頂層，尤其是上述Lake Point Towel的頂樓餐館或Mid American Club(96樓)，可以看到湖邊的湖邊快道(Lake Shore Drive)，車燈和街燈相映成趣，有如一串串閃亮的珍珠項鍊。當然在芝城最高的西阿斯高樓(Sears Tower)頂樓的第103層的觀景層(Skydeck)，可以同樣看到美麗的夜景。此高樓1450英尺高，高於紐約被炸毀的世界貿易中心雙生樓，保持世界最高樓記錄達二十多年。最近為馬來西亞吉隆坡的雙生樓和台北的101高樓打破記

芝加哥格蘭公園(Grand Park)景觀

錄。另一看黃昏景色或夜景的方法，是到芝加哥河入湖處的海軍
港區(Navy Pier)遊樂園，由此登上郵輪看市區高樓風景或夜景，由
湖中望去各高樓的位置一目瞭然，另有一番樂趣。

博物館

芝加哥的博物館大部分在湖邊、芝加哥河的南邊。藝術畫作
收藏最多的是芝加哥藝術博物館(The Art Institute of Chicago)，位於
密西根街和芝加哥歌劇院(Chicago Opera House)隔街相對。此館吸
引很多遊客和附近居民，因為會輪流展出世界名畫家的作品。太
空博物館(Adler Planetarium and Astronomy Museum)，水族館(John G
Shedd Aquarium)及自然博物館(Field Museum of Natural History)都聚在
一起，位於湖邊。自然博物館於1980年代曾展出埃及國王King Tat
的文物。水族館、藝術博物館曾租給團體或個人辦宴會，筆者感
覺在博物館，先參觀，後餐飲，另有一番風味。工業和科學博物
館(Museum of Science and Industry)則位於更南的湖邊，緊臨芝加哥
大學校區。這裡展出各種科學儀器和方法，包括生物與醫學在
內。有可以讓人進入的人類心臟模型、電話、電報及現代通訊的
說明，可以乘坐的潛水艇，對於兒童及成人都有教育意義。

主要大學

芝加哥最有名的兩所綜合大學是芝加哥大學(University of
Chicago)和西北大學(Northwestern University)。芝大是1890年代由洛
克裴勒基金會創立的私立大學，研究風氣很盛，得到諾貝爾獎的
學者大有人在。校區在芝城南邊的海德公園區(Hyde Park)，校園內
的洛克裴勒紀念教堂(The Rokefeller Memorial Chapel)建築古色古香，

青年人想在此教堂結婚，至少兩年前就要預約。筆者在此大學的醫學院執教達二十五年，2001年退休後續獲芝大榮譽教授職，甚感榮幸。西北大學校區是在芝城北郊易凡斯頓(Evanston)，也是在密西根湖邊，該校的醫學院則在芝城市中心，靠近最熱鬧的奇妙的一哩(Magnificient Mile)，學生享受市區的繁榮。該校創立比芝大早，頗享盛名。該校的兒童醫院(Children's Hospitol)知名度很高。

聖路易(St. Louis)

地理

聖路易位於美國地理位置的中心點，是密斯里州(Missouri)最大的都市。此都市位於密西西比河岸，在1770年代為美國東部進入西部的要關，也是密西西比河蒸氣郵輪運輸的重要港口。1960年代撒利寧(Eero Saurinen)設計建立此城地標——大圓弧形拱門(Gateway Arch)，變成兒童的最愛，更是家庭旅行的對象。因為此拱門，很像麥當勞標誌雙拱門的一半。2004年美國總統選舉，兩位候選人在聖路易辦一場辯論會，因為密斯里州和俄亥俄州、威斯康辛州、佛羅里達州，在競選緊繃時段成為兵家必爭之地。可見聖路易是美國中西部僅次於芝加哥，為舉足輕重的大都市。

主要景觀

聖路易值得參觀的地方，在此簡略介紹如次。此圓弧形拱門高達630英尺，遊客可以登上拱門裏面最高點。聖路易大教堂(Cathodral Basilia of Saint Louis)是混合羅馬式及拜占庭式的建築，後者呈現於教堂內部，有很多華美亮麗的彩色玻璃花紋式(Mosaics)

組合，十分精緻壯觀。聖路易歷史博物館（**Missouri History Museum**）展出早期開發此地的相片、人物及紀念品。聖路易藝術博物館（Saint Louis Art Museum）展出最早期哥倫布前的作品，到歐洲法國印象派、德國印象派以及現代的作品。密斯里植物園（**Missouri Botanical Garden**），內有日本式庭園、中國式花園，有圓頂叢林內植物的溫室（Greenhouse），也有雕像花園和英國維多利亞女皇時代的花園等等。聖路易聯合火車站（St. Louis Union Station），這個超過百年的舊火車站，原為西部開發起點非常忙碌的大火車站，目前轉變成有80家以上的商店、食堂，也有一個小湖供兒童玩足踏舟（Peddale Boat），成為遊客到此必須參訪的地方。

丹佛（Denver）

地理

在北美洲，有一個宏偉的大山脈縱貫加拿大及美國的西部，此南北走向的大山脈乃是洛磯山（Rockie Mountains），由此形成許多景色優美、山谷雄偉的美國國家公園景觀區，遍及愛達荷（Idaho）、蒙他那（Montana）、歪俄明（Wyonring）、科羅拉多（Colorado）、猶他（Utah）、內華達（Nevada）及阿里桑那（Arizona）各州，包括高處不勝寒的黃石公園（Yellow Stone National Park）及大峽谷（Grand Canyon）。讀者請參閱下一篇，即第31篇，「看不盡的美國國家公園」。

科羅拉多州的英文意義是多彩多姿的州（Colorful State），是在洛磯山脈的東麓，科州和猶他州同為滑雪勝地。這裡的雪很厚而呈粉砂狀，易於滑行，因此最有名的滑雪場都在此。猶他州的最

大都市為鹽湖城(Salt Lake City)，為摩門教徒(Mormons)聚集的都市，有大教堂、大型管風琴，並可聽摩門教會合唱團的歌唱。

滑雪場

丹佛市是科州最大的城市，人口有50萬，可是近郊居民達180萬，是一個發展很快的城市。介於美國太平洋西海岸和草原區之間，且為航空轉運的要站。丹佛也是一個高山城市，海拔4,500英尺，附近的高山超過15,000英尺的很多，發展成許多有名的滑雪場，如阿斯盤(Aspen)、冬公園(Winter Park)、鑰匙石(Keystone)、銅山(Copper Mountain)等滑雪場都很有名。阿斯盤滑雪場附近冬季別墅很多，價錢昂貴，是有錢的遊客和富豪人家的最愛。鑰匙石滑雪場廣大遼闊，有初學者的小山丘到滑雪能手的高峰峻嶺。筆者曾於1983年到丹佛的科州大學醫學院作羊胎兒的生理研究，在丹佛市住了將近六個月。每逢週末就隨著世真的堂弟許世峰醫師一家去滑雪，筆者最常去的就是Keystone滑雪場。

博物館

丹佛市到處有美麗的公園，博物館則有丹佛藝術博物館(Denver Art Museum)、丹佛科學和自然博物館(Denver Museum of Nature and Science)，另有丹佛製幣廠(Denver Mint)、植物園(Denver Botanic Garden)及動物園(Denver Zoo)可參觀。附近可遊玩的包括鮑達(Boulder)和科州泉(Colorudo Springs)。鮑達為科羅拉多大學所在地的大學城，因地勢高風景美，學生活躍，有山壁可以爬登。校園的西北方有珍珠街商場(Pearl Street Mall)供飲食購物。附近的Hill District則為夜生活和音樂中心。東南方有貝聿銘建築師設計的國

家氣象研究中心（National Center for Atmospheric Research），這裏也有藝術畫廊，爬山的小路也由附近開始爬登。科州泉則離丹佛遠一點，著名的景觀點Pikes Peak，可由爬山火車登上14,000英尺的山巔，由此遠眺山下，景色壯觀。

科州泉西邊的紅色山陵區，有奇形怪狀的岩石，呈拱門狀、懸橋、山洞，令人驚嘆造物者的天工巧作，故名為上帝的庭園（The Garden of God）。

休士頓（Houston）

地理

美國德州（State of Texas）是南方的一個大州，地大物博，盛產石油、牛肉，這裡有標準的西方牧童（Cow Boy）和石油大亨。已故強森總統、老布希總統和現任的布希總統（Gorge W. Bush）都出身於此。德州於第二次世界大戰前是一個背地遼闊的鄉下，近60年來的發展，使人口增長率高達每年2.5%，為全美人口增長率的兩倍。目前德州人口達各州人口的第三位，僅次於紐約州及加州。在德州80%的居民分散各城市，其中的一半集中於休士頓、達拉斯──福特瓦（Dallas-Fort Worth）及聖安東尼（San Antonio）三個大都市，在此僅介紹休士頓而已。

主要景觀

休士頓是德州第一大都市，也是全美國第四大都市。由於休士頓的地區很大，又是美國南方最大的吞吐港，直通墨西哥灣（Gulf of Mexico），產油工業發達，都市發展迅速，新建高樓林立，

導致由各州移入的居民很多，包括外國移民，乃稱此城為就業機會多、專業成功率高的「機會大都」。太空總署(NASA)的強森太空中心(Johnson Space Center)吸引遊客，有一流的醫療中心，配合一流的交響樂團、芭蕾舞、歌劇院等娛樂，直追紐約、舊金山。

太空中心自從1965年以來，每一次乘人的太空船、登陸月球的太空船操作、太空人用的衣帽等等，遊客可以觸摸，並有導遊詳加說明。聖荷新都歷史公園(San Jacinto Historic State Park)展示USS Texas戰船。這是1914年建造的，遊客可以爬登戰船，進入操控室。1836年Sam Houston和他的德克撒斯軍隊，戰勝Lopez de Santa Anma的墨西哥軍隊，贏得德州的獨立。在此處的博物館有電影描述此戰役。Bayou Bend有很大的公園，並有前德州州長的女兒Ima Hogg的大住宅，有28間屋，收集很多精緻的傢俱和17、18、19世紀的畫作。喬治牧場公園(George Ranch Historic Park)，可以看到十九世紀的開荒者的牧場、農場、維多利亞式大廈及牧場住屋，是個實況的博物館。Menil Collection是個私人的博物館，可以分成四部分，即古董展覽、拜占庭式及地中海式藝術、土族藝術和現代藝術。展出很多Rene Magritte, Max Ernst的作品，也有Picasso和Braque的作品。20世紀許多有名畫家的作品更是大量收集。在德州可以到牧場享受烤牛排和觀看馴野馬表演或牛仔(Cowboy)的騎術和拋圈繩表演。

醫療中心

休士頓的醫療體系，也是美國有名的完善地區。德州大學的醫學中心(University of Texas Medical Center)不但在休士頓，在卡培斯頓(Gaveston)也有醫療中心，且和許多地區的小醫院也都有關

聯，形成密佈的醫療網。貝勒醫療中心（Baylor Medical Center）也是著名的私立醫學中心。休士頓的心臟外科手術開始很早，居美國領導地位。治療癌症的安德森癌症中心（M.D Anderson Cancer Center）和紐約的Sloan-Ketterling Cancer Center、水牛城的Rosewell Park Cancer Institute、梅育醫療中心（Mayo Clinic），都是世界一流的癌症中心。

舊金山（San Francisco）

地理

　　加利福尼亞州（State of California），位於美國太平洋岸，是個新移民很多的州。

　　墨西哥人、亞洲人和黑人後代加起來已超過白種人。許多新移民聚居的地方，通用其原來的語言，在教育上很重視雙語教育。加州物產豐富，氣候溫和，很為多數由炎熱地區移入新移民所喜愛，因此加州的住屋並不便宜。北加州和南加州各自以舊金山和洛杉磯為中心向附近發展。筆者於2002年夏天從芝加哥搬到舊金山附近的東灣區（East Bay），過退休生活至今已逾兩年。期間也常常到南加州去。在美國東海岸及中西部住了三十多年後，搬到加州有兩點大為不同的感觸。其一為氣候溫和，冬天沒有寒風刺骨，也沒有下雪地滑，是生活上的一大改善。另一點則是在加州，因墨西哥人、亞洲人很多，在此生活真有不像在美國的感覺。許多場合在美國其他地區都會穿西裝打領帶，可是在此很多人不會穿西裝，尤其是年輕人穿著很隨便，到處以母語交談更不在話下。

主要景觀

舊金山（目前以三藩市稱呼者多起來）是個港都，海灣深入，近郊合起來又稱灣區（Bay area）。舊金山人口有75萬，人口密度居美國第二位，僅次於紐約。附近的都市包括奧克蘭（Oakland）、伯克萊（Berkeley）和聖荷西（San Jose）。舊金山的觀光點很吸引遊客，市政大廳建築宏偉，前面有廣場，隔鄰有音樂廳、歌劇院。市街傾斜由中國城（China Town）附近可搭古色古香的街車（Trolley）上坡，可以觀市景，也可以隨地上下逛街。在市區有標示一條49英里景觀路線，沿途可以停車觀景。景點如Stow Lake是一個美麗的湖可以划舟，有瀑布；有一個中國式涼亭。Sutro Tower是一個鐵架式高塔，橘色與白色相間，是個突出的地標。Twin Peaks，開車旋轉登上高處可以俯瞰全市景觀。日本中心（Japan Center），日本街有一個五層閣（five-tiered pagoda），中國城的紅色街門。Grace Cathedral是個仿巴黎Notre Dame的教堂。Coit Tower在北岸海邊，上面有觀景台。Transamerica Pyrancid，這個建築是全市最高的建築，塔尖高度達853英尺。Embarcadero Center是最熱鬧的商業區，許多大旅館、購物中心、餐廳在此。Moscone Convention Center是最大開會場所，目前已擴大成為Yerba Buena Center for the Arts，包括Esplanade公園區、旅館和商店。Fisherman's Wharf在39號碼頭（Pier 39），變成海鮮餐館聚集的遊客區。由此乘渡船可以到過去關死刑犯的離島監獄Alcatraz Island，目前開放為遊客參觀。金門大橋（Golden Gate Bridge）是著名的跨海灣大吊橋，連接舊金山和Marin County，由此橋可看到海灣景觀和市區高樓，車道邊可供人行。此橋和另一大橋海灣大橋（Bay Bridge）遙遙相望。後者連接舊

金山和奧克蘭。金門大橋在舊金山，這邊有一個大公園綠地即金門公園區(Golden Gate National Recreation Area)，供市民賞景、騎腳踏車，此區有個小型的日本公園(Japanese Garden)，筆者1970年代到此，頗為喜愛。舊金山的博物館包括現代藝術博物館(S.F Museum of Morden Arts)、自然博物館(Natural History Museum)、亞洲藝術博物館(Asian Art Museum)等等。

舊金山附近的玩樂包括Napa製酒區(Wine Country)、葡萄園和釀酒廠、紅木公園(Redwood National Park)、塔荷湖(Lake Tahoe)和優勝美地國家公園(Yosemite National Park)、蒙特利海岸(Monterey Shoreline)和17英里海岸線(17-mile Drive)的景觀。

主要大學

在高等教育方面，史丹福大學(Stanford University)和伯克萊加州大學(University of California Berkelcy)，都是美國第一流的學府。史丹福大學更是早就和東岸的長春籐大學(如哈佛、耶魯等)齊名。醫學中心，則史丹福醫學中心和舊金山加大醫學中心，都居美國領導地位。

洛杉磯(Los Angeles)

地理

美國第二大都市洛杉磯的人口有370萬，擁有很多美麗的海灘、山區，甚至於沙漠區。吸引遊客的迪斯奈樂園和電影王國好萊塢(Hollywood)，不少人到此尋找美國夢(American Dream)。

以洛杉磯市中心為中心，大洛杉磯的地域廣大，北至Ventura

County，西邊為太平洋海岸，東邊至San Bernadino County，南邊至Orange County。因為公路網緊密，到洛杉磯觀光最好是駕車或由機場租車。此區域公路包括南北行的I-5，東西行的I-10，西邊南北行的I-15，南北行的輔助公路I-405, I-710, I-605, I-215，也有東西行的I-210。由北加州沿海岸線抵達的有進入沿途小都市的101公路和沿途觀看風景的一號公路。洛杉磯除了國際機場(Los Angeler International Air Port)之外，在海岸有Long Beach Air Port，在柑縣有John Wagne Orange County Air Port，東邊的Ontario Air Port，甚至可以由聖地牙哥機場(San Diego Air Port)下機駕車北上抵洛城，交通相當方便。

主要景觀

洛杉磯市政廳(City Hall)的圓頂很高，從裏面看上去可以看到美麗彩色磁磚裝成的地氈似的花紋，非常美觀。28層的高樓Daily Planet為拍攝電視劇超人(Superman)的背景。洛杉磯中央圖書館(Los Angeles Central Library)有藏書210萬本，建築是拜占庭、埃及和羅馬各式的混合，很有特殊性。對面的第一州際世界中心(First Interstate World Center)，則為洛城最高的建築(73層，1017英尺)，也是貝聿銘(I.M. Pei)大建築師所設計的特殊作品。夕陽大道(Sunset Boulevard)自從1920年代就和電影發生關聯。因為此通道是山麓影星居所和好萊塢攝影棚之間的交通要道。這條1.5英里長的街道，兩旁都是熱鬧的商店、豪華的餐廳、夜總會、高貴的旅館。一度被稱為充滿賭徒和露大腿女人充塞的「夕陽彩色街」(Sunset Strip)。尤其是晚間更熱鬧，為尋求夜生活者的聚所。可惜在舊攝影棚附近的一段大道，目前已淪為販毒者和娼妓的天堂。另一條很著名的街道在好

萊塢,則叫好萊塢大道(Hollywood Boulevard),這條街每星期要清掃6次,是洛城最乾淨的街道,也稱為「名人的走道」(Walk of Fame),刻有2000個名人及明星名字,大概是從1960年代至今。要留名在此也並不那麼容易,要向商業部繳\$ 7,500美元並得到申請許可,才能街上留名。最典型的是在此大道北端的所謂「中國戲院」(Mann's Chinese Theatre),在街上印上手印和腳印在未乾的水泥上永久留痕。這是1927年戲院的老闆Sid Grauman,在演出Cecil B. de Mille的「萬王之王」(King of Kings)時,無聲電影女明星Norma Talmadge(諾瑪塔瑪治),偶然踩上未乾的水泥舖道留下腳印引起的靈感,格老曼(Sid Grduman)就正式請她和瑪利碧克福(Mary Pickford)、道格拉斯、費邦克(Dougls Fairbanks Sr.),印下他(她)們的腳印。1929年第一屆金像獎得主,瑪利蓮夢露(Marilyn Monroe)、克拉克蓋博(Clark Gable)和小說作家俄內斯特、海明威(Ernest Hemingway),也都留下他(她)們的腳印。筆者曾在此參觀兩次,也看到1960年代在台灣看電影時,許多好萊塢明星的名字。同樣地,在英倫西敏市入口處,看到了第二次大戰時英國首相溫士敦邱吉爾(Wiston Churchil)的名字印在地上。

奇跡大道(Miracle Mile)是指Wishire Boulevard在La Breda和Fairfax Ave之間的一段,不但有寬闊的街道,許多購物商店,也有五個博物館,包括洛城美術館(L.A Coundy Museum of Art)、培治博物館(George C. Page Museum),展出超過100萬件動物、鳥類、兩棲爬蟲、植物等的化石。彼得森汽車博物館(Peterson Automotive Mussum),展示美國汽車演變的歷史和電影明星擁有的汽車。雕刻和土族藝術(Craft and Folk Art Museum),展示各地土族藝術品和手工藝、雕刻品等等。現代藝術博物館(Museum of Contemporary Art),是由日本建築師Arata Isozaki展示金字塔形、圓柱形、方形的建築和1940以後現

代藝術家Mark Rothko, Robert Rauschenberg和Cales Oldenbarg的作品。保羅格蒂博物館(J. Paul Getty Museum)，展示保羅格蒂的藝術收藏，包括印象派畫作法國裝飾藝術、現代攝影、構圖藝術、古董等等，是1997年才開放的新博物館。漢亭頓圖書館(Huntington Library)是文學巨著藝術品、雕刻品的展出和廣大的植物園，位於Pasadena。植物園內的日本園(Japanese Garden)、禪園(Zen Garden)、仙人掌園(Cactus Garden)和熱帶森林園(Jungle Garden)都各具特色。筆者曾參觀過三次，最後一次在2004年8月，在植物園走了三個小時，右膝關節扭傷造成急性發炎而就醫。

海灘

洛城附近有很長的太平洋海岸線，從Santa Barbara以南到Orange County的San Clemente，海灘風景美麗可供遊客游泳、曬日，有些地方可以滑水、釣魚等各種活動。由北而南有Santa Monica, Manhattan Beach, Hermosa Beach, Redondo Beach, Long Beach, Huntington Beach, Newport Beach, Laguna Beach等海灘值得列出。在Los Angeles County的72英里海岸線中竟有30英里的海灘。Santa Monica海灘，白沙淺水，適於海濱活動。此地設施完備，有水泥海濱小道，適於路跑運動或騎自行車。有廣大的汽車停車場，出入方便。Hermosa Beach也是如此。長堤(Long Beach)過去曾多次舉辦選美活動。

主要大學

其次，在L.A的大學有UCLA(University of California Los Angeles)、南加州大學(University of Southern Califorvia)及UCI

（University of California Irvine），前兩者為歷史較久的優秀大學，後者雖然較新，但是發展很快。

娛樂區

另外兩個遊客多的地方即迪斯奈遊樂區（Disneyland Resort）和環球好萊塢攝影棚（Universal Studios Hollywood）。迪斯奈樂園位於安那罕（Anaheim），設立已逾50年（比佛州Disney World早20年），目前共分8個區，相互間的聯絡可乘鐵路火車及單軌電車（Monorail）。魔術王國當然是兒童的最愛。新近增設迪斯奈加州冒險（Disney's California Adventure），分為三區，各自提供加州夢想的不同經驗，主要是為成年人或大學生而設。迪斯奈都市區（Downtown Disney）不收門票，提供遊客餐飲、購物和娛樂。迪斯奈樂園提供的各種項目和奧蘭多的迪斯奈世界很多相似，在此不再重複描述。環球攝影棚自1960年代開辦導遊，可以參觀拍攝電影，遊客可以經驗駭人的地震，遇到大猩猩金剛、大橋崩落、大水災。也可經驗看3-D電影Terminator 2的大蜘蛛或埃及木乃伊墳墓。

由洛杉磯到聖地牙哥（San Dieago）只有一小時多的車程。這個墨西哥邊界的海軍基地都市，最近發展迅速。這裏的動物園和海的世界（Sea World）相當有名。

拉斯維加斯（Las Vegas）

地理

這個內華達州的城市並不是很大，可是每年有3700萬遊客到此，成為世界第一的娛樂城市，是賭城，也是不夜城。此城的機

場離市街很近，I-15州際公路貫穿本市，直通洛杉磯及聖地牙哥。US93達阿里桑那州的鳳凰城，US95和內華達州的北邊都市雷諾(Reno)相通。雷諾是另一個賭城兼冬天的滑雪活動。拉市以龐大的旅館為號召，營業以賭場為主，晚間表演舞台秀為副。當然餐飲業也很重要。旅館一個接一個集中於市中心的彩色街(Center Strip)，大型霓虹燈顏色繽紛招引遊客，構成一片五顏六色的大彩帶，不少強光射向天空。由附近的山坡望去，這個不夜城的彩光閃閃，永不衰退。街上車水馬龍，兩旁行人擁擠，熱鬧非凡，專門走來走去，到各旅館串門子的也大有人在，面帶笑容，談話吵雜，看似樂趣無窮。難怪拉斯維加斯成為勤奮工作的美國人和夏威夷同列為休假旅遊的最高優先。當然國際遊客對此賭城同感興趣。如果你不想賭博，看秀，吃大餐，欣賞藝術品或在鬧區走馬看花，也夠你忙碌。本城近距離可乘公車或街車(Trolley)，但是計程車是出入最方便的交通工具。

賭場旅館

以下筆者將親身經驗的旅館或具有吸引力的旅館，個別簡單介紹。1970年代，普遍受遊客歡迎的星塵(Star Dust)、紅鷺(Flamingo)、馬戲團(Circus Circus)、米高梅(MGM Grand)，有些淪為二級，有些不復存在。其中MGM Grand佔地最廣，規模最大，有獅頭標誌和許多明星照片，使人和好萊塢電影公司連在一起。Star Dust當時以上空美女秀吸引遊客。有些後起之秀則在旅館面前有免費表演，使遊客駐足圍觀，最顯著的是Mirage的火山爆發，間隔性發作，火焰巨響震天嚇人。Bellugio的水舞音樂彩光照射，水柱忽高忽低，能彎腰跳躍，韻律多姿，嘆為觀止。寶島海

盜戰(Treasure Island)有骷髏頭的招牌,壞人常勝和電影打鬥片的結局適得其反。有些旅館門前的擺設裝飾,使遊客有漫遊其他都市的感覺。凱撒皇宮(Caresars Palace)之古羅馬,魯索(Luxor)的埃及金字塔,紐約(New York New York)的自由女神像,巴黎(Paris)的鐵塔,帝國皇宮(Imperial Palace)的日本式閣塔等等都可使遊客一目瞭然。至於旅館內的設備極為相似的如Luxor的傾斜電梯和環河遊舟,使人聯想登上金字塔頂和舟遊尼羅河。阿拉丁(Aladdin)的阿拉伯風味和威尼斯(Venetian)的划舟,跨橋,有如置身異國。這兩所大旅館將晴空浮雲都包括在內。

晚間表演

晚間秀有白老虎,有上空美人的舞台表演,衣飾華麗的表演,有冒險特技的表演,也有明星,名嘴的歌唱說笑,任君選擇。拉斯維加斯附近也有旅遊勝地。胡佛水霸(Hoover Dame)的蓄水湖,風景優美。大峽谷(Grand Canyon)乘小飛機可達。1980年代筆者曾乘坐僅載七人的小飛機一路由空中眺望下面的湖,山嶺和河川樹林,突然間飛機下降準備滑進大峽谷的小機場,忽然感到頭昏目眩,噁心欲吐,非常難過。以後再也不敢乘坐小飛機了。

27. 看不盡的美國國家公園

前言

美國地大物博，山川、湖泊、河谷、森林、草原、岩石、山洞、海洋、積雪、噴泉，各種自然景象遍佈美國各地。再加上億萬年來火山、地震、日曬、風吹、雨打、侵蝕大地、造山、冰山斷崖，形成美麗的自然景觀。傳統上美國人喜歡探險、運動和遊覽，許多自然奇觀逐漸發現。美國人對美麗的景觀樂於保存，不加破壞。

美麗的自然景觀是造物主的傑作，白白賜給人類欣賞。也是飛鳥走獸爬蟲的天堂。這些被稱為美國國家公園（American National Park，以後簡稱N.P.），都是地廣人稀的巨無霸，使置身大自然的人類變成渺小、謙虛和順服，對於宏偉的自然力無法抵抗、無法克服。

所謂自然力為何？包括(1)地球溫度昇高，由地下接近地表面而爆發岩漿的火山，使水流加溫的溫泉、噴煙噴水柱的自然噴泉。(2)冰山，冰河造成的移山，斷崖。(3)由地下水、雨水、風吹造成的山洞、鐘乳石。(4)海浪衝擊，海底流動造成的美麗海岸線、沙灘和海底奇觀。(5)混合力量造成的峽谷。(6)高熱造成的沙漠或植物等奇觀。在上一篇，筆者介紹美國14個大城市，都是親自參訪過的。本文將介紹14處美國國家公園，也是筆者親自遊覽過的。在美國至少有四十個以上的國家公園，實在無法看盡，但願將來能繼續遊覽一些尚未去過的美國國家公園。

阿加利亞國家公園（Acadia N.P.）

此國家公園位於緬因州（State of Maine）東南方，佔地35000英畝（acre），稱為Mount Desert島。緬因州是新英格蘭最東北的一個州，冬天氣候寒冷，所以遊客集中於夏天。

主要景觀

主要的景觀區是沿著一條27英里長的觀光道路Loop Road，經過紅色岩石山爬高再下坡，有時要到山中小徑，即能抵達各種景觀區。這些包括Callidac Mountain，這是美國大西洋海岸線的最高點（1527英尺高）。上面看似平坦的大岩石，其間有很深的間隙或裂痕。由此高峰可以看到美麗開闊的海洋景觀，十分壯麗。再由Frenchman Bay看去，則遠處有許多浮出水面的小島，別有一番天地。再沿Loop Road下去，可以抵達沙灘（Sand Beach），因為海水冰冷，不適於游泳。再繼續往南去可以到達雷鳴洞（Thunder Hole），這裡是大風捲起的海浪沖擊造成的岩石洞，引起很大的聲響。在阿加利亞公園的正南方海岸叫Bay Harbor Head，有一個古老的燈塔（建於1858年），在此處可以看到很壯觀的海洋景觀。稍移東邊，同樣是國家公園的南岸，有兩個被海灣隔開的海港叫西南港（Southwast Harbor）和東北港（Northeast Harbor），這個非常深入的海灣叫Somes Sound，其頂點接近公園的中央。在公園的東北角，另有一處靠在大西洋海岸叫Bar Harbor，那裏就是此國家公園的遊客中心（Visitors' Center），這個熱鬧的小鎮為進入國家公園的野獸區的關口，有山中小徑通入。較稀奇的動物包括白尾鹿（White-tailed Deer）、紅狐狸（Red Fox）和土撥鼠（Woodchuck）。在西南港有一個可

供參觀的海洋水族館（Mount Desert Occeanarium）。另有一處Seal Harbor則可見到海豹（Seals），也有海鷗（Coastal sea gull），在海岸沼澤區也可看到一些水棲小動物。在草原區則為鳥類棲息的地方。

此國家公園的海岸在冰河時代由於冰山的移動、侵蝕、海水水位增高，造成被淹沒的海岸，經過不斷的沖刷，海岸破碎的小塊岩石，變成大大小小的圓滑石頭，掉落海灘堆積這是Otter Core石頭灘的特殊景觀，此其一。留下的岩石海岸和伸入海岸裂縫造成的海灘（fjord），也是個奇特景觀，此其二。崎嶇不平的海洋，凹凸雜陳的岩石斷崖亦甚壯觀，此其三。這些都蔚然成為遊客欣賞的海岸奇觀。

大煙霧山國家公園（Great Smoky Mountain N.P.）

地理

此國家公園是一條山脈，位於田納西州（State of Tennessee）和北卡羅來納州（North Carolina）的交界處，因為此山脈的一些山峰常有水霧，呈現一片濛濛景象而得此名。據傳說早在冰河時期一些植物為了避免被冰山埋藏，隨著冰河南流而南遷至此，得以存活。最早住於此地的是Cherakee族印地安人，後來他們逐漸疏散至喬治亞州及阿拉巴馬州，所餘住此的不多。目前這裡的水霧觀測出是由墨西哥灣（Gulf of Mexico）隨風飄流至此停滯於山峰之間，供給各種不同植物繁生。共有5,000種植物，其中1,500種會開花，也有130種樹木生於此。山間有溪流瀑布，羊齒植物長於蔭涼處。春天各種嬌美的草花五顏六色，初夏杜鵑花、柳樹相映成趣，秋天紅楓樹、山茱萸花，黃葉、橘色雜陳，冬天則高山的松柏常青。

因為美國東邊國家公園較少，此公園又有汽車道可達，可以開車賞景，因此遊客之多為各國家公園之冠，每年達一千萬人。此公園的山中小徑總長800英里。

公園內觀點有阿帕拉秦山徑（Appalachian Trial），沿路風景優美。Clingmart's Dove是最高峰，有一個觀測塔（Observatory, Tower）可以遠眺四方。Mount Le Conte可以看到壯觀的景色。最後Cades Cove，有最古老的農舍（1920年代），包括狗屋、馬場和小木屋。在這裏也可以騎馬、釣魚和划獨木舟等活動。山間鳥類走獸亦多，較特殊的是山雞和黑熊（Smoky Bear）。

麻魔山洞（Mammoth Cave N.P.）

麻魔山洞位於堪塔基州（Statte of Kentucky）之內，堪州路易斯維爾（Louisville）和田納西州（Tennessee）的納斯維爾（Nashville）的中間位置，是美國最大的山洞。參觀此國家公園級的山洞有導遊帶頭

麻魔山洞景觀鐘乳石劍和石柱

說明。導遊會帶有強力手電筒，並會打開山洞內裝設的照明開關。進口要走很多台階下去，山洞內坡度不大，但有時會上坡，有時會下坡。進洞一遊約需時二小時。

山洞成因

在很早很早以前，北美洲的陸地還在大海中時，堪塔基的中西部應該存有大量的石灰石(Limestone)沉積，地下水將之沖走直到遇到大岩石，為其所阻，然後進入岩石間的空隙，進入地下層。此地下水再沖出一條和地面平行的水道。此水道曲折漫長，後來水乾了便形成山洞，含有石灰石的水滴繼續沉積，造成山洞中的鐘乳石，形狀各式各樣，有石錐、石柱、石劍、石筍，不一而足。估計麻魔山洞至少有4000年的歷史。山洞內岩石的基層和冰河造成的斷崖很相像，祇是上面加蓋了屋頂。麻魔山洞的上面是一條河稱為綠河(Green River)，該河流域花草叢生，樹木動物和附近的地區大同小異。

山洞景觀

1908年測出此山洞的長度為45英里，1941年正式列為國家公園管理，繼續發現更長的相通的山洞，目前全長已有350英里，有人相信繼續探測可能達600英里。目前最寬廣的地段高度75英尺、寬度50英尺，氣溫維持在華氏54度(54℉)。平時無日光，洞內生存的動物無眼珠包括無眼魚(Eyeless fish)，無眼蝦(Cave Shrip, Eyeless Crayfish)也有小型褐色蝙蝠(Little Brown Bat)在小洞中吃蚊蟲。

關於此小洞的探險，1925年探險家可林斯(Floyd Collins)曾因山洞崩落而受困二星期，救援人員想炸開落岩救他脫險，結果把

筆者在麻魔山洞入口處

他也炸死了。此山洞從此被遠遠傳播，引來更多人的探索。

筆者記得1974年尚居紐約時，父母親第一次到美國探視我們，我請假一星期帶父母親到華府參觀名勝古蹟、紀念館大廈，也到維琴尼亞州(State of Virgivia)的風景區，包括高陵線車道(Skyline Drive)沿途的風景觀點和魯雷山洞(Ruray Cavern)玩。魯雷山洞雖然較小，可是更精緻，有更多的鐘乳、石柱、石劍，也有一排排像屏風一樣的石壁，有拱門、有水池、也有山洞，在路旁石桌上更有一個酷似荷包蛋的造形，真是奇妙。旅遊回來後，我問父親去過的景點哪裏印象最深刻，他的回答竟是岩石下的山洞，他又說祇看此山洞已值回台美昂貴的飛機票價了。

尼加拉瀑布(Niagara Falls)

位於美國五大湖之一的伊利湖(Lake of Erie)邊，紐約州的水牛城(Buffalo)附近，並且成為美國和加拿大國界的尼加拉瀑布，雖未被列為美國國家公園，但因其豪放壯觀而吸引美國及國際遊客每年達1000萬人之眾，筆者特別將之加入美國國家公園行列，在此

介紹。

1678年一批歐洲人看到此天造神工的尼加拉瀑布大為驚嘆。法國神父路易士亨內賓(Louis Hennepin)這樣記載:「宇宙中再沒有可以和它相比的。」對此,筆者認為南美亞馬遜河造成的伊瓜史瀑布(Iguaze Falls)比尼加拉瀑布更宏偉更壯觀。

瀑布景觀

此瀑布的上游尼加拉河(Niagara River)是個自然國界,隔開北邊的加拿大安大略省(Province of Ontario)和南邊的美國紐約州。此河流至懸崖兵分兩路,突然垂直傾瀉下到200英尺的下流河底,濺出眾多水花及漫空水霧和雷霆般的吼聲。觀看此瀑布可以由加拿大和美國兩方對岸。美國這一邊在州公園(New York State Park)有觀察塔(Observation Tower)可以觀看,加拿大那一邊由加拿大公園的馬蹄盤(Horseshoe Basin)看得最清楚,有時也看到彩虹(Rainbow),特別是太陽西斜時,另外可以登上高空觀察亭(Sky Observatory)看得更遠。橫跨下游的彩虹橋(Rainbow Bridge)中間亦為國界,各邊插上美國和加拿大國旗,隨風飄揚。橋上可以行車,也可以步行。要進入對方必須有證件(如出國護照)受檢。

在瀑布區遊玩,包括坐電梯下到河底,身穿雨衣可以走到瀑布的內側受挑戰,或乘小汽船到接近瀑布的外側受挑戰,雷吼聲和動盪水波都很刺激,遊客的驚叫聲不時響起。夜間更可享受有色強光照射的美麗水濂。

黃石國家公園(Yellow Stone N.P.)

主要景觀

　　黃石國家公園是美國最早設立的國家公園，其幅員廣大，橫跨三個州，即懷俄明(Wyoming)、蒙他納(Montana)和愛達荷(Idaho)。其中心屬於高陵火山地熱區，平均高度為海拔8000英尺(2440米)，大約有一萬個熱泉(Hot Spring)及噴水口(Geyser)在那裏。這個公園包括多處的森林區和草原，多處山頂，1500英尺深的河流山谷。森林以高山的松柏類居多，山谷在黃石河(Yellow stone River)兩側，景色優美多彩，很像中國國畫常有的山壁。黃石湖(Yellow stone Lake)是北美洲最大的高山湖，夏季湖水清澈，可以泛舟釣魚，湖畔樹木油綠，近處山峰倒影在湖中映照，遊客至此賞心悅目。其他奇妙的景點，包括古老信心噴水口(Old Faithful Geyser)，每90分鐘噴一次，從不失約，這個挾帶煙霧的水柱高達120至180英尺，持續2至5分鐘。遊客坐在一邊的木板長椅觀看，嘆為觀止。麻魔熱水泉(Mammoth Hot Spring)，有數百個熱水泉，池中滾滾水泡，溢出的熱水含有高度的石灰鹽，在岩石上形成一層美麗多姿的石質掛帳。大型稜鏡熱泉(Grand Prismatic Spring)，位於Old Faithfal Geyser附近，是多彩的熱水泉，在火焰坑河(Firehole River)兩岸冒出，構成彩虹般的美麗畫面。此河寬度有370英尺，是世界最大的熱水河。另外在山谷有許多山徑小路，在湯姆叔山路(Uncle Tom's Trail)，遊客可看到瀑布在眼前傾瀉。很多景點在旅館附近，步行可到。

　　此地地面和地熱中心很接近，大約2英里的距離(一般地表面和

地熱中心距離爲15至30英里）。因此全地的地下水都被熱成滾燙的熱
水，乃由岩石裂縫噴出，或形成熾熱有氣泡的泥漿、熱水泉或熱
水池。在1808年至1871年之間，有數位探險家首先發現燒滾的熱
水池和噴出很高的熱水噴泉，人們都以爲是天方夜譚，直到1871
年地質學家海頓(Ferdinard V. Hyden)率領一群政府官派探險員證實
先前的發現，人們開始相信這個奇妙的自然景觀。1872年畫家摩
根(Thomas Morgan)和攝影家傑克森(William Henry Jackson)到此繪畫
和照相，將他們的作品攜回說服國會，將此地設立爲美國最早的
國家公園。1988年因爲地面過度乾燥炎熱造成乾旱(Drought)，遂
不斷發生火警，燒毀了100萬英畝的林木和草原地。時至今日，松
林的幼苗、野花、草原繼續再生。在公園區內共有350英里的行車
路，旅客絡繹不絕。在夏季開放期間(每年6月至10月)，旅館時時客
滿，每年約有300萬遊客至此觀遊。爲了旅客的安全，公園旅館絕
對必須先訂好。

園內動物

不但人類享受此公園的各種景觀，許多動物也在此各得其
所，受到保護。公園管理處絕對禁止虐殺動物。據估計有二萬頭
大角鹿(elk)、數千隻野牛(American bison)、數百隻熊(bear)和數不清
的大角羊、麋(moose)、花鹿、豺狼(coyote, wolf)等等。

在公園中央地帶的海頓盆地(Hyden Valley)，是觀察各種動物
最好的地方，而公園東北角的拉瑪盆地(Lamar Valley)則爲最容易發
現狼的地方。在黃石湖中有時可以看到白色天鵝(trumpeter swan)在
遨遊。

大梯頓國家公園（Grand Teton N.P.）

地理

大梯頓國家公園在懷俄明州（State of Wyoming）境內和黃石公園幾乎相接。此公園佔地485平方英里，包括梯頓山嶺（Teton Ridge）和傑克森盆地，特稱傑克森天窗（Jackson Hole）。梯頓山嶺由許多積雪山巔連接，高度達海拔13,000英尺，被稱為銀色大理石山巔（Silver Granite Peaks）。冰河時代的造山是由原來平舖的岩層，受外力擠壓，逐漸皺疊而成合扇形，形成高峰和山谷，遂有梯頓的高山峻嶺。

主要景觀

傑克森盆地則居於群山車旁山麓，蛇河（Sanke River）流域。河流直通湖泊，有很大的傑克森湖（Jackson Lake）和珍妮湖（Jenny Lake）。後者風景非常美麗，有平靜的湖水映出積雪山巔群和湖畔松樹的倒影，是自然界巧奪天工的風景畫面。

在春夏綠林和草花盛開的山坡地處處可見，秋天紅黃金色的樹木和白雪山嶺的對照，冬天則到處積雪，白色世界，峻嶺斜坡，成為滑雪者的最愛。此地1800年代被法國皮衣商發現，因居民反對，遲延至1929年才被美國政府設立為國家公園。比黃石公園幾乎晚了一世紀。公園外的小市鎮傑克森市，因每年四百萬遊客的聚集逐漸發展，目前有飛機場、牧場、商店和餐飲店。此國家公園內的動物和黃石公園相似，包括大角鹿、野牛、麋、熊和斑紋山羊（Antelope）等等。

洛磯山國家公園（Rocky Mountain N.P.）

主要景觀

　　洛磯山山脈是縱貫北美洲的分水嶺，由加拿大綿延下來達一萬英里。這個山脈把美國西部和東部隔開，冬天積雪溶解後向東、西兩邊流。向東的河流最後流入大西洋，向西的河流最後流入太平洋。有150個湖的水源來自洛磯山。洛磯山國家公園設於1915年，總面積為416平方英里，這山脈有114個山巔取名字，其平均高度為10,000英尺，其中60個在12,000英尺以上。最高的長嶺（Longs' Peak）高達海拔14255英尺。其次為位於長嶺稍北的派克嶺（Pike's Peak），而最美最具代表性的為洛磯嶺（Rocky Peak）。由東面的科羅拉多高地向西升高100英里就會到達前嶺山脈（Fornt Ridge），再迅速升高100英里即到洛磯山主要巔峰區。要登此高山由7500英尺高的觀光旅館區叫耶斯特斯公園（Estes Park），順著山脊公路（Trail Ridge Road, US High Way 34），逐漸登高，此公路為全美最高的水泥公路，大約50英里長。到了山脈的西邊則逐漸降低可以下到大湖（Grand Lake）小鎮。要爬此山可能要七天的時間。除了Estes Park和Grand Lake兩地外沒有沿途的旅館，但有四個露營區。公園管理當局表示，洛磯山國家公園要儘量保持荒野的原狀。在東西兩邊較低處設有五個遊客中心，每年到此的遊客有三百萬人。

園內植物與動物

　　山上林木屬於針葉松科的多，隨著山勢升高植物種類變化，由Douglas Fir, Limber Pine, Lodgepale Pine, Engelman Spruce到

Subalpine Fir，到了最高點山巔終年蓋雪，變成禿頭山或有矮小的樹，此處風速常在每小時200英里的高速，植物不易生存。公園內的動物也和其他高山公園一樣有大角鹿（elk）、大角羊（bighorn sheep）、山羊（mountain goat）、麋（moose）和松鼠（squirrels），兔子（rabbit）則在山麓才能看到。

　　鳥類有大鵬（Hawk）、金鷹（Golden Eagle）、貓頭鷹（Owl）和很小的蜂鳥（Humming Bird）。

拱門國家公園（Arches N.P.）

　　拱門國家公園位於猶他州（State of Utah）境內，接近科羅拉多州，屬於科羅拉多高原（Colorado Plateau）的延續。此公園有最多的紅岩石（Sandstone）拱門（超過80個各形各樣的拱門），令人欣賞讚嘆。其形成的過程是300萬年前，在這一帶地面含鹽的鹽床（Salt Bed），

受到壓力上層開始斷裂鼓出。再過一段時間這些鼓出的裂縫（Craks）受極度變化的氣候侵蝕變薄或消失，終於留下鰭狀（fin-like）的岩石支架。較有名的包括（1）在Devil's Garden有Landscape Arch弓形長條拱門，全長306英尺，為世

許世真於拱門國家公園平衡石前（1998）

界上最長的岩石拱門。(2)精緻拱門(Delicate Arch)是個圓頂和西班牙式住屋拱門相似，猶他州的車牌印有此拱門圖樣。在窗口部分(The Window Section)則有(3)北窗(North Window)和(4)南窗(South Window)，兩窗並立。(5)平衡石(Balanced Rock)，好像將一個大石放在圓形石柱上和(6)Turret Arch(沒有洞，塔狀拱門)。其他尚有(7)雙O型(Double O)和(8)法院大樓(Courthouse Towers)，很像市內高樓或法院大樓的大塊岩石，不勝枚舉。在此公園不論植物或動物都要適應極度的溫差、乾旱和大風。白天高熱可能在華氏一百度(100°F)以上，寒冷的夜晚氣溫可能降至華氏零度(0°F)以下。又可能長時期乾旱(Drought)或受大風吹襲。植物能生存者如仙人掌(Cactus)、麟鳳蘭(Yucca)和猶他杜松(Utah Juniper)等等。動物如騾鹿(mule deer)、大角羊(Bighorn Sheep)、褐兔(Jack rabbit)、豺狼(Coyote)、山貓(Mountain Lion)等等。

邨山國家公園(Zion N.P.)
布來斯國家公園(Bryce N.P.)

這兩個公園接鄰，位於猶他州(State of Utah)的西南角，也接近阿里桑納州(Arizona)的大峽谷(Grand Canyon)。這兩個公園都以山丘岩石千奇百怪聞名，因此筆者將兩個合在一起介紹。遊客到此也都會同時遊玩兩個公園。

邨山公園

在猶他州眾多自然景觀中，邨山公園是最被遊客稱讚的。1938年小說作家湯瑪士‧沃夫(Thomas Wolfe)形容：「像是山壁上

加上一條條鮭魚紅色彩的線條，再擦上點點抓痕的一幅畫。」這個自然景觀是由聖母河(Virgin River)強勢的水流沖刷而成各種雕刻岩石山壁，再加上長期風吹雨打和冰凍漸漸形成現貌的。由16英里長的峽谷公路(Canyon Road)汽車或遊覽車可駛入，直到裏面的小公園。大部分的路段兩邊大岩高聳，除非日正當中，難見天日，也有路段一邊是不整齊的斷崖山壁，另一邊有散置的粉紅色岩石塊在路旁。

當然爬山或登山遠足也是遊客喜愛的活動。重要的景點包括(1)聖母塔(Towers of the Virgin)，是一排山峰，夏天呈現鮭魚紅色(Salmon Red)和黃白色(Yellowish White)的山壁，有綠色樹叢點綴。山壁間有細長呈白色的瀑布傾瀉而下，流到山麓的小河中。冬天則呈灰色山峰積雪，好像戴上白帽一般。(2)帝王牆(Majestic Walls)，由地面高出2000英尺，上面山峰呈鋸齒狀，呈紅、白相間的顏色。尚有許多不知名的山壁，有的像錐形，有的像圍牆，更有像一個倒置的大看板。公路旁就可欣賞形形色色的斷崖山壁。野草地和樹叢中有許多野生動物出沒。

布來斯公園

布來斯國家公園剛剛相反，則要由地上往下看的景觀為多。整個地區成為一個向上的大飯碗，裏面裝有許多奇形怪石(Hoodoo)。這些形狀怪異的岩石雕塑，是紅岩石(Sandstone)經過長時間的風吹雨打和冰凍，慢慢被侵蝕，部分脫落而形成的。換句話說這些自然力量，成為很有藝術修養的雕工，將較軟性的岩石雕刻成現貌。此公園的命名來自一位魔門教的農夫Ebenezer Bryce和Mary Bryce，曾於1875年至1880年在此地住過。他曾說：「這個地方是使我丟失一

頭牛的地獄。」這個地獄目前每年有一百五十萬遊客來欣賞。此公園佔地56平方英里，長18英里，最寬的地方寬度為5英里，是猶他州最小的國家公園，設立於1923年。和屯山公園一樣可由公路駛車進入，沿途有景點標誌，可以下車賞景。

主要景觀

布來斯公園的重要景點有(1)日出點(Sunrise Point)，是最適宜觀日出的地方，下面有很深的石階，層層而下。(2)拖耳鐵錘(Thor's Hammer)，位於日出點下方，岩石侵蝕後狀似鐵錘。(3)皇后宮殿(Queen's Court)，由一堆形狀像西洋棋棋子的橘色圓錐石柱聚集在一起。(4)布來斯劇場(Bryce Amphitheatre)，整個地方有如劇場觀台，台階層層而下為遊客的最愛。(5)阿瓜山谷(Aqua Canyon)，為斷崖石壁，呈現一層一層紅色和橘紅色花紋的山谷。

布來斯國家公園景觀(1998)

(6)自然橋(Natural Bridge)，類似拱門國家公園的天然拱門，乃是懸空的岩石獨木橋。(7)那瓦荷繩道(Navajo Loop)，由斷崖繞著圓筒形彎曲迂迴而下的走道，由岩石狹縫可以下到谷底，要爬回原地從同一走道上來，會倍覺吃力。這些景觀是在6000至8000英尺高的高原。此地鬼斧神工的雕刻品，筆者覺得比峂山公園或拱門公園內的景觀，優美精緻多了。

這裡的植物有Bristlecone Pine, Douglas Fir, White Fir, Blue Spruce, Ponderosa Pine, Pinyon Pine等各種松科植物。動物則有大角鹿(Elk)、騾鹿(Mule Deer)、山貓(Mountain Lion)、金鷹(Golden Eagle)等等。有一種很像松鼠，但較大型的稀有動物叫草原狗(Utah Prairie Dog)。

大峽谷(Grand Canyon)

大峽谷位於亞里桑納州(State of Arizona)西北邊，是由科羅拉多河(Colorado River)沖刷出來的大山谷。因此眾多的由谷底長出來的岩石，上面都是平平的，形形色色的奇石都低於公園的地面。1903年老羅斯福總統(President Theodore Rossevelt)看過這個景觀嘆稱：「在我所看過的風景區中，印象最深刻的就是這一個！」1919年大峽谷便被美國政府設立為國家公園。由於沿著科羅拉多河的走向，此公園為長條形。長277英里，寬由4英里到13英里不等，深為6000英尺，為美國境內峽谷之冠。每年有四百至五百萬遊客，大部分在南口(South Rim)。

主要景觀

要進入大峽谷必須由南口(South Rim)或北口(North Rim)進入。

在南口由Desert View Drive（即Highway 64）或Hermit Road帶到景觀點，然後由山中小徑向下走，走到谷底可以看得很清楚。Bright Angel Trail是一條遊客最多的山路。看到的景點也最有代表性。南口由大峽谷村（Grand Canyon Villege）出發，沿路的景觀點包括（1）Trailriew Overlook，由此可以看到大峽谷和彎彎曲曲往谷底走的Bright Angel Trail。（2）Maricopa Point，可以看到許多紅色大岩石由谷底突出，有點像農家稻草堆的形狀。山谷旁邊的許多圓筒形岩石柱，則呈橘黃色。（3）Hopi Point，可以看到Colorado河。（4）Hermit Rest，有Gift Shop，可以買明信片、紀念物。（5）Grandview Point，可以清楚看到大峽谷的景觀。（6）Desert View，公路的終點，有觀測塔（Watch tower）可以登高望遠。（7）Yavapai Point，就在大峽谷村（Grand Canyon Village）的東邊，這裡設有觀測站，可以清楚看到峽谷最精華的中央區。

女兒林存如於大峽谷（1998）

由於北口（North Rim）地勢較高，氣溫較冷，也有較多的樹林，由此進入的遊客較少。由67號公路進入，一直到峽谷旅館（Grand Canyon Ladge），沿途景觀點包括：（1）Point Imperial，是大峽谷的最高點。（2）Vista Encantada，有壯觀的峽谷景觀並有野餐桌設備。（3）Wotan's Throne，有一個單獨屹立的岩石，很像國王的寶座。（4）掛牆園（Hanging Garden），在一個瀑布兩邊的大岩石壁長出綠色羊齒植物，好像倒立或掛在石牆上的菜園，北口在每年10月至5月之間關閉。

優勝美地國家公園（Yosemite N.P.）

優勝美地國家公園，位於北加州東邊接近夫雷斯諾(Fresno)，離舊金山亦不到三小時車程。這個公園的開發和保守的新教徒約翰梅爾(John Muir)息息相關。他於1869年在此地過了一個夏天後，就稱此美景能使他的人生更豐富，冬天要再來聽大自然的歌唱。從此就努力宣傳，終於1890年在此設立國家公園。他力邀當時的兩位總統蒞臨優勝美地欣賞自然的美。老羅斯福總統(Theodore Roosevelt)於1903年到此，塔伏特總統(William Howard Taft)於1909年到此。

主要景觀

這個國家公園略呈圓形，佔地1169平方英里。高度從林木區(Woodlad)10,000至13,000英尺。內含巨大的大理石山峰、五個瀑布、一個高山湖、兩條河和河谷區、大樹林和其中的動物、鳥類、爬蟲無以數計。最吸引遊客的當然是高聳的大理石。由公園西口進入，先看到的是叫El Captain，是Sierra斷崖磨光的大理石山壁。這裏有冰河留下的痕跡，從Gracier Point可以觀察最清楚。El

Captain的高度為4000英尺。這裏的河水由高處(3000英尺)傾瀉下來到山谷的美爾西河(Merced River),河水清澈,可以看到El Captain山峰的倒影。特別在下午太陽西斜時,山壁的倒影呈金黃色,是一個非常美的畫面。最大的瀑布距地面2,500英尺,分為Upper Falls和Lower Falls,是北美最高位的瀑布。夏天呈白色水柱,冬天會結冰,冰塊從高處崩落,則為另一難得的景象。位於公園東邊裸露圓頂的大理石叫Half Dome;則呈現另一令人驚嘆的天然傑作。另有一處觀點為高山湖美爾西湖(Merced Lake),湖水清澈平靜,山崖的倒影清晰可見,如一面鏡子所以也被稱為鏡湖(Mirror Lake)。此公園有巨樹,是Sequoia樹,最大的可以五個成人合抱,有超過3000年的樹齡。這是位於公園南邊的Mariposa Grove,這裏有超過500棵Sequoid大樹,是另一景觀。

這個公園,每年遊客達四百萬人。設有公共汽車,免費載遊客到各景點或精緻的旅館和餐館。公園內有近100種動物,騾鹿、黑熊、山貓、狼和大角羊。有250種鳥類和許多爬蟲。大樹除了Sequoia外,也有Oak, Montane, Subalpine forest。

順便在此一提的是,在舊金山北部另有一處紅木林國家公園(Muir Redwood N.P.),這是世界最大的紅木森林區,亦有瀑布溪流,直立參天的大樹非常壯觀,也是遊客必到的景點,紅木為很好的建築,傢俱用木材。

約書亞樹國家公園(Joshua Tree N.P.) 和死谷國家公園(Death Valley N.P.)

這兩個公園放在一起討論,因為兩者都在加州,兩者都受非

常炎熱的天氣影響,而呈現出特殊的景象。

約書亞樹公園

約書亞樹國家公園,位於南加州東南方棕櫚泉(Palm Spring)附近,離洛杉磯(Los Angeles)大約一個半鐘頭車程。其設立為國家公園的目的,是在保護稀有的約書亞樹(Joshua Tree)。此樹的命名有一段故事,當摩門教徒由東邊的莫哈佛沙漠(Mojave Desert)進入此地時,看到很特殊的熱帶樹,很像看到聖經中約書亞繼摩西(Moses)帶以色列人出埃及,要進入上帝允許的迦南地,高舉雙手向上,就很感動。因為他們也將進入加州開發,因此就命名為約書亞樹(Joshua Tree),此樹的分枝上舉,有一團針葉在末端很像雞毛刷(Rooster's Hair Brush)。可以長到30至35英尺高,可活1000年。約書亞樹和阿里桑納州(State of Arizona)到處可見的直立仙人掌(Saguaro),一樣可長在岩石地,在炎熱無水的環境,因表面有不透水的膠皮而能存活。公園龜裂的地面也能長出沙漠草。整個公園佔地63,000畝,裏面有許多褐色、粉紅色和灰色的大岩石。此地是喜歡遠足和爬山的遊客的樂園。

公園中最受歡迎的登山小徑靠近Oasis遊客中心。南邊有隱藏谷(Hidden Valley),可以看到最大的岩石,呈褐色圓球形,是由於不斷風吹滾動而成圓球形的。另有一大堆奇形怪狀的較小岩石,則因水分滲入大岩石造成崩裂而形成的,很像用炸藥炸開岩石隧道所留下的碎岩一樣。

更南的鑰匙景觀點(Key's View),可以看到美麗的大山和下面沙漠的美麗景觀。附近的失馬礦坑(Lost Horse Mine),是美國早期開發西部時,出產黃金的礦坑。在春天,在此公園的地面上,也

會長出許多黃色和白色的野草花，增加公園的美麗和活力。

死谷公園

死谷國家公園位於南加州東邊和內華達州(State of Nevada)交界處，離賭城拉斯維加斯(Las Vegas)很近。印地安人稱之為圖美謝山谷(The Valley Tomesha)，即是地面有火的意思。美國人後來稱為死谷，即不能住人的山谷。這山谷為全世界溫度最高的地方。

筆者夫婦於約書亞樹國家公園(1995)

1913年保持的最高記錄為華氏134度(134°F)，相當於攝氏57度(57°C)。因為兩邊的高山阻擋風吹，裏面的岩石含鹽，又有火山噴口，整個是一條狹長的山谷，長達140英里。遊客來此最好在每年10月以後到次年的4月，當低溫期溫度降至65°F(18°C)的時段。9月和5月則溫度已升至100°F(38°C)。

主要景觀

這公園可參觀的景點包括(1)蘭德景觀點(Dante's View)，位於死谷公園南邊，可以看到由Badwater到望遠鏡峰(Telescope Peak)的死谷全景。(2)魔鬼高爾夫球場(Devil's Golf Course)，是一片鹽沙覆蓋在褐色岩石上，這一片200平方英里的岩石，原來是個鹽水湖，後來因高熱蒸發留下的湖底。(3)藝術家調色盤(Artist's Palette)，在

Devil's Golf Course北邊，是多彩的鹽層沉積和火山灰燼的混合構成褐色、黃色及灰色的多彩山岩群。（4）沙堆（Sand Dume），散沙被風吹成凹凸不整的沙丘。（5）史格特古堡（Scotty's Castle），為1920年阿伯特約翰生（Arbert Johnson）出資建造的西班牙式粉紅色古堡，兩層樓房，並有圓筒形堡塔（Castle Tower）。整個城堡達30,000平方英尺。免費讓他的朋友史格特（Water Scott）居住。約翰生死於1948年，史格特死於1954年。1970年被死谷公園正式收購，也成為此公園景觀之一。

莫哈佛沙漠

較接近死谷公園的莫哈佛沙漠（Majove Desert），是海拔2000英尺的高原區沙漠和死谷的Badwater盆地（海拔負282英尺，即海平面以下282英尺）適得相反。莫哈佛沙漠位於19世紀商人進入加州的關口小鎮巴斯頓（Barston）附近。這裡是過去出產黃金、白銀的地方。現在則因太空船回航著陸的愛德華空軍基地（Edward Air Force Base）在此而聞名。附近的紅岩公園（Red Rock State Park）則可看到紅色風化岩石（Sand Stone）和粉紅色的火山岩石（Vocanic Rock）。

阿拉斯加（Alaska）

阿拉斯加為美國面積最大的一個州。此地雖然和美國本土隔開，可是有很好的交通和遊覽設備，每年有遊客一百萬人。大城市安哥雷治（Anchorage）和費兒邦（Fairbanks）之間有很好的公路和鐵路。可是遊覽阿州東海岸的風景區主要是靠渡輪、遊輪或飛機。

遊輪旅程

　　筆者夫婦於1996年7月下旬，參加在加拿大溫哥華(Vancouver)召開的台大醫學院北美校友會年會，在溫哥華住了三天。之後繼續參加台大醫學院1961年畢業同班同學會，是阿拉斯加內灣遊輪七日遊。我們乘荷蘭美國遊輪公司(Holland American Line)的鹿特丹號遊輪(Rotterdam Cruise Ship)，由溫哥華出發，七日內停泊於凱治堪(Kotchikan)、喜卡(Sitka)、柔腦(Juneau)，漫遊冰山海灣國家公園(Glacier Bay National Park)的海域，再停包烈茲(Valdez)，最後由秀瓦(Seward)上岸。我們另組12人再由秀瓦坐公路遊覽車的陸上旅遊，三天到安哥雷治(Anchorage)，第一天玩肯奈冰山灣國家公園(Kenai Fjords National Park)，最後由安哥雷治乘飛機回芝加哥。

主要景觀

　　本文即以筆者親身經驗的阿拉斯加遊輪之旅(The Trip of Alaska Cruise)為主軸加以簡單介紹。

　　凱治堪(Ketchikan)是個小鎮，遊輪能停靠到市區的碼頭。對面不遠有一條商店街因隨著河流而建，叫Creek Street，每一家店房有不同的顏色，而且與河邊的木板街道相連。在這裏可以買到土產雕刻的圖騰牌或圖騰碑、其他紀念品等等。河內可見到鮭魚游動。

　　我們從這裏坐快速港內遊艇，逆風而駛觀光港區景色，得到首次上岸的樂趣。

　　喜卡(Sitka)也是一個小鎮，深受俄國文化的影響。我們看過一個俄國猶太正教的教堂，建築雖小卻很別緻，叫做聖米基爾教堂(St. Michael Cathedral)。另外我們參觀了喜卡國家歷史公園(Sitka National Historic Park)，內有土族和俄國戰爭的歷史性文物展出，也

有很多土族圖騰像。阿拉斯加猛禽中心（Alaska Raptor Center），有電影短片介紹鷹鳥生態和如何保護，也能在近距離和禿頭鷹、貓頭鷹等眼眼對視，觀察其姿態。

柔腦（Juneau）是阿拉斯加州政府所在地。有市政大廳、法院、警察總局等等的大建築。每年有七十萬遊客到此。這裏也有不少商家高樓和歷史性建築，是個較大的城市。是阿拉斯加東南海岸僅次於安哥雷治的第二大城市。市區遊客不少，購物餐食比前兩個小鎮要熱鬧許多。景觀點包括乘電纜車上到羅伯茲山（Mountain Roberts），居高臨下，可以看到整個卡斯帝腦海峽（Gastineau Channel）的景色。阿拉斯加州立博物館（Alaska State Museum），收藏俄國的藝術品、土族的雕刻品、手藝品和愛斯基摩人臉譜等。在市區北方不遠有緬廉候湖（Lake Mendenhall），上面飄浮大量冰山崩落的浮水。

冰山海灣公園

冰山海灣國家公園（Glacier Bay National Park），遊輪停泊，遊客上岸分開到不同旅遊景點。最多人的一組乘大型遊海灣快艇（可乘坐80人，筆者在內）到海中看水生動物，目標是看駝背鯨（Humpback Whale）。首先看到的是在海灘或海中大岩石上成群曬太陽的海獅（Sea Lion）、海豹（Seal）和體型更大的海獺（Otter）。其次是結隊的海豚（Dorphine），隨伴著快艇游水，時而跳出海面。最後看到兩隻駝背鯨浮上水面噴水，然後轉身翻入海中，將刀叉形的尾巴高舉空中。大家興奮異常，感到此行值回票價。這個印象良深的景象，在電視太平洋壽命保險公司（Pecific Life Insurance）的廣告短片中重覆出現，簡直是Glacier Bay N.P.的景觀的翻版。沿途也有許多樹林

茂密的海島有鳥類棲息。我們也看到了兩隻禿頭鷹在天空飛翔。這八個小時的海洋巡迴，大家盡興而歸。

　　愛妻許世真參加另一組乘坐小飛機，由空中觀看冰山風景，飛機也降下冰山，使遊客下機足踩冰山，拍了許多冰天雪地的風景照片。

　　包列茲（Valdez）是一個美麗而頗有藝術感的小鎮，一邊是積雪山峰，另一邊是有很多小島嶼和水中冰山處處的威廉王子海灣（Price William Sound）。包列茲是北美洲緯度最北的一個夏天可以駛船的海港，夏天不結冰，由北極輸石油的大油管至此為止，再由載油輪運送各地。1989年Exxon Valez石油輪在此漏油，使此海灣海濱生物，包括鳥類、魚類、水棲動物受破壞，清洗海灣經年累月，造成莫大的經濟損失。在包列茲我們參觀了收藏土族文物的博物館，也乘渡輪到另一離島郊遊。

冰山景觀

　　離開包列茲後，清晨太陽未出，遊輪已駛近赫伯冰山（Hubbard Glacier），這整個旅遊的高潮。這個大冰山高度250英尺，表面就像一座白色的山，有許多崎嶇不平和裂痕，也繼續不斷地崩裂，發出巨大的響聲。遊輪的週圍海面上則有大小不一的浮冰飄流。這個景觀太新奇了，也太美了，讚嘆之餘大家搶著拍照，都是以冰山為背景，遊客三五成群地拍個不停，有的甚至於登上遊輪的高處觀景或拍照。遊輪並沒有完全停泊，慢慢移動，從冰山邊繞了半圈後，漸漸駛離冰山折返海中，這兩個小時，每一遊客都大飽眼福，說個不停，大笑聲此起彼落。冰山啊冰山，你的美姿，我怎麼能夠忘記呢？在這詩情畫意的情境，筆者突然冒出一句隨口吟：

　　白燦冰山兮　海水寒
　　遊子思慕兮　必復還

　　時至今日仍想再作二度遊輪之旅。秀瓦(Seward)是肯奈半島(Kenai Penisula)的一個漁港，其背面的肯奈山山巔終年積雪。這裏有著名的阿拉斯加海洋中心(Alaska Sea Life Center)，展出附近海域的海洋動物。筆者看到的有海獅(Sea Lion)、海豹(Seal)、海鴨(Puffin)、海蟹(Crab)和章魚(Octopus)。七日阿拉斯加內海遊輪之旅到此結束。遊客們上了岸惜惜道別，各分東西。

遊輪同學會

　　筆者以上描述了遊輪外的美景、奇觀，如果不再加上一段遊輪內的生活，描述一些內在美分享讀者，總覺得有些歉意，只好

筆者夫婦，背景為阿拉斯加赫伯冰山（1996）

再加入下列的描述。

我們這一隊台大醫學院校友共140人，其中有兩班在慶祝35週年及30週年。1961年畢業的一班(筆者夫婦在內)共有86人，1966年畢業的學弟(好友郭耿南擔任召集人)有40人，其他各期，零零星星人數較少。據聞1960年畢業的學兄，也有20多人是參加阿拉斯加陸遊隊的。北美校友會年會在溫哥華的三天，已有幾次聚餐，也拍過團體照。進入遊輪後，晚餐時，我們同班佔領了大餐廳內側的四條長桌和三張方桌，每晚飽食微醉，夜夜笙歌。

菜餚之豐富美味自不在話下。早餐、午餐、早茶、午茶，大家有很多機會個別敘舊，七日下來，比任何大宴的酒會時間(Cocktail Party)要多得多，這也是遊輪旅行的好處之一。晚上五、六個人聚在私人船艙內，作漫夜長談的也大有人在。我們這一班有兩次大家團聚，借用遊輪的開會大廳，在遊輪長程海中行，不停泊岸的那段時間舉行班會，拍團體照，一對一對夫婦自我介紹，也有個人藝能表演，其中郭季彥夫人陳芳玉女士的台灣民謠鋼琴曲獨奏，林清輝夫人趙素芳的繪畫幻燈秀最為精彩。卡拉OK能手、跳舞能手不乏其人。主持人黃世傑別出心裁，頒獎給頭髮最白(沈銘鏡)和最黑(姚景昭)的同學，博得哄堂大笑。討論2001年同學會的地點有澳洲紐西蘭、東南亞、西藏、夏威夷等等，結果澳洲紐西蘭得標。

果然2001年2月由黃聰哲夫婦主辦，非常成功。1998年8月陳信義、喬曉芙夫婦，另外邀約了20人左右也登上了西藏高原。今日筆者想到已經過世的喬曉芙同學和黃聰哲夫人，淒然淚下。至今在七十多位同學中，也已有十位與世長辭了。

陸上遊

在秀瓦下船後，我們夫婦共12人，一行又踏上了三天的陸上旅遊。首先在秀瓦附近的肯奈冰山國家公園（Kenai Fjord National Park）是乘渡船去看冰山的。我們很靠近宏偉的出海冰山（Exit Glacier），這個巨物重疊更高，頗有高山峻嶺的氣派，大家也非常興奮。在船上有土族少女舞蹈助興。接著我們乘遊覽車由秀瓦高速公路向內陸挺進，因時間已晚，乃在距安哥雷治四十英里的一個山谷大旅館阿列斯加王子旅館（Alyeska Prince Hotel）住宿一宵。晚餐我們吃了日本料理，換換口味。翌日我們在附近的山丘玩了半天，包括乘電纜車到山巔俯瞰美麗的山麓風景。

安哥雷治（Anchorage）位於庫克內海（Cook Inlet）和丘卡治山（Mountain Chugach）的一個大城市（阿拉斯加最大的城市），也是一個相當現代化的都市。1964年大地震，整個市區被破壞。重建的市區有整齊的街道，高樓大廈也不少。商業區熱鬧，海邊公園有各色各樣的夏季花，令人賞心悅目，我們拍了不少相片。我們參觀了收藏豐富，由古代到現代的阿拉斯加歷史和藝術品的博物館（Anchorage Museum of History and Arts）結束此行。

夏威夷（Hawaii）

夏威夷州是最後加入美國聯邦政府的一個州，位於太平洋中多島嶼，且離開美國大陸相當遠（距洛杉磯2500英里），一個很特殊的州。由舊金山或洛杉磯到夏州的首都賀諾魯魯（Honolulu）要五小時的飛機飛程。本州五個主要島嶼都開發成為度假的地方，因為有美麗的海灘、山谷、瀑布、火山等等景觀，氣候溫和，一年四

季保持在80℉(27℃)左右，每年有七百萬遊客至此。

地理

夏威夷的五個主要島嶼，由東而西順序為卡威夷(Kauai)、歐胡(Oahu)、摩羅凱(Molokai)、毛夷(Maui)和夏威夷(Hawaii)。最大的島夏威夷，通稱大島(Big Island)，面積為其他各島總和的兩倍以上，持續爆發的活火山是本島最大的特徵。歐胡島最早開發，發展商業及觀光事業，主要城市賀諾魯魯(Honolulu)，亦稱檀香山，是本州最大都市，也是州政府所在地，全州四分之三的人口集中於此島。毛夷的觀光事業緊追歐胡，但至今仍保持海岸的自然景觀，有著名的哈利亞卡拉火山(Vocano Haleakala)和過去盛極一時的捕鯨港拉海那(Lahaina)。順便一提的是毛夷東邊的一個小島拉奈(Lanai)，被認為也是毛夷的一部分。在歐胡東北邊的卡威夷則有「庭園島嶼」(Garden Island)的稱呼，因擁有熱帶森林、大瀑布、很深的斷崖絕壁等自然景觀而聞名。居於歐胡和毛夷之間的摩羅凱，則遊客足跡最少。

夏威夷州的居民三分之一是日本人後代，三分之一為菲律賓人、華人、韓國人和土族撒家人(Samoans)。另外三分之一為白種人和非亞洲人。

歷史

在歷史上夏威夷島的土族屬於波里尼希亞(Polynasia)，有許多小王國。1778年英國海軍艦長詹姆士庫克(James Cook)，是西洋人最先來到這些島嶼。首先被土族人歡迎，但一年後因爭執而被殺。十八世紀卡美哈美哈國王(King Kamehameha the Great)征服各小

王國，統一夏威夷，成為一個大王國。十九世紀的前半，美國人
到此發展甘蔗和鳳梨種植事業，許多日本人和其他亞洲人勞工移
入，夏威夷終於1898年成為美國屬地。1941年12月7日，日本飛機
突然襲擊珍珠港(Pearl Harbor)，引爆第二次世界大戰的太平洋戰
爭，戰後夏威夷成為美國重要的度假地。

　　筆者夫婦多次由台灣或日本回美國途中，在夏威夷停留度
假。三次是專程由美國大陸到夏威夷，一次是開醫學會議。兩次
為我們家庭兒女、孫兒女在此度假團聚。最後一次是2004年8月。
筆者夫婦到此7次，遍及其中四個島嶼，印象良深，記憶猶新。

歐胡(Ohu)

　　阿羅哈(Aloha)是到夏威夷第一句學習的語言，意義為歡迎，
你好嗎？甚至於用在離別的「再見」。到機場迎接的人通常向客
人說阿羅哈，並給客人套上花圈，使遊客馬上產生賓至如歸的親
切感。

　　賀諾魯魯(Honolulu)和偉奇奇海灘(Waikiki Beach)，是歐胡島的
重心，也是吸引國際遊客的招牌。賀諾魯魯從過去的貿易中心延
伸為今日的夏威夷經濟、政府和國際關係的大都市。這州唯一的
綜合大學，夏威夷大學也設於此。夏威夷大學對於亞洲文化背
景，因其地理關係，有相當的研究。賀市的商業區高樓大廈、旅
館、商店、餐館、公寓琳瑯滿目。許多現代化的購物中心都備有
免費的交通車、冷氣客車或中空的街車(Hawaii Trolley)，服務遊
客。街道更充塞出租汽車(Taxi)、租用汽車(Rental Car)和大型遊覽
巴士(Tour Bus)，雖然夏威夷的汽油可能是全美國最貴的。

海灘

近於賀市的美國最美的黃金沙灘偉奇奇，北面是旅館，高樓大廈和棕櫚樹公園，東面緊臨的山嶺鑽石頭（Diamond Head），由海灘可以看到。南面則是可以玩水、游泳的海面，一望無際的大西洋。在粉紅色的古老皇家夏威夷旅館（Royal Hawaii Hotel）的海灘，遊客可登馬達帆船出海遨遊附近海域，並回頭看看賀市的建築。海灘午後風平浪靜適於游泳戲水，但是躺在海灘上曬太陽，一動不動的泳裝遊客居多，五顏六色的泳衣、曬黑的大腿和彩色的大陽傘，構成一幅多彩的海灘美景畫。在1980年代日本經濟強勢時，大部分遊客是由日本來此蜜月旅行，度假的年輕情侶或帶幼子習遊的青年夫婦，可是1990年代的後半，此地的遊客漸漸由歐洲、美國的白人和各少數民族遊客所取代。除了Waikiki海灘，在此值得一提的是，在歐胡東海岸的哈納烏馬海灘（Hanauma Beach），也是游泳潛水的好去處。這裏水中有游魚，可以更增加玩水的樂趣。

要沖浪滑水的勇士，由東海岸到北海岸有阿里海灘（Ali Beach）、凱魯阿海灘（Kailua Beach）和拉尼凱海灘（Lanikai Beach）。

娛樂

對歷史有興趣的遊客，可以參觀維多利亞式的皇宮和卡美哈美全國王的立像。這位統治夏威夷全地的國王，頭戴金黃色戰盔，身批金黃色戰袍，皮膚黝黑，左手握著戰爭的長矛，右手伸出表示歡迎，雄姿昂然，頗有當年不可一世的氣魄。英國式的卡瓦伊拉哈教堂，象徵著基督教傳入此地的開端。傳教士博物館和

教士會館也值得一看。日本式皇宮（Izumo Taisha Shrine）和日本佛教殿（Byodo-In Temple），象徵著日本宗教、文化和政治對此地的影響力和日本人的勢力。夏威夷戲院和中國城（China Town）也是值得參觀的。

遊客也可到珍珠港，參觀1941年被日本戰機擊沉的美國阿里桑納號戰艦紀念館（USS Arizona Memerial at Pearl Harbor）。

波里尼希亞文化中心（Polynesian Culture Center），是以現場展現夏威夷七個島土族的文化及生活習慣、手工藝製品，有土族的大學生導遊說明。許多表演如划舟、舞蹈、爬上可可樹採果、打鬥等等，也由土族年輕學生表演。晚餐後有一場舞台大演出，有色燈光亮麗，土族衣飾彩色繽紛，表演各土族的舞蹈，尤其是女性的呼拉舞、壯男的吐舌秀、跳火圈、吞火等特技，最後以一齣驚奇故事舞台劇結束全天（或半天）的參觀。筆者深深覺得未曾去過此文化中心的遊客，一次參訪將帶給你對夏威夷土族文化更多的瞭解。

在賀市有晚間活動的地方，包括古典的交響樂、芭蕾舞、歌劇、現代的舞台劇、土風舞、爵士音樂、海濱酒吧和公園的露天免費表演，應有盡有。筆者建議初到的遊客，至少選擇一個晚上的露天晚餐及表演叫做魯奧（Luau）。好的露天魯奧有將近10輛大汽車，載了總共三、四百人遊客到一處山中山谷或海濱，以香檳酒迎客，再讓遊客自由欣賞黃昏景色，有各種類似在波里尼希亞文化中心看到的土族表演，或參加各種競賽遊戲或購買紀念品，觀看他們烤豚。晚餐則以烤豚肉為主的長桌聚餐。晚上的舞台表演土族的男女舞蹈，包括草裙搖臀呼拉舞、吞火、跳火圈男士特技表演，直到將近午夜，再以汽車送客回旅館，同樣可以得到一

些土族文化的印象。

毛夷(Maui)

毛夷僅次於歐胡,為遊客第二喜愛的島嶼,每年有二百五十萬遊客。此島有許多吸引遊客的景觀區,大部分仍保存自然景觀。

哈納腰帶道路(Hana Belt Rood)沿途有美麗的海岸線景觀,瀑布、植物園、岩石海岸和荷諾曼里海灣(Honomanli Bay)的黑沙海灘等等景觀區。

哈列阿卡拉國家公園(Haleakala National Park)位於毛夷東邊,其內的甫烏勞拉山峰(Puu Ulaula Summit),美麗突出,高度10,000英尺,是此國家公園的最高點。

由此可以清楚看到哈列阿卡拉火山口全景。這個火山最後一次噴出岩漿是大約200年前,但目前認為可能仍舊是一個活火山。由山巔要下到火山口,則必須直降10,000英尺,因此可以乘車繞道37英里,慢慢下坡經過農場、鳳梨園、花園、油加利樹溝等等才能抵達,也可騎騾馬下降到火山口。

毛夷西邊的卡安納巴里度假地(Kaanapoli Resort),有稱為黑岩(Black Rock)的甫‧圭卡旅館(Puukekaa Hotel),其下面就是潛水欣賞水中熱帶魚海綿等海中景觀的最佳地點。通常遊客乘坐蒸氣船由拉海那(La haina)到此下海潛水。毛夷的另一豪華旅館卡巴魯阿(Kapalua)的海岸有藍色海水的海灣、很好的高爾夫球場和一大片的鳳梨園,也是遊客們喜歡的地方。

要看冒出海面的鯨魚(Whale Watching),在冬天由十二月中旬以後到翌年四月,最好的地點包括麥古列格景觀點(Mc Gregar

Point)、俄羅瓦魯海景區(Olowalu Reef)和甫俄來(Puu Olai)。

夏威夷島(Hawaii)

另稱大島(Big Island)，是在夏威夷群島的最東邊，也是最大的一個島。持續爆發的活火山奇拉烏亞(Kilauea)是本島的最大特徵。此島面積4000平方英里，比其他各島面積總合的兩倍還大。這個島北部是山區，其高峰莫納羅亞(Muna Loa)，海拔30,000英尺，也是全州的最高點。南邊奇拉烏亞火山(Kilauea Volcano)是個活火山。全島的高山區和火山區，組成夏威夷火山區國家公園(Hawaii Voleanoes National Park)。在西海岸另有甫荷奴阿‧俄荷那烏那烏國家歷史公園(Puuhonua O Honaunau National Historic Park)，則有其歷史背景的遺蹟。這個島可以說包含火山、瀑布、黑色火山岩地區、蓋雪的山巔熱帶森林區、一個很長的海灘，對於未來觀光的發展很有潛力。

夏威夷火山區國家公園，主要是有活動的奇拉烏亞火山，繼

許世真於夏威夷島火山岩區(1989)

續流出紅色熾熱的岩漿，形成一條岩漿走道，一直流到海中的自然景觀。因為岩漿流動速度慢，因此遊客不必慌張躲避，適宜觀賞。整個國家公園有50英里的車道，可以駕車到近處觀看。最好的路程為首先到奇拉烏亞遊客中心，獲取當時火山活動的有關消息，然後進入火山堂屋(Volcano House)，由另一邊出來即可看到火山，火山岩覆蓋區(Volcano Caldera)是一個寬2.5英里、深500英尺的很大火山岩岩區。過去可以看到滾熱的岩漿泡沫，可是今日衹能看到冒出的蒸氣煙霧。看完火山口後，再由公路駛至硫礦庫(Sulphure Banks)，可以嗅到像腐爛雞蛋的臭味，同時看到蒸氣散出口(Steam Vents)。最後到Jaggar博物館(Thomas A. Jaggar是火山、地震研究專家，1912年成立這個活火山觀測站加以研究，幾年後說服美國國會保留此火山區為國家公園)。在此博物館可以看火山爆發的錄影片，可以更清楚瞭解火山的實景和威力。

甫荷奴阿・俄・荷那烏那烏國家歷史公園，是十一世紀國王專制採用嚴刑峻罰時代，逃犯避難的地方。位於黑色岩漿區的半島上有崎嶇不平的海岸，逃犯不易接近海邊。這裏有個神廟，內藏骨頭，廟外有一木刻神的形像，並築有高10英尺、寬17英尺的石牆，將逃犯避難所和內陸隔開。

大島的海灘在東、西兩岸，成為機場、旅館、海灘遊客度假區域。西岸的柯納海岸公園(Kona Coast State Park)和卡哈陸海灘公園(Kahaluu Beach Park)，都由柯納機場(Kona Air Port)出入，為最多遊客的地方。在柯納有一個希爾頓旅館及度假村(Hilton Hotel & Resort)，筆者曾度假兩次，印象很深，設備完善，風景優美，是修身怡神的最佳去處。這個旅館佔地很廣，擁有一個小型海灣的三面，另一面則為逐波沖浪的太平洋。進口處為中區，為旅客服

務、停車和開會場所。北區則為客房、大餐館(如日本餐館建得美侖美奐)。此區前面是海灣公園,有游泳池、情人座、椰子樹,並有十二生肖的雕刻立像。後面則為一個很大的高爾夫球場。南區則為購物中心、食堂和許多游泳池,一個較大的游泳池則有很好的景觀,水由岩石中流出,有山洞、有吊橋,另一個游泳池靠近中區,則供遊客和海豚(Dorphine)同游,有教練在旁指導。三個區之間,則以鐵軌電車和小河電動船,為遊客來往的交通工具。三個區之間也可步行,走公園間的小徑或走鐵軌邊的人行道,這裏有櫥窗展示名畫、藝術作品、陶瓷器等等。公園中花草、椰子樹、小亭,散佈其間,令人能走路賞景,不一而足。可是在此度假費用昂貴,不能常來。

大島的東岸則有本州第二大都市喜羅(Hilo),出入有喜羅機場(Hilo Air Port)。賀諾魯魯大部分是艷陽天,喜羅則一年中三分之二是下雨天。這個城市在1946年和1960年,兩次慘遭海嘯(Tsunami)襲擊,之後市區由海岸引退,將海濱變成公園。因為雨水多,有很多蘭花、菊花,公園成了花園。這裏遊客較少,居民以日本人、菲律賓人居多。

卡威夷(Kauai)

卡威夷是最西北邊的一個島,因為雨水多,自然景觀最美,故有花園島(Garden Island)的雅號。重要的景觀包括奇拉烏亞景觀點(Kilauea Point)、偉美雅山谷(Waimea Canyon)和卡拉勞山徑(Kalalau Trail)、在那巴里海岸(Na Pali Coast)的一段懸崖。分別略述如次:

美麗的海灘很多,南邊Lihve的Kalapaki海灘,在Poipu Resort的

Mahau lepu海灘。

　　西邊的Polihale State park, Coconut海岸的Lydgate State Park。北岸的Aini Beach County Park, Hanali Beach和Tunnel Beach等等。在Lihue不遠處路旁有雙生瀑布(Twin Cascades of Wilau Falls)，非常壯觀。Kilauea Point國家野生動物區(Widlife Refuge)，觀鳥者可看到各種稀奇鳥類。

　　Waimea山谷呈現紅色岩石，很像阿里桑納州的大峽谷(Grand Canyon)，也是非常壯觀的景觀點。

　　Na Pali海岸是本島的西北海岸，有22英里長的懸崖，這裏也有瀑布，由4000英尺高處傾瀉入海，非常雄偉壯觀。另外本島也有熱帶林，崎嶇的山峰和景色優美的山谷，構成這個美麗的花園島。

第五輯
醫學知識

【摘要】

　本輯前七篇為筆者發表於美國台灣公論報「醫學專欄」的文章,旨在介紹淺顯的醫學知識給非醫學界的台灣同鄉。(1986年至1987年)

　後四篇為筆者在北加州及達拉斯向台灣同鄉作演講的講稿整理,內容包含不少現代新進展的醫學知識。(2003年至2004年)

28. 高危產科

俗語說：「十年樹木，百年樹人。」人之初始於母親子宮內二百八十天之宮內生涯，這一段生活的正常與否，奠定了一個人出生後，身體及智能發育是否健康聰明的基礎。這一段二十年前少為人知之「宮內生活」之謎，由於近年產科學及胎兒醫學之發達，在一九八○年代，文明國家利用大眾傳播媒介如新聞、廣播、電視不斷地介紹，一般人已有相當的認知。筆者想由學術研究的觀點，連續在醫學專欄用一般人易於瞭解之筆調和筆者同一專科之同僚，連續介紹胎兒醫學(Fetal Medicine)。但在提到胎兒醫學之前，對於容易造成胎兒異常之妊娠，亦即所謂高危妊娠(High-Risk Pregnancy)，作一個概念性的介紹。

人類是一種智能最高，但是對於環境適應能力最差的一種「動物」。這可能由於我們的祖先因高度的智慧，能由穴居進而建築堅固華麗且有溫度調節的房子以保護幼子。由隨便採食野生類狩獵為生之原始人，進步到農耕養牧、食品加工的現代社會，子孫代代相傳，免於飢寒。由於長期養尊處優，由此出生的人類嬰兒是最脆弱的。試想剛孵出的小鴨便能跟著母鴨走，並下到池中游泳。剛出生的小牛、小羊，馬上能站立行走。而人類嬰兒卻需細膩照顧哺乳換尿布，拖到十個月才開始爬動學走路。在母親子宮內也是層層保護，在母親肚皮下，尚有堅厚的子宮壁，且有保溫防震的羊水以及供應氧氣營養的胎盤(Placenta)。由胎盤再經輸送管的臍帶(Umbilical Cord)，供應氧氣營養給胎兒，因此臍帶實為胎兒宮內生活時代的生命線，此線發生障礙，胎兒的健康即刻

受到威脅，甚至有生命的危險。同樣道理，妊娠的母體如能經常
保持健康、良好的營養，再加上發育正常、功能正常的胎盤，子
宮內的胎兒才能正常發育成長。因此未出生的胎兒，由生物學的
觀點，雖自妊娠早期即表現和母親相當不同的個體及其獨自的性
格(詳見下一篇胎兒生理學)，另一方面胎兒是依賴性十足的母體「寄
生蟲」(Parasite)。妊娠母體不健康，胎盤發生病變或機能障礙，
都會直接影響胎兒的成長與發育。

　　現代產科醫生的責任必須同時照顧兩個「病人」，即妊娠的
母親及未出生的胎兒，而以後者健康的維持為重點。過去產科醫
生除注重接生技巧，並治療某些妊娠併發症，如貧血、妊娠子癇
症(Eclampsia)及感染性疾病(Infectious Disease)等，以求母體死亡率
的降低，對於未出生胎兒之生理病理狀態無法充分瞭解，只好聽
其自然。對於廿八週以前出生，體重在一千克以下的早產兒或在
子宮內有危險之胎兒，愛莫能助，任其自生自滅。可是目前產科
母體死亡率，在先進國家已降到不可能再降之低點。以美國為
例，在十萬個產婦中只有七個或八個死亡。而且在這絕少的母體
死亡病例中，突發性的嚴重合併症，如羊水栓塞症(Amniotic fluid
embolism)、腦出血(Intracranial hemorrage)、週產心肌梗塞(Peripartal
cardiamyopathy)及麻醉死亡所佔的比率不小。這些合併症是難於預
防，更難於治療的。可是目前新生兒死亡率仍偏高，而新生兒及
胎兒死亡率之高低與一個國家或社會的生活水準、教育水準和醫
療水準息息相關。目前在工業社會小家庭制度下，夫婦養育子女
的目標是重質不重量，美國結婚夫婦平均子女數為1.8，台灣家庭
計劃的口號「兩個恰恰好，一個不嫌少」，也提倡了十年以上。
每個家庭都不希望低能兒或有缺陷子女出生。因此產前診斷，產

前及產中胎兒健康的監護，成為一九七〇年以後產科學必要的步驟。

高危妊娠(High-risk pregnancy)大致可分兩大類。一類是孕婦本身有某種疾病，如心臟病、腎病、癲癇、肝炎、氣喘、糖尿病、高血壓及黑人特有的鎌刀狀貧血症(Sickle cell anemia)。另一類則為過去有不良產科紀錄，如死胎、連續流產、出生兒畸形、帶有不良遺傳因子、早產等等。或是在目前的妊娠發生合併症，如尿路感染、腎臟發炎、吸煙、喝酒、吸毒、使用不當藥物、極度營養不良、迫切流產或早產(有流產或早產的症狀)、子癇前驅症(Preeclampsia，過去稱妊娠中毒症，即高血壓、蛋白尿、水腫等症狀，如惡化會導致抽筋、昏迷及死亡)。第一類的病人總稱為內科合併症病人，第二類則屬於產科合併症病人。這些合併症如不適時防治，對於胎兒之正常發育與成長有重大的影響，甚而導致流產、死胎、極度早產等不良後果。至於妊娠早期之嘔吐、食慾不振及妊娠後期之腳部水腫、腰痠背痛，是常見之妊娠生理變化所引起的症狀。母親固然不舒服，但對胎兒的健康少有影響。切忌亂服藥物而傷害到子宮內的胎兒。妊娠期間一切藥物的服用，必須和你的產科醫生商量後才能服用。

高危妊娠如何防治的問題，筆者不擬作廣泛的討論，僅在此舉幾個實例說明。過去對於心臟病、慢性腎病、高血壓、少年性糖尿病(Juvenile diabetics)，認為不宜懷孕，即使懷了孕也使用妊娠中絕術(Pregnancy termination)，俗稱墮胎(Artificial abortion)，避免對母體生命引起危險。可是目前除了極嚴重之上述內科疾病，如心臟衰竭(Heart failure)、失去控制之高血壓和癌症病人之外，大部分之內科疾病都不將妊娠當為禁忌。因此高危產科專家必須有專門

知識，防止母體內科疾病因妊娠而惡化，甚至縮短生命。腎移植的病人在手術後一年或兩年後如想懷孕，除非腎功能極壞，大部分可使其妊娠生產，結果雖然早產兒比率較高(佔50%)，但大部分的出生兒(80%)，都能成功地活下來。嚴重之糖尿病病人，過去血糖控制不好，有大量之畸形兒(Fetal anomalies)及巨大兒(Macrosomic babies)出生。目前用胰島素(Insulin)控制，每日查血糖，調整劑量，每週一次或兩次產前檢查，血糖在受孕前及妊娠前八週內有良好控制，結果畸形兒由8%降至2%以下和非糖尿病孕婦一樣。妊娠晚期之死胎與巨大兒亦大部分可避免。

產科合併症方面，妊娠早期破水自廿週起，即採行住院臥床療法，延長妊娠使過去接近100%失去胎兒之現象，減少至目前50%以上出生兒能存活。過去早產病例，住院時75%子宮口已開張過度或羊水流出，無法避免即時早產。目前用病人教育、早期測定子宮收縮的方法，80%以上的病例都能治療，且治療特效藥如Ritodrine, Terbutaline，硫酸鎂，甚至酒精都能用以壓制子宮收縮，防止早產，延長妊娠週數而生出較健康的嬰兒。雙胞胎及前置胎盤(placenta previa，胎盤長在子宮下半部或塞住子宮口，易於廿八週左右引起產前出血)，也都用類似的方法，住院臥床、延長妊娠、防止早產，以減少出生兒的死亡。

最近發展之宮內手術法，包括對Rh血型不合引起溶血性貧血及胎兒心衰竭水腫之胎兒施行子宮內輸血；對於腦室導管阻塞引起之水腦兒(Hydrocephalus)及尿路阻塞引起之腎盂水腫(Hydronephrosis)，都能使用單向性引流管，將積於腦室內或腎盂內過多的水份，連續排出於羊水腔(Amniotic cavity)內，避免積水對腦皮質的壓迫，胎兒出生後之預防，比沒有接受宮內手術療法之

病例為佳。這些方法都要靠高敏感度之超音波儀，觀察下始能操作。這種妊娠，毛病雖在胎兒本身，但其肇因則由於母親血型和胎兒不合，母親在妊娠早期受巨核病毒（Cytomegalovirus，簡稱CMV）或一種寄生蟲Toxoplasma感染引起，或母親帶有不良遺傳因素引起的。因此這類病人亦歸屬於高危產科之內。

29.胎兒生理學

　　由卵巢排出的卵在輸卵管內受精後經過三天的旅行，到達子宮腔內定居，此時受精卵已經數度細胞分裂，成為多細胞的芽胚胎。這個包含內層細胞團，中間有空腔叫胚腔，並有將來形狀成胎盤的滋養母細胞(Trophblast)，這群細胞大概在卵受精後七天，即潛進子宮內膜層而生根發展，這個步驟叫著床(Implantation)。將來發展成胎兒之細胞群又分成內胚層將來形成內臟，如腸胃。中胚層將來形成肌肉及外胚層將來形成皮膚及神經系統。由此時起胚胎的營養即經過胎盤的絨毛(Chorionic Villi)，由母體供應。讀者不要以為這一段人之初的步驟簡單，這一段生物過程必須經過身經百戰，過關斬將的奮鬥，不被淘汰的才能留下來。在結婚想生男育女的夫婦，十對之中就有一對不會生小孩。不孕症的夫婦中，25%左右是因為太太不會排卵引起的，因此才有誘導排卵的治療法，反過來說即在壓制排卵。使用子宮避孕器(簡稱I.U.D)，即在迫使受精卵不會在子宮內膜著床。再想男人方面，在上述不孕的夫婦中，40%是因丈夫的精子(Sperm)品質不佳或因種種原因，失去產生精子的能力所引起的。一般而言，一次射精所排出的精子在數千萬至一億之間，這些精子要經過長程的賽跑才能由陰道、子宮頸管、子宮腔，達到輸卵管，而祇有最幸運的一個進入卵膜完成受精。因此這一段競賽，可算人生一生之中，最難得勝的一次競賽，而每一位被生下來的，都是勝利者。

　　下一個階段就是胎兒在逐次完成身體體系的階段，各種器官逐漸完成並發揮功能。這個所謂器官完成期(Stage of

Organogenesis），風險也很大，經過不同的打擊，極容易受損，造成終生的生理欠缺。嚴重的便會死亡，造成所謂自然流產（Spontaneous abortion）。這一階段大致由妊娠三、四週至十二週為止。孕婦此時生理起了很大的變化，除了停月經、乳部脹痛、噁心嘔吐、頭暈目眩、食慾不振、頻尿便秘，有些更有下腹痛等症狀。找醫生證實懷孕後，心理的喜悅戰勝生理變化，就不再愁眉苦臉了。但少數孕婦擅自服藥，以期減輕身體的不適，是最危險的。受精後二十天左右的胚胎，便開始有心跳及血液循環。心臟的構造在60天左右完成。四肢的發展也大致在此時完成。男女性別的分化大概在八九週開始，至十一週完成。眼、腦、神經系統則需更長的時間去完成發展。妊娠至十二週在產科學上稱為妊娠第一期，此時的胎兒器官完成，四肢俱備，儼然成為母體子宮內安居的小房客，但是主屋火燒房客遭殃，無疑地這個小生命的安全與健康，直接間接接受母體之支配和影響。在妊娠第一期，自然流產發生的頻率高達25%，但是孕婦發生此種早期流產不要太覺可惜，因為根據多數研究者對流產胚胎或胎膜（Chononic Membrane），作組織培養及染色體(Chromosome)研究，發現50%有染色體異常現象，換句話說，第一期自然流產的胚胎，一半以上是畸形的，這造成畸形、死胎、流產的因素大致傳自母體，少數由父親遺傳而來。讀者大概猶記得二十多年前，歐美孕婦因服用一種Thalidomide而生出沒有手臂或四肢特短的海豹肢(Phocomelia)畸型兒，美國因德國麻疹（或稱風疹，Rubella）流行而產生有心臟缺陷、先天性眼珠白內障、聽力障礙等症狀之畸形兒。沒有控制好的糖尿病母親，會生出心臟缺陷、腦脊髓缺陷的畸形兒。母親服用一種合成女性荷爾蒙（Dietbyl Stilbestral簡稱D.E.S），結果出生的女

嬰在十多歲時突然發生陰道癌，男、女嬰長大成人後發現有生殖器畸形及不孕症的也較多。另外放射線、治癌藥物、多種濾過性病毒，都會在妊娠第一期造成流產、死胎或畸形。

妊娠十三週至二十八週稱為妊娠第二期，這一段的危險乃在於流產、早產及成長遲滯。這一期又可分為前期及後期，以二十週為界限。妊娠在二十週前終止稱為流產，發生率已由十二週以前之25%降至8%左右。二十週以後胎兒體重可達400克以上，到28週時為1000克左右。此時胎兒生出叫早產，在25週以前或體重700克以下，因腎肺等器官不成熟存活的機會很少。妊娠十二週至十八週之間胎兒開始發揮身體功能，表現獨自的個性，包括內分泌系統(以甲狀腺為例，此時開始分泌胎兒本身的甲狀腺荷爾蒙)、免疫系統、造血系統、吞食及呼吸運動、腎及膀胱的排尿等等作用。十八週胎兒體重開始超過胎盤重量，母親也在此時感到胎兒踢動。妊娠二十週至二十八週為妊娠第二期後期，妊娠之母體開始發生種種合併症如腎盂感染、子癇前驅症、早期破水、前置胎盤等；如不趁早防治，將導致早產，因出生兒過份不成熟，終將死亡(尤其是700克以下者)，讀者請參考前期「高危產科」。

妊娠二十八週至出生之四十週稱為第三期，此時胎兒由1000克左右的體重增加到出生時3000克以上，為成長最重要的時期。此時也是各種器官開始機能上的成熟，發揮最高功能的時期。早產在此時發生，存活率亦大量地提高。筆者此時將對胎兒生理上幾個系統包括：(一)新陳代謝與成長。(二)意識狀態、胎體動、呼吸運動、胎兒心跳活動。(三)血液循環及酸鹼平衡。等等作一概念性的介紹，做為以後產前超音波、胎心跳率記錄儀，以及胎兒成長異常諸篇專文之引言。

　　胎兒由母體供應葡萄糖、氨基酸、少量油脂、維他命等，再加上輸入的氧氣發生氧化性新陳代謝，產生能量供應各種器官活動，合成蛋白油脂促進成長，更在此期大量儲存皮下脂肪、肝醣之合成等等體重大增，並儲備為飢餓、營養缺乏時能再搬出使用，這時支配這些生理活動，需靠胎兒本身之胰島素(Insuiin)，其他種種荷爾蒙雖不能忽略，但沒有胰島素重要，糖尿病人生出巨大胎兒，乃由過量分泌胰島素引起的，反過來罕見之先天性胰臟缺乏症胎兒，剛出生時體瘦皮陷。筆者的研究曾以測定羊水及臍帶血中，由胰島素分出之C-peptide含量，證明胎兒胰島素之分泌量和胎兒成長程度息息相關。

　　胎兒在子宮內的意識狀態可分成清醒、夢睡(或稱快速眼動淺睡Rapid eye movement sleep)及熟睡三階段。胎兒清醒時會身體滾動、四肢伸動、正規性呼吸運動及間歇性昇高心率跳動。夢睡時身體雖不動，可是呼吸運動及心率跳動之變動性照樣進行，但深睡時胎動及呼吸運動完全停止，心跳也變成單調無變動之狀態，極似胎兒發生缺氧或酸中毒時之表現。呼吸運動、胎體動及心率變動，都可用以判定胎兒是否健康之依據，即產前健康鑑護之方法。

　　胎兒在出生前循環系統有三特色，即有胎盤臍帶循環，左右心室間有一卵形洞開放，橫跨右心室及下腔動脈間之動脈接管(Ductus arteriosus)開放。但出生後臍帶被剪斷，卵形洞及動脈接管閉塞，心臟動脈間循環路程完全改觀。胎兒在子宮內血中之氧氣含量較低，心臟流出之血量50%至胎盤換血，取回氧氣豐富的血流。對於重要器官如腦、心臟及腎上腺，氧氣及營養份的供應特多，身體其他各部則較少。胎兒如遇缺氧及營養供應不足時，為

了適應惡劣環境，保存生命，這種差異的幅度更為擴大。到心臟、腦部及腎上腺的血流特別提高，缺氧如繼續下去，胎兒即表現缺氧及酸中毒、心跳下降、停止呼吸活動或產生不規則性深呼吸，排出胎便，以致死亡。

以上這些胎兒活動及成長狀態之繼續觀察，便能探出胎兒是否健康，成長率是否正常。萬一發生危險，即能適時做急救處置，挽回胎兒生命。

30. 先天性胎兒畸形之產前診斷

胎兒因為遺傳基因所引起的先天性畸形與低智能者，約佔所有妊娠的0.5%，包括染色體(Chromosome)異常及極少數先天性新陳代謝異常症(Inborn Error of Metabolism)，X染色體帶來之性連遺傳(X-Linked hereditary disease)，如血友病(Homophilia)等。另外主要先天性畸形發生於開放性神經管缺損(Open Neural Tube Defect)，包括無腦兒(Anencephalus)、脊椎開裂(Spina Bifida)、有時合併腦膜或脊椎膜膨出(Encephlocele, Meningomyelocele)，這一類畸形為數相當多，可能達妊娠之1.5%。因此與遺傳有關之胎兒先天性畸形總共超過2%。在妊娠初期因子宮內感染，包括德國麻疹、巨核濾過性病毒(CMV)，Toxoplasma, Herpes，梅毒，都能造成胎兒畸形及胎兒成長遲滯症。藥物、放射腺、大量的放射性同位素都可能造成死胎或胎兒畸形。母體疾病如糖尿病、癲癇、極度缺氧，也可能造成胎兒畸形。這種妊娠早期形成之胎兒畸形，因目前無法可治，胎兒出生後不久大部分死亡或留下低智能，需要長年像出生兒一般地照顧，對於父母、家庭，甚至社會造成很大負擔。因此一旦診斷確定後，如果孕婦及家族同意，可給予治療性墮胎。本文即專對這方面之產前診斷法加以介紹。

曾經生過畸形兒，或家族多見畸形兒的孕婦和孕婦(或配偶)帶有不良遺傳因子者，都屬於這方面的高危孕婦。另外在妊娠初期曾受可能造成胎兒畸形之感染病，服用有害藥物，或曝露於放射腺而有產生畸形兒可能之孕婦，都應和專門醫師商談(Genetic Counseling)有否必要作這一方面之產前診斷。畸形發生率的高低、

畸形的嚴重性，以及孕婦家族的意願，都成為是否作產前診斷及治療性墮胎之決定因素。

在畸形胎兒之產前診斷，目前最重要的工具為超音波診斷，這一方法，在理論上可探測子宮內胎兒、胎盤及羊水腔之狀態，如同照相或電視播出一般非常清楚，即將有專文討論，在此不加詳述。本文將討論羊膜穿刺（Amniocentesis）、胎兒鏡探視法（Fetoscopy）、絨毛活體切片（Chorionic Villus Sampling 簡稱 CVS）、各種羊水分析及羊水細胞培養。最後將順便談到妊娠後期之羊水分析，用於胎兒溶血之診斷及胎兒成熟度之判定。

常見的染色體異常，能造成低能兒或胎兒畸形的為47個染色體，通稱 Trisomy。Trisomy 乃因在23對染色體之中，有一組多了一個染色體，使總染體數由正常的46增為47。正常的人有46個染色體，由二十三對染色體組成，其中二十二對稱為體染色體及一對性染色體（男人為XY、女人為XX）。每一對染色體一個來自母親，一個來自父親。每一對染色體由大而小排列成不同群，如A組包括1.2.3對，B組包括4.5，C組包括6至12對，D組包括13.14.15，E組包括16.17.18，F組包括19.20，G組包括21.22。較大的染色體如果發生 Trisomy，胎兒早就死掉流產。能活的常見於第13對（D-Trisomy）、第18對（E-Trisomy）及第21對（G-Trisomy，俗稱 Down's Syndrome 或蒙古症）。Trisomy D 及 E 合併有嚴重的畸形，大概在生後兩年內會死掉。蒙古症雖常合併心臟及其他器官異常，卻不少能長大成人，然而其低智能的特性則揮之不去，帶給家人很大的麻煩。蒙古症發生的頻率和母親年齡有關係。

20至25歲之間為1600至1200分之一，26至30歲增為1100至950分之一，31至34歲增為900至500分之一，35至37約300至200

分之一，38至40歲為170至100分之一，41歲以上則平均在2%或更高。因此在35歲以上的孕婦或過去曾生過蒙古症的孕婦，實有作產前診斷的必要，以澄清子宮內胎兒沒有染色體異常之後，才容許繼續懷孕，生下正常的嬰兒。

前述開放性神經管缺損之診斷，則靠超音波及測定母血或羊水中阿法胎兒蛋白(Alpha-Fetal-Protein簡稱AFP)之濃度。胚胎最早產生AFP是在Yolk Sac，隨後胎兒發育成形，AFP主要來源為肝臟，這個AFP能通過胎盤注入母體血液中，因此本來已不產生AFP之成人孕婦血中，仍有低濃度之AFP存在。當神經管缺損時AFP大量由腦脊髓液(Cerebrospinal Fluid)流出，造成羊水及母血AFP濃度高出2至3倍以上。AFP在母血中之濃度隨妊娠週數而增高，可是AFP在羊水中濃度的高峰，則在妊娠十四至十八週之間。英國、愛爾蘭等國家因無腦兒、脊椎開裂之病例較多，早就開始檢驗每一孕婦血中AFP濃度，如果檢查兩次，均在正常值兩倍半以上，則在妊娠十五至十七週之間作羊膜穿刺，檢驗羊水中AFP含量，如果其濃度在正常值2至3倍以上，常能據以診斷有開放性神經管缺損，此時如作超音波檢查，能同時證明胎兒確有此種畸形。值得注意的是其他許多情況如雙胞胎、死胎或腹壁缺損等畸形，都可能使母血及羊水中AFP之濃度增高，此時超音波能再度為你解謎。

近兩年AFP更發展成能幫助診斷上述染色體異常，如Trisomy D, Trisomy E及蒙古症，因為胎兒有此類畸形時，母血及羊水中AFP的含量在正常值的40%以下。

羊膜穿刺(Amniocentesis)最好在十五至十七週之間施行。先以超音波找出含羊水較多的羊膜腔內空隙，再以細長的腰椎麻醉用針，穿過肚皮、子宮壁進入羊膜腔，再用注射筒慢慢抽出羊水，

此步驟可在超音波鑑視下進行，非常安全。總共發生合併症的可能性在1%以下。和抽血、抽腹水、腦脊髓液的抽取類似。重要的是避免傷害到胎兒及胎盤。

抽出之羊水，一半可作AFP度的測定，另一半可作羊水細胞培養，在三週內能作出染色體分析、化學酵素測定，以診斷染色體異常或新陳代謝異常。

由於許多有此懷疑之高危孕婦，不願在十八至廿週時作墮胎，因此最近發展一種新方法叫絨毛活體切片(CVS)。此即在超音波控制下，用一小管由子宮口探入妊娠九至十週左右之子宮內找出胎盤位置，再用注射筒抽取少量之胎盤絨毛。此絨毛細胞分裂旺盛，能即時或在短期培養之後，作染色體及酵素檢查，以診斷前述各種遺傳胎兒毛病。此法雖然仍在實驗階段，成果甚佳，而合併症亦在4%以下。最大的好處是畸形的診斷早日知道。在妊娠十二週之前要墮胎較容易，也較安全。

胎兒鏡(Fetoscope)則與常用以診斷腹內毛病的腹鏡(Laparoscope)原理相同。胎兒鏡的鏡頭像一支長針接連於纖維光源(Fiberoptic)，為內視鏡法(Endoscopy)的一種。其直徑祇有1.7米厘(millimeter或m. m.)，能在局部麻醉下，搓入子宮之羊膜腔內，以觀察胎兒之每一部位之結構，診斷畸形。又能作胎兒皮膚或肝臟之活體切片(Biopsy)及抽取血液樣本，以診斷胎兒之種種先天性疾病，尤其黑人之鎌刀形紅血球貧血及地中海地區之Beta-Thalasemia貧血症。胎兒之血液是由臍帶靜脈或胎盤表面之血管抽取。最近也有人用此方法直接給患有溶血性貧血的胎兒作子宮內輸血。胎兒鏡因鏡管直徑很小，由此引起流產、感染，或出血不止等合併症，在廿個醫學中心施行三千個胎兒鏡檢查中，只有5%，至於母體發生嚴重出血，

感染或其他原因死亡的尚未發現。因此,對有需要診斷的孕婦而言,尚稱安全。缺點是此鏡每次能觀察到的部位相當侷限,無法看到胎兒全貌,而且必須有經驗的人才能使用,技術較困難。

提到胎兒溶血性貧血,在白人最多由Rh血型不合引起(即母親為Rh陰性,胎兒因傳自父親而為Rh陽性)。此時胎兒因由母親輸入大量Rh抗體,產生嚴重的溶血。紅血球破壞後之膽色素,大量由胎兒血液分泌到胎兒尿中,胎兒尿排到羊水中,使羊水呈橘黃色,可用羊水光波測定儀(Spectrophotometer)查出其嚴重性,嚴重的需要施行子宮內輸血。

另外許多高危產婦常需提前分娩,以避免胎兒在子宮受不良環境傷害。因此胎兒成熟度之測定,也用分析羊水的方法,除了上述膽色素可判定肝之成熟度,Creatinine可判定腎的成熟度,含脂表皮細胞用Nile blue染色法觀察,呈橘紅色之成熟細胞佔20%(未成熟細胞呈藍色),可據以判定胎兒的成熟。目前最重要的是分析胎兒肺部排出含磷脂(phospholipids)之成分,即Lecithin/Sphingo-myelin之比率(簡稱L/S ratio)在2.0以上或有phosphatidy glycerol(簡稱PG)之出現,即表示胎兒已達相當的成熟度,而不會在出生後因肺部玻璃膜症(Hyaline membrane disease)產生呼吸困難(Respiratory Distress)而死亡。因此羊水分析在減少新生兒死亡之貢獻甚大。產科醫師能在產前知道胎兒之成熟度,在某種胎兒危險情況發生時,衡量死於子宮內或死於嬰兒室之可能性大小,而作出「即刻生出」或「暫不生出」之明智的抉擇。

31. 早產及過期產

　　正常的懷孕嬰兒會在卅七至四十二週之間出生（預產期的計算由最後月經的第一天算起四十週，即二八○天），在這段期間生產的嬰兒最健康、最正常，醫學上稱為到期產(Term Delivery)。由廿週至卅六週出生的叫早產(Preterm Delivery)，這時嬰兒未充分成熟，較不健康，出生後之合併症多，死亡率亦高。在美國目前早產兒約佔所有出生嬰兒8%，但這8%的早產兒佔所有死亡新生兒（算到出生後廿八天為止）的四分之三。換句話說92%在卅七週以後出生的嬰兒，祇佔所有新生兒死亡率之四分之一。過了四十二週才出生的嬰兒稱為過期產(Postterm Delivery)，約佔所有出生嬰兒之10%左右，其中三分之二在四十二週至四十三週之間出生，三分之一超過四十三週，偶爾會延至四十五週。在過期產新生兒中有20%不健康，產生合併症，死亡率亦比到期產新生兒為高。因此，早產及過期產都算不正常的懷孕，為本文討論之主題。俗語說瓜熟蒂落，不成熟的瓜果吃起來苦澀難嚐，過熟的瓜果則腐爛變味，還是適當成熟的瓜果吃起來香甜可口。懷孕生產期間之適當與否與此有相同的道理。

分娩是怎樣開始的

　　為了明瞭早產及過期產之原因，以便採取有效的防患措施，就應事先明白生產誘導之機序，也就是子宮陣痛及子宮口開張是怎樣開始的。不幸的是到目前為止，經過大批專家學者的研究，生產過程子宮及子宮口之生理變化雖漸漸清楚，但整個程序的第

一步如何踏出尚是一個謎。由動物實驗及人類生產過程之觀察，大部分的學者目前相信分娩的第一個信號是由胎兒發出的。澳洲的一個研究者Liggins，曾成功地在子宮內的羊胎兒直接注射入腎上腺皮質荷爾蒙Cortisol引發分娩。同樣在不成熟的羊胎兒打入腦下垂體的荷爾蒙、腎上腺皮質刺激素ACTH，也可引發子宮陣痛收縮以致發生早產。在人類畸型胎兒無腦兒，因欠缺腦下垂體無法分泌ACTH，再加以腎上腺萎縮，Cortisol之分泌特別少，因此往往成為過期產之原因。因此，分娩機序的開始，胎兒是主動，母親是被動，這和傳統觀念的母親主動地生兒女剛剛相反。在美國1980年代社會，青少年(Teenager)常要自作決定，不受管教，父母氣得半死，說：「不幸生了這個不孝子(或不孝女)。」豈不知在人之初，母親排出的卵子(Egg)要接受帶有X或Y染色體的精子(Sperm)，成為女嬰或男嬰是由他們自己決定的。分娩日期的選擇，出來和這個世界見面也是由他們主動決定的。辛苦的母親處處站在被動的地位，實在值得同情。我照顧的產婦，在預產期臨近時，開始緊張，探詢何時會生？我說：「我沒有把握準確地預測，你也不可能知道，你肚子內的孩子會替你選擇時間，你開始陣痛，那時你就知道了。」就是根據上述的道理。最近曾有研究報告指出用超音波儀觀察，在分娩四十八小時內，胎兒的呼吸運動頻率大大地降低，甚至停止。再加上其他的因素，將來可能準確地預測分娩開始的時間。

分娩前子宮及子宮口變化

分娩的信號(Signal)雖然由胎兒發出，但是子宮(Uterus)及子宮口(Cervix)早在數週前就作準備。子宮口可能受各種荷爾蒙如

Estrogen, Relaxin, Prostaglandin之作用開始軟化，變薄或開張。子宮肌肉層之細胞間開始建造橋樑，彼此溝通以便陣痛一開始，所有細胞能通力合作同時收縮，產生集體的力量，將胎兒往下擠，以便通過狹窄彎曲的產道而生下來。這個細胞間的橋樑叫Gap Junction，也是近年來用電子顯微鏡觀察比較妊娠中之子宮肌層和分娩中子宮肌層之異同才發現的。分娩將開始時，抑制子宮收縮之胎盤荷爾蒙Progesterone會減少，促進子宮收縮之荷爾蒙Estrogen會增加，得到胎兒信號之後在胎盤、胎膜及子宮內膜之間，開始產生酵素及含磷脂肪之變化，進而產生有刺激子宮收縮之荷爾蒙Prostaglandin及其前身Archidonic Acid，最後母親之腦下垂體開始大量分泌催產素荷爾蒙Oxytocin，刺激子宮作規律性之收縮，子宮口逐漸開張，完成分娩程序。因此妊娠未滿卅七週子宮口就開始軟化開張，有時會引起早期破水，有時引起子宮收縮而發生早產。反過來，如果發生過期懷孕，則可用Prostaglandin或Oxytocin催生。

發生早產的因素及防治

早產兒之存活率和妊娠週數和胎兒體重有密切的關係。一般而言，廿五週以前體重五百克以下，百分之百會死亡。芝加哥大學1980年至1985年間的統計，五百至七百五十克（廿五至廿六週）之間，19%存活；七百五十至一千克（廿七至廿八週），47%存活；一千至一千二百五十克（廿九週至卅週），78%存活；一千二百五十至一千五百克（卅一至卅二週），89%存活，一千五百至二千克（卅三至卅四週），96%存活；二千克或卅五週以上新生兒存活率，則與到期產新生兒接近。早產兒死亡的原因最多為肺部玻璃膜症（Hyaline

Membrane Disease)引|起的呼吸窘迫(Respiratory Distress)、缺氧、酸中毒而死亡。其次是腦出血，再次為肺出血、肺炎、敗血病(Sepsis)、疽壞性腸炎(Necrotizing Enterocolitis)、腎衰竭等。

發生早產之因素可大致分類為：

一、子宮口閉鎖不全(Cervical Incompetance)：發生在廿週左右，可用手術用粗線將子宮口縫緊(Cervical Cerclage)，一直保持到卅七週之後拆線生產。

二、子宮過份膨脹(Overdistention of the Uterus)：最常見於多胞胎及羊水過多症。雙胞胎平均在卅六週生產，50%以上為早產，三胎胞平均卅一週，90%以上為早產，四胞胎平均廿九週，100%早產。羊水過多症可積水達二至八公升(Liters)，且常合併胎兒畸型。防治方法為在廿八週以後臥床休息，減少活動，如有子宮收縮則使用抑制子宮收縮的藥物。

三、早期破水(Premature Rupture of Mambranes)：即胎膜於子宮口鄰近破漏，羊水流出。有時合併細菌感染，有時子宮開始收縮而發出早產。卅五週以後發生早期破水，採取住院催生。卅四週以前，尤其預定胎兒體重在一千五百克以下者，採取保守的臥床住院，延長妊娠，增加胎兒存活的機會，但其間常因細菌感染，臍帶脫出子宮口外，或胎盤剝離而導致死胎。因此產科醫師應衡量利弊，作適時適當的緊急處置。

四、產前出血(Antepartum Hemorrhage)：有兩種情況，如大量早期胎盤剝離(Abruptio Placentae)，有即刻引起死胎及母體失血休克之危險，往往需要緊急手術及輸血。前置胎盤(胎盤長在子宮下部或蓋住子宮口)需絕對臥床，常可延長懷孕到卅五週以後，胎兒成熟，再剖腹生產。

五、母體內科合併症：包括高血壓、糖尿病、貧血、心臟病、氣
　　喘病、腎病等。

六、母體產科合併症：包括子癇前驅症，過去早產、死產、流
　　產、吸煙、喝酒、吸毒、細菌及病毒感染。卅八歲以上高齡
　　產婦，十七歲以下少女，體重過輕，營養不良。

以上兩項除了對疾病治療控制，改掉不良嗜好，如有迫切早產，
用藥物控制(參考前期高危產婦)。

七、原因不明：50%左右孕婦發生腰痠下腹痛，用胎心率監護及
　　子宮收縮測定器，可測出早產子宮收縮情形。此時除了臥床
　　住院並使用靜脈藥物，過了緊急期後可改用口服藥，壓抑子
　　宮收縮延長妊娠期間，防止早產。在未有早產破水且子宮口
　　開張在四公分以下者，80%能防治成功。目前有五大類藥品
　　有效，最普遍的為Beta-mimetic Agents，包括Ritodrine,
　　Terbutaline, Isoxusprine等，其次琉酸鎂(Magnesium Sulfate)、酒
　　精(抑制Oxytocin分泌)、Indomethacin(抗Prostaglandin)Nifedipine
　　(抗鈣離子)、都有壓抑子宮收縮，防止子宮口繼續開展之作
　　用。口服藥常需使用到卅七週後才停止。所謂原因不明，在
　　1990年代已證實為潛伏性細菌感染所引起。

過期產的危險

　　妊娠過了四十二週，胎盤機能開始退化，羊水含量逐漸減少，
胎兒容易發生缺氧(Hypoxia)、營養不良、排出胎便(meconium)等現
象。大概20%之胎兒，這種營養不良及缺氧現象繼續下去，會變成
瘦皮猴一樣的外觀，指甲長、失掉皮下脂肪、皮膚起皺紋，或表皮
剝落，有時排出胎便吸入肺中，缺氧程度嚴重的會產生酸中毒

（Acidosis）而導致死亡。

另80%可能繼續長大，一部分變成四千克以上的巨大兒（Macrosomia），會發生難產。有時發生胎頭生出後，肩膀扣住在產道內，進退兩難叫肩難產（Shoulder Dystocia），造成產中死胎的現象。因此過期妊娠除了使用超音波儀（測定羊水含量、胎體動及呼吸運動，測量胎兒各部位大小）及胎心率監護器，測定胎心率是否正常，以維護胎兒健康外，應即時考慮催生。如遇胎兒危急情況，或巨大兒有難產危險時，應考慮剖腹產。

32. 子宮生長遲滯兒及巨大兒

甚麼是子宮內生長遲滯胎兒

在1960年之前，所有體重在2500克以下的新生嬰兒通通稱為早產兒。1963年，Gruenwlad教授對所有死亡之嬰兒檢驗時，發現2500克以下輕體重之嬰兒之中，三分之二為實際的早產兒，另三分之一則其出生在37週以後之到期產(Term Delivery)，其體重不足乃因子宮內生長遲滯所致，這一群嬰兒通稱子宮內生長遲滯胎兒(Intruterine Growth Retardation，簡稱IUGR)。1970年前後，科羅拉多州大學小兒科Lubchenco教授，按照新生兒體重及出生之妊娠週數，畫出子宮內胎兒成長曲線(Fetal Grow Curve)。中間代表平均值之多數算50%曲線(50th Percentile Curve)，生長率頂高在90th Percentile以上的，如果到40週生產即將4000克以上，成為巨大兒(Macrosomia小兒科稱LGA嬰兒，Large for Gestational Age)。生長率極低在10th Percentitle以下的即為IUGR，或稱SGA嬰兒(Small for Gestational Age)。介於兩者之間之大多數嬰兒稱為AGA(Adequate for Gestational Age)。換句話說IUGR就是在子宮內發育生長遲緩，導致體重不足之後果。你如果到農村會看到母雞帶一群小雞，其中有一隻小雞特別小，有時尚有跛足畸型。

一群小豬在哺乳，其中一隻特別小的，常被較大的兄弟們擠到一邊，得不到哺乳的機會，結果生後的成長也比其同生兄弟姐妹慢，體重的差距愈來愈大，這是動物界IUGR的例證。

IUGR在近代產科的重要性

與AGA正常胎兒比較，IUGR出生前後在所有高危妊娠中，死亡率僅次於早產兒(詳前文早產及過期產)。IUGR的胎兒在妊娠期間容易發生缺氧、酸中毒、胎便排出、窒息死亡的現象。缺氧及窒息死亡往往因胎盤機能不足、胎盤過小或因羊水減少發生臍帶被擠迫，一時發生嚴重缺氧及酸中毒所致。出生後的IUGR新生兒常有呼吸窒息、酸中毒、胎便吸入肝中引起肺炎、低血糖、低血鈣、低體溫、血液因紅血球過多造成黏稠度過高，進而發生血管阻塞等等的合併症。

因此IUGR之產前診斷愈早愈好，妊娠期間胎兒成長率及健康程度的監護，以及胎兒成熟時(妊娠37至38週)，適時主動地進行催生或剖腹生產，以保證最佳的後果。出生後的IUGR嬰兒，如屬於下述第二型沒有合併畸形的IUGR，可能成長快速，智力與正常嬰兒無異。

可是一部分IUGR，尤其是早產的IUGR，其出生後的發育則較差。智力、神經系統及五官的功能也可能略遜一籌。預後(Prognosis)最壞的則為第一型IUGR，低智能、畸形、小頭(Microcephaly)及早期死亡，甚少能長大成人的(參考前文第35篇，先天性胎兒畸形之產前診斷)。

IUGR的成因及產前監護

大約20%IUGR屬於懷孕早期有不良遺傳因子(染色體異常)或在器官形成期(Organogenesis妊娠6至12週)，感染風疹(Rubella)巨核細胞病毒(CMV)、用藥(如Thalidomide，治癌藥物)、放射線傷害、先天性

器官缺少(如先天性胰臟缺失症，先天性無腎症)等等原因引起的。這種IUGR本身失去成長效率(Low Growth Potential)，胎兒頭小體小，合併多種先天性畸形，有時叫對稱性IUGR，預後極差，如能在妊娠20週之前診斷出來，如果孕婦及家屬同意，可進行墮胎。

另外80%則屬於第二型，此種IUGR胎兒，受胎盤機能低落或母親有合併症所引起。由於慢性輕度缺氧及營養供應略為不足，因此血流流向心、腦等重要器官的，比其他次要器官為多，長期下去，造成頭大體小的現象，故亦叫不對稱性IUGR，其造成之原因很多，舉其重要的如下。經產婦有過兩次以上IUGR者，再生IUGR之可能性增加五倍(約有30%)，嚴重高血壓5%，腎病及腎移植者25%，雙胞胎25-40%，發紺性心臟病30%，吸煙、酒精慢性中毒20%，極度營養不良體重在一百磅以下，或妊娠後體重增加少於15磅(正常應增25至30磅)有20至25%生出IUGR的機會。

IUGR之診斷，過去有不良產科記錄，特別是早產及死胎，應提高警覺。產科檢查發現體重不增、體重過輕，或子宮底不長高，尤其是有高血壓、蛋白尿的病人，就極有可能是IUGR的病例。可是目前最正確的診斷，端賴超音波儀(Ultrasound)。尤其是機器較小，能隨便搬動之Real-Time Ultrasound更為方便。新產品之Ultrasound照出的影像清楚，能量出頭圍、腦腹圍、大腿骨長度，進而計算胎兒的體重，目前用超音波計算出來的胎兒體重和三天內出生胎兒體重之比較，其準確性可達到8%以下之誤差率，是相當準確的。

超音波可查出胎兒是否有重大畸形、男女性別、子宮內羊水含量、是否有前置胎盤等功能。更進一步有人用超音波儀計算肝臟的大小、腎上腺的大小、皮下脂肪層的厚薄，對於IUGR的診斷

有幫助。這些診斷亦能用新進展的電磁共振儀(Magnetic Resonance Imaging 簡稱MRI)，更明顯地顯示出來。惟後者價錢昂貴，機器龐大，祇有大醫院有此設備，使用並不普遍。如果間歇性使用超音波，每3至4週使用一次，可計算出胎兒體重、頭腹圍及各器官之成長率，亦可看胎盤及羊水之變化。

IUGR胎兒在子宮內健康的監護，過去使用測定母血中由胎盤或胎盤及胎兒腎上腺共同產生之兩種Hormone，即HPL和Estriol之高低而判斷。目前使用胎心率監護器(Fetal Heart Rate Monitor)，觀察是否有正常的基準胎心率之變動性及胎動是否胎心率驟然加速(FHR Accelerations)，這是正常而健康的表現，再加上使用Oxytocin誘導子宮收縮，每三分鐘收縮一次，觀察胎心率是否在宮縮時減速(FHR Decelerations)，前者叫Nonstress Test (NST)，因為觀察期間沒有宮縮。後者叫Contraction Stress Test (CST)或叫Oxytocin Challenge Test (OCT)，作CST時如有胎心率減速的現象，表示胎兒可能不健康。

另外用超音波儀觀察(1)胎動。(2)呼吸運動。(3)羊水含量。(4)胎兒肢體伸張是否堅強有力。如果這些情況比正常減少，則胎兒可能不健康。這四項觀察再加上觀察胎心率NST是否Reacative (表示有胎動時心率加速)，共5項來計分，這個方法叫Fetal Biophysical Profile Scoring System。每項最高兩分，最差零分。因此在0至10分之間判斷胎兒之健康程度，7分以上健康正常，4至6分之間有疑問，Test最好在48小時內重試，3分以下為胎兒危殆之信號，應立刻處置，住院觀察或剖腹分娩。剛出生之嬰兒亦有類似健康程度判斷的標準，叫Apgar Score System，是哥倫比亞大學Apgar教授首創的。共有五項：

⑴心跳率每分鐘一百次以上2分，一百次以下1分，無心跳0分。⑵呼吸：正規呼吸2分，不規則呼吸1分，無呼吸0分。⑶四肢肌肉之堅強及鬆弛度。⑷對外來刺激的反應。⑸身體及四肢之顏色，發紅、發紫、或蒼白等。

總分在7分以上為健康的嬰兒，4至6分為軟弱的嬰兒，需細膩照顧，3分以下則有生命的危險，需要即時急救。這兩種Soring System很像運動競賽場中五項全能運動。得勝者得獎牌，失敗者傷心垂首。不幸是IUGR胎兒在這兩種產前及產後的健康競賽，常屬於敗者。

為了挽救這不幸胎兒的生命，剖腹產率高達25至30%之間，而IUGR需新生兒加護嬰兒室照料的比例亦甚高。

巨大兒之成因與合併症

與IUGR剛剛相反，巨大兒(Macrosomia)係因胎兒在子宮內過份成長的結果。最常見於糖尿病的妊婦，沒有將血糖控制好，這母血高血糖(指葡萄糖)及一些隨帶之胺基酸(Amino Acids)，會通過胎盤製造成胎兒血中之葡萄糖增高，這個現象會刺激胎兒胰臟過份分泌胰島素(Insulin)，而胰島素則為促進子宮內胎兒成長、蛋白質合成、脂肪及肝醣儲存最重要的荷爾蒙。因此巨大兒是非常肥碩的小胖子。筆者曾精心研究胎兒胰島素以及和胰島素同時聯合分泌之C-胜肽(Proinsulin Connecting Peptide，簡稱C_Peptide)和子宮內胎兒成長狀況之關聯。發現不論在臍帶血或羊水中胰島素及C-胜肽之濃度，在控制不良的糖尿病胎兒，尤其是巨大兒，是非常高的，反過來IUGR胎兒這兩種荷爾蒙的成份都很低。其他能產生巨大兒之原因，包括過期產及肥胖孕婦(250磅以上的)。

　　巨大兒約佔所有出生兒之5%左右，其定義為體重在4000克以上，且在胎兒成長曲線之頂端，在90th Percentile line以上。超音波儀可量出胎兒體大、頭也大。但巨大兒頭徑有時比AGA大不了多少，糖尿病的巨大兒有時合併羊水過多症，即母親的肚子會顯得特別大。為了防止巨大兒之產生，據筆者最近的研究，趁早控制母親的血糖，避免血糖過高(在妊娠32週之前較有效)及妊娠過期到42週即催生。巨大兒容易發生難產，特別是肩難產，可能導致產中胎兒受傷或死亡。因此剖腹產率和IUGR一樣在25至30%之譜。如勉強經產道分娩，產中死亡率有高達20%之報告。巨大兒出生後發生低血糖、低血鈣、呼吸窘迫、黃疸的比率，也比AGA嬰兒高很多，應及時治療。

33. 我的子宮要不要被切除？

筆者自醫學院畢業，受婦產科專業訓練，先後執教於台大、芝大，專門研究胎兒生理病理、遺傳缺陷，教授的課程也在這一方面。但是二十五年來，最常被台灣同鄉請教過的問題，包括我的子宮要不要被切除？我已經懷孕了，××藥可不可吃？我們已經結婚三年了，公公婆婆要孫子，怎麼辦？我的月經停了又來，來了又不停，有時有血塊，怎麼辦？……這些問題相信在三年內，在公論報醫學專欄都可找到答案。

本文就是針對「子宮切除」(Hysterectomy)之必要性，手術的利弊和手術後的生活略加說明。

女人的困擾？疼痛、流血、發炎與長瘤

在美國，子宮切除和割扁桃腺(Tonsillectomy)、割膽囊(Cholecystecomy)，同被列為過份濫行的外科手術，換句話說許多病人的症狀未達到非切除不可的程度，病人卻被醫師說服「乾脆拿掉，一勞永逸」，而接受了手術。保險公司及州市政府卻指責這些醫師無德，無理地撈了一筆手術費，因此近年來開始盛行第二醫師複診意見(Second Opinion)之程序，以決定手術的必要性。在台灣，因為沒有手術標本必須病理檢查的絕對要求，除了上述三項手術，可能還要加上幾項，其中許多人以「胃潰瘍」、「胃癌」為由，被切除了三分之二「正常的胃」。

子宮是女人的專利品，是傳宗接代的必要工具，也是未出生胎兒的宮殿、保溫箱、游泳池。這個媽媽肚子裏生兒育女的器

官，十月懷胎可隨著胎兒的長大增大12倍(由80公克增至1000公克)。這個器官也是每月一次月經流血的泉源。在1980年代，無卵巢、無輸卵管，仍能借用她的的卵子，試管受精，再放入子宮內完成生育。可是缺少子宮而想自己生子是絕無可能的。可見子宮是女人重要象徵之一，沒有子宮的女人由某一觀點而言(無法生育，沒有週期性月經)，是顯得不完整的。

1. 疼痛——月經痛在一部分婦女非常厲害，目前的研究可能過份分泌Prostaglandin，造成子宮痙攣性收縮，大部分可用藥物治療，如Tylenol, Advil, Motrin等止痛藥，常能有效控制。絕少有割除子宮，以斷「痛源」的需要。倒是有一部分病人，因慢性生殖器官發炎或發生子宮內膜症(Endometriosis)，長期藥物治療無效的情況下，有時子宮切除是根絕長期生活困擾的唯一方法。

2. 流血——週期性的月經，雖然受腦下垂體及卵巢荷爾蒙的控制，可是造成月經血流的是子宮內膜，不正常的出血使月經次序混亂，流血不止，大量血塊，使人驚心，這時必須求醫檢查治療。大部分的病例用荷爾蒙治療(包括用口服避孕藥片調節)或把增厚或長息肉(Polyp)的子宮內膜刮除就可解決問題。如果上述方法無效，長期出血會造成嚴重貧血，部分病例是有切除子宮，以阻止長期子宮出血的必要的。另外因嚴重子宮外傷性出血不止時，如刮子宮造成破裂、生產時子宮破裂、子宮無法收縮、胎盤侵蝕子宮壁等，都會造成大量出血，直接威脅病人生命，緊急子宮切除是必要的救命步驟。

3. 常見的生殖器感染發炎(包括子宮內膜炎、輸卵管炎、卵巢炎)，用有效的抗生素治療常可痊癒。淋病、砂眼菌(Chlamydia)及多菌種引

起的發炎，有時會反覆感染，造成無法用抗生物治癒的慢性骨盆器官炎症(Chronic pelvic Inflammatory disease 簡稱 Chronic PID)，此時輕者發生不孕症、子宮外孕及慢性骨盆痛(或下腹痛)，重者產生輸卵管及卵巢膿胞(Pelvic Abscess)及腹膜炎(Peritonitis)，此時除了用大量抗生藥物外，常需手術去除膿胞、膿水，時常需摘除病源——包括子宮、輸卵管及卵巢。

4. 長瘤——子宮本身所長的瘤，最常見的是子宮肌肉瘤。因為近20%的婦女，中年以後會有小肌肉瘤發生，此瘤為良性(只有0.5%有惡性變化)，這是造成醫師濫行子宮切除的主因。筆者要在此強調，沒有症狀的小肌肉瘤，是絕對沒有子宮切除的必要的。如有發現上述子宮肌肉瘤，必須每六個月作婦科檢查，查看是否迅速長大，產生流血不止的現象或長到3倍以上(相同於妊娠12至14週之子宮大小)，且壓迫膀胱、直腸，產生疼痛頻尿、便祕、貧血等症候，則有手術切除的必要。很多患者可長期觀察到停經(更年期)後便會自行縮小，而免除手術之痛。反過來，如果長的是癌症，不論是子宮頸癌(Cervical Cancer)、子宮體癌(Corpus Cancer 或稱 Encometrial Cancer)或是卵巢癌(Ovarian Cancer)，則是及早作子宮切除最好，有時兩側輸卵管及卵巢都要同時切除的。

5. 子宮膀胱脫出——這是發生於年紀大的婦女，尤其是更年期以後，體內缺少卵胞荷爾蒙(Estrogen)，因此陰道粘膜萎縮，再加上子宮支架的繫帶(如圓形韌帶、主韌帶及子宮坐骨韌帶)鬆弛，子宮便向陰道口下垂，甚至脫出體外。膀胱常隨之下垂，許多患者甚至發生膀胱失禁(不隨意泄尿)的現象。此時最好的治療為子宮切除及修復膀胱下垂。

手術方法及合併症、後遺症

在1980年代，除了嚴重的癌症，因子宮切除術而死亡的病人在百分之一以下，可算是相當安全的手術。手術方法可由陰道手術或開腹手術兩個方向進行切除子宮。一般而言，如子宮下垂，或子宮本身小，因發生嚴重出血或零期子宮頸癌(Carcimona in situ of the Uterine Cervix)而必須切除者，可採取經陰道子宮切除術。增大、長癌、長瘤的子宮，因發炎而有嚴重粘膜的子宮，或需要同時剔除輸卵管及卵巢者，以開腹子宮切除為宜。嚴重子宮癌或卵巢癌，不但要切除全套生殖器官，連骨盆內及大動脈旁之淋巴腺及脂肪組織，上半段近子宮之陰道組織都需切除，叫根絕性子宮切除術(Radical hysterectomy)，期望癌症可因之而治癒。1990年代以後，以腹鏡進行子宮切除術漸漸普遍，病人康復快，住院期間短。

子宮切除術雖然相當安全，但因麻醉、手術後感染(Infection)、輸血等引起之合併症，而需延長住院治療者卻在10%左右。此手術關聯到容易引起大量出血的子宮動脈的切斷及結紮，常發生大量出血必須輸血，在大眾恐懼因輸血而得到B型肝炎，非A非B肝炎及愛滋症(AIDS)的今日，子宮切除如非絕對必要，切莫輕易嚐試。因子宮切除手術引起的合併症、後遺症的確比紮輸卵管、切除卵巢小瘤，或刮子宮等簡單婦科手術高得多。子宮切除術也比剖腹生產(Cesarean Section)危險。

子宮切除後女人會不會男性化？

在生育年齡的婦女進行子宮切除通常不摘除卵巢，四十五歲

以上或更年期後的婦女，醫師進行子宮切除時常同時切除卵巢，防止以後發生難治的卵巢癌症。畢竟此時婦女已不排卵，也停止卵胞荷爾蒙的分泌，卵巢切除或留下來，對於荷爾蒙的代謝功能是一樣的。可是年輕的婦女如果進行單純的子宮切除而保留卵巢，則不會男性化，也不會變得易老，縮短青春，性生活亦不會起變化。因為促進女性化的荷爾蒙（Estrogen）是由卵巢分泌，而不是由子宮分泌的。可是如果子宮切除合併卵巢切除時，手術後年輕的婦女應終生服用Estrogen（至少服用到更年期年齡，五十歲前後），以保持女性美不提早衰退，也可避免更年期症候之發生及性生活之困難。

結語

　　子宮切除術在醫術發達的今日，是一種相當安全的手術，可是除非絕對必要（如長癌，或保守療法失效時），卻不可輕易嘗試。不再生育、避免每月來經的麻煩，都不是子宮切除的理由，換句話說婦女不應輕易放棄其與生俱來的特權。反之，如果已經發現癌症的發生，或子宮破裂大量失血時，子宮切除術是保命救命的捷徑。有問題的婦女應與妳的醫師商量，第二意見，甚至第三意見，常可幫助妳作最佳的抉擇。

34. 避孕藥的過去、目前和將來

引言

　　台灣的社會結構已進入「已開發」國家的特色：生產工業化、經濟貿易企業化及國際化，隨帶而來的小家庭制度，人口集中於大都市，青少年自由戀愛，養育兒女重質不重量和日本、美國目前的社會制度相差無幾。家庭計劃與節育無可否認的，是這種社會制度下一個重要的課題。

　　在目前各種避孕方法之中，使用藥物避孕是最有效的方法。可是社會上及傳播界對於口服避孕藥的副作用過份強調，使許多婦女談虎色變，不敢輕易嚐試。結果不是受到人工流產合併症的傷害，便是兒女成群，使家庭陷於極度經濟、教育的壓力，無法享受美滿的家庭生活。為了澄清這些疑慮，筆者想由避孕藥的過去、目前和將來加以分析比較，盼望使讀者有充分的瞭解。

避孕藥的副作用

　　口服避孕藥片是一種荷爾蒙製劑，其中以混合型藥片，包括卵胞素(Estrogen)及黃體素(Progestin)在一起的一種最廣為使用，兩種荷爾蒙都是合成製劑，因此售價相當便宜。

　　過去的口服避孕藥片，在二十年前使用大劑量卵胞素，如含有1，2或5 Minigram (mg‧毫克)的Enovid藥片，引起相當強烈的副作用，噁心、嘔吐、水腫、體重增加，是很不好受的。

　　另外一種祇含Progestin的叫Mini pills，雖然副作用沒有Enovid強，但因避孕失效率較高，且週期中會斷斷續續少量出血，非常

煩人，也就被淘汰不用了。

　　過去台灣衛生署曾主張使用Depot Provera，是大劑量的合成黃體素，一針打下去月經可以數月半載不來，雖然達到避孕的效果，可是要使用者恢復月經排卵卻不容易，許多造成長期停經及不孕，非暫時性避孕的良策。

　　一九七〇年代使用的口服避孕藥片，是含Estrogen 50或80 microgram（μg微克；1毫克＝1000微克，因此為前述Enovid劑量之二十分之一至一百分之一）及1 mg的Progestin，如Ortho Novum 1/50或1/80，即表示每一片藥中荷爾蒙的含量，此時上述嘔吐、體重大量增加、水腫等症狀即大大的改善。

　　根據英國皇家醫學中心的統計，使用口服避孕藥的結果，35歲以上的婦女，尤其是抽煙者，發生心臟、血管毛病如腦血管栓塞、心肌梗塞等能致命的疾病高出許多倍，引起大家的恐慌，許多醫師絕對不給35歲以上的婦女或抽煙的婦女口服避孕劑的處方，殊不知這是統計上分別出高危群（High Risk Group），而其實際發生的頻率很低。其危險性比起人工流產、足月生產所能發生的合併症低得多，相差以千里計。

　　當然有許多疾病被列為使用避孕藥的禁忌，心臟病、中風、血管栓塞症、高血壓、肝病、卵胞素（Estrogen）能引起惡化的疾病，如子宮內膜癌、乳癌、新陳代謝疾病，如高膽固醇及高脂肪、糖尿病等。肝臟是促進分解代謝Estrogen之器官，肝疾病可以減緩Estrogen之分解，促成血液中Estrogen之存積。另有許多疾病，如良性的子宮肌瘤，使用口服避孕藥雖有促進肌瘤成長之嫌疑，但其減少月經過多的功能，功過相抵，並非絕對的禁忌。

目前的口服避孕藥及其好處

最近低劑量口服避孕藥(Estrogen減少至30或35微克)為最受推薦
的。剛服用時有些人會有週期中出血(Breakthrough Bleeding)，但大
部分的使用者在使用三個月後，此現象便完全消失。如果此現象
繼續發生，該使用者可能應回到含Estrogen 50微克的中等劑量避
孕藥。

最近以低卵胞素含量避孕藥(含30至35微克者)為對象作研究，
發現使用口服避孕藥並不使輕度或中度高血壓者增高，不使乳癌
或乳部良性瘤惡化，新陳代謝穩定，膽固醇不增高，因此過去列
為禁忌的疾病，服用今日改良後的口服避孕似乎相當安全。提到
血中的膽固醇及磷脂蛋白(Lipo-Proteins)，其中對促進血管硬化最
有關係的是低密度磷脂蛋白(Low Density Lipoprotein, LDL)，此成份
之增高不是因卵胞素(Estrogen)所引起，而是由黃體素(Progestin)所
引起的，因此使用作用較弱的Progestin(Norethindrone或Norethidrone
Acetate)，如Norinyl 1/35.、Ortho Novum 1/35.、 Modicon 35、
Ovcon-35、Loestrin 1.5/30，比含強力Progestin(如Norgestrol,
Levonorgestral)之產品Lo-Ovral、Nordett等為安全。

近幾年更有逐漸增高Progestin，由0.5、0.75到1.0毫克的
Progestin，以配合月經週期，更合乎月經自然週期黃體素變化而
改量的新產品，如Ortho-Novum 7/7/7，Tri-norinyl，Triphasil等則
被認為更安全。

由上面的說明，讀者可知經過一再改良的今日口服避孕藥，
可說副作用已經微乎其微，禁忌尺度已漸放寬，仍是最有效的避
孕方法。每日一粒，可取代體內自然荷爾蒙的分泌，完全抑制排

卵，達到近乎百分之一百之避孕效果。

除了避孕的功能，避孕藥片可用以減少月經出血量，調整不規則月經。要出外旅行、結婚、慶典、大宴會時，不要碰到月經來臨，可借此藥物調開經期，對於子宮內膜症、嚴重經痛等毛病則有治療效果。

將來的展望

口服避孕藥目前雖然改良到副作用極微，避孕效果極高的地步，可是使用者必須每日服用，不能間斷。有些婦女嫌其麻煩而不使用，有些人斷斷續續使用，則失去避孕功能，且導致不規則子宮出血，尤其是結婚前少女，常患此毛病。目前有多種研究可補救此缺點。一種方法是一種荷爾蒙(Levonorgestral)裝在一個3公分長、2.4公分直徑的Silastic Tube，並種植於臀部皮內，荷爾蒙可慢慢滲出體內達到避孕效果。一次裝植可能有避孕效果長達五年以上，目前北歐國家如芬蘭、瑞典已開始試用，初步結果甚佳，此種產品目前定名為Norplant。另一種研究中的藥品為抗黃體素(Anti-progesterone)，暫定名為RU486，目前在法國試行研究中，好處是每個月使用一次，能導引月經來臨，同時亦可使極早期懷孕的婦女造成自然流產。在目前抗議人工流產風聲日緊的美國，此藥可達到催經及促成早期流產的雙重效果。不必等到妊娠試驗陽性後再作人工流產，可謂一箭雙鵰。另外如男性避孕藥物的研究、子宮口帽加藥物等避孕方法之研究，筆者不再在此詳述。

結語

每一位婦產科醫師都會被請教避孕的方法，這個如同到自助

餐廳，任君挑選，也如同去書店買書、買錄影帶一樣，千百種任君選擇。避孕藥如同抗生素，是各藥廠競爭推銷最烈的產品，真是琳瑯滿目。筆者可以在此忠告兩句話，第一，今日的口服避孕藥可說是副作用極微、效果極佳的避孕方法。第二，選擇何種產品，是否妳有健康上的禁忌，一定要請教專家醫師，因為買避孕藥是需要醫師處方的。最後盼望對於徘徊在十字路口的婦女，本文能略盡指點迷津之功能。

35.高危險性胎兒健康檢查

高危性胎兒之子宮內健康檢查(Biophysical Evaluation of the High-Risk Fetus)，在基礎醫學已進步到由分子生物學(Molecular Biology)及遺傳基因(Genome)診斷多數疾病的成因，甚至決定防治方針的今日，臨床醫學亦有飛躍的進展。

過去的產科學講究妊娠合併症的防治和安全助產技巧(如產鉗、臀位分娩、剖腹產)的訓練，卻對子宮內胎兒的生理病理以及發育成長過程缺乏瞭解。因此對於突然胎死腹中及新生兒發現有重大畸型缺陷時感到意外、遺憾。這是因對於懷胎十月的孕婦，無法窺測子宮內胎兒的生態，無法事先作子宮內胎兒的健康檢查所致。

目前利用胎兒心率監視法(Fetal Heart Rate Monitoring)、超音波透視影像(Ultrasonography)、Doppler超音波血流波型分析法(Doppler Blood Flow Wave Form Study)和臍帶血產前檢查法(Percutaneous Umbilical Blood Sampling簡稱PUBS)或稱臍帶血管穿刺術(Cordocentesis)等的物理性新科技，對於高危性胎兒(The High-Risk Fetus)做種種檢查，判定其健康狀態，並決定最安全的生產時機和生產方法，盼能達到胎兒的「品質」控制，將最優良的妊娠「產品」(新生兒)，交給小兒科醫師繼續照顧。

最典型的高危性胎兒，包括早產兒、高血壓及糖尿病孕婦的胎兒、多胞胎兒和患有子宮內成長遲滯症(Intrauterine Growth Retardation，簡稱IUGR)的胎兒。

本人於十年前專研IUGR，終於編著一本專書，由McGrow-

Hill於1984年出版,書名為「Intrauterine Growth Retardation:Patho-physiology and Clinical Management」,為該專題第一本以英文寫成的教材書,當時曾轟動國際婦產科學界。1990年本人交下北美洲台灣人教授協會(NATPA)會長重任後,即再度專心著書和兩位產科界教授同僚(一位專門於超音波學,一位專門於遺傳學,我的專門是胎兒生理病理學),合著一本一千頁左右的專門教科書,定名為「The high-Risk Fetus」,由Springer-Verlag New York Publisher出版,將於一九九二年底問世。

談到妊娠品質控制,在「早期妊娠」即有許多方法,如陰道超音波影像(vaginal ultrasonography)、胎盤絨毛的染色體研究(Chorionic Villi Sampling簡稱CVS)、羊膜穿刺的羊水細胞遺傳學分析(genetic amniocentesis)和母血的胎兒甲蛋白測定(Maternal Serum Alpha-Fetal protein Screening)等方法,以剔除不正常的妊娠。而妊娠六個月以後的子宮內胎兒健康檢查更為重要。傳統產科科學對新生兒健康判定的五項標準,是心跳頻率、呼吸狀態、肌肉張力、刺激反應和皮膚的色澤五項。滿分為十分,死胎為零分,這就是所謂Apgar Scores。

在子宮內的胎兒,用上述種種科技儀器作同樣的胎兒健康檢查。前四項和出生後的Apgar Scores的判定完全一樣。最後一項,膚色因使用的超音波顯示黑白影像,無法採用。取而代之的是觀測子宮內羊水含量的正常或缺少,以作計分的標準。

首先談到胎兒心跳頻率(FHR),健康的胎兒心跳頻率在每分鐘一百二十次至一百六十次之間(約為大人心跳率的兩倍),且時有波狀起伏及間歇性的心跳劇增(FHR Acceleration)的現象。反過來如果心跳率成一直線平靜無波或雜有間歇性下降(FHR Deceleration),即為病態,包括胎兒缺氧、胎盤機能不全或臍帶受壓迫的現象。如果

不適時急救，會有胎兒窘迫(Fetal Distress)或胎兒子宮內死亡(Intrauterine Fetal Death)的後果。

儘管子宮內胎兒的氧氣供應，是經由胎盤臍帶血流，而非由肺的呼吸運動以達成氣體交換，然而胎兒自妊娠十四週以後，即能觀測到呼吸運動。妊娠二十六至四十週之間的胎兒意識狀態有清醒、淺睡(或稱快速眼動睡眠，REM Sleep)及深睡三階段。

清醒時胎兒有體動及呼吸運動，淺睡時有呼吸無體動，深睡時則呼吸及體動完全消失。正常的胎兒在二十四小時大約有百分之三十至四十的時段可以觀察到規則性呼吸運動。母親每餐後一小時內血糖增加，胎兒呼吸運動的出現率加倍。反過來，母親血糖低，飲酒抽煙，服用鎮定、止痛或麻醉藥物，以及母體缺氧都會導致胎兒呼吸運動頻率的減少。

胎兒缺氧或發生急性細菌感染，以及子宮陣痛收縮時，胎兒會呈現不規則性深呼吸或完全停止呼吸運動，這是病態。

胎兒呼吸運動的觀察，是要在超音波機前的連續觀測三十分鐘。觀測到規則性呼吸運動得兩分，完全看不到呼吸運動則為零分。

再談到胎兒的體動，此項目包括大運動及小運動。胎兒作大運動時，孕婦會感受到，此即所謂胎動。包括手腳踢動、身體轉動及翻身、伸腰等動作。小運動則包括眼球轉動、嘴的吸吮動作、呼吸運動等等。

最近歐洲(尤其是荷蘭)及日本學者作更深入的研究發現，這些大小體動發生的頻率和胎兒腦功能成熟過程有密切的關係。例如大運動在胎兒清醒時才會發生，且為造成心跳加速的主因。眼球的轉動和嘴的動作密切關聯。有時嘴的吸吮動作，呈現心跳率的

Sine Curve變化，稱為Sinusoidal Patern。過去認為此種變化只會在極度缺氧貧血的病態胎兒發生，現在知道健康的胎兒也會呈現間歇性的Sinusoidal Pattern。

至於肌肉張力(Muscle Tone)的判定是根據胎兒動作而決定。當胎兒手舞足踢時，有如舉重選手彎腰振臀那樣有力或緊握拳頭時，乃是胎兒有正常肌肉張力的證據，可以得兩分。反過來，如果胎兒靜止不動超過三十分鐘，或呈示柔性伸臂、手指張開，頗似芭蕾舞的動作，乃是肌肉張力不足的現象，計分給予一分或零分。胎兒體動、肌肉張力及呼吸運動，可以在超音波機前同時進行，觀察三十分鐘後再加以計分。最後一項為子宮內羊水含量的計分，正常得兩分，中度減少得一分，極度缺少得零分。羊水的產生主要來源為胎兒的尿液。胎兒缺氧時，心臟輸出血流量會自動調整分配，增多供應腦、心臟及腎上腺的血流量，而減少對腎臟的血流量，結果造成排出尿量的減少，繼而產生羊水缺少症。

以上心跳頻率、呼吸運動、胎兒體動、肌肉張力及羊水含量五項的計分，最高總分為十分。總分在七分以上為健康的胎兒，四至六分為有病弱嫌疑者，三分以下為胎兒危急的訊號。這個子宮內胎兒健康狀態的計分法，稱為Biophysical Profile Scoring System，簡稱BPP。

當然超音波尚有其他功能，定期作超音波探測可以診斷胎兒器官的畸型，可以判定胎兒成長速度，以及預測胎兒體重。這些消息可以作為臨床處置的依據。

臍動脈的血流量及Doppler血流波形，更可反映胎兒健康狀態和胎盤功能的盛衰。呈現彩色的Color Doppler及心臟的Ecocardiography，乃是更進步的動態超音波檢查，可以診斷先天

性心臟畸型及胎兒體內各種器官的血流變化。

　　臍帶血管穿刺術抽出的胎兒血液可以分析貧血度、含氧度、酸鹼度、血小板量、血凝因素、免疫抗體、各種感染的IGM抗體、染色體分析等等，進一步明瞭胎兒之健康狀態。

　　臍帶靜脈穿刺術，亦可用於施行直接藥物治療或子宮內輸血。

　　在接近二十一世紀的今日，不但子宮內胎兒健康檢查的步驟近乎完整，而且子宮內胎兒的藥物及手術治療方法亦在突飛猛進。有些疾病的治療與防患，在嬰兒出生的第一天開始已嫌太晚。真正的人生保健應始於胎兒二百七十天的宮內生涯，以奠定出生後百年長壽的基礎。

36. 胎兒醫學

　　我於紐約下州州立大學、哥倫比亞大學、愛因斯坦醫學院研究遺傳學、高危性產科及胎兒醫學(又稱周產期醫學)共八年。後到芝加哥大學任教廿五年，擔任高危性產科門診主任，指導美國及國外研究生研究，教育婦產科住院醫師及醫學生。其間發表研究論文百餘篇，編著專門教科書兩冊，並為其他教科書寫章節、序文，成為國際周產醫學權威學者。二千零一年六月退休，二千零二年七月搬到加州東灣區和各位鄉親成為鄰居好友。

　　人之初，性本善，過去總以為生命是由母親生產算起，而不知由受精卵到出生這段二百六十六日的發育期，乃是人生生命優質、才智和健康最重要的關鍵時刻。這段宮內生活，靠著胎盤由母體血液輸送營養份(葡萄糖、胺基酸、少數脂肪酸)與氧氣而成長；胎兒新陳代謝的廢料(二氧化碳、尿酸等)也由胎盤處理。胎兒在子宮內雖泡在游泳池一般的羊水腔內，雖被子宮約束，但是有呼吸運動、開閉眼睛、耳能聽音響、有時手舞足蹈、翻身滾動、嘴能吞食、也能吐出、更能排尿、甚或大便。胎兒的意識狀態和成人並無不同，有深睡、淺睡(快速眼動睡眠，或稱夢睡)及清醒三階段。因此胎兒的腦波、心電圖、眼動、嘴動、打哈欠、體動都能測出記錄下來。成人的健康檢查項目繁多，胎兒也同樣能測出體重、身高(腿長度、臂長度)、頭圍、腹圍，以判定成長速度；高科技影像更能顯現其面貌缺損、畸型。亦可抽血、驗尿(驗羊水)。高危性產科醫師和胎兒出生後的新生兒小兒科醫師這兩種專家密切配合，對胎兒及新生兒(尤其是有缺陷，輕體重者，以後詳述)照顧得無微

不至。這種合作不遜於神經內科和腦外科,或心臟內科和心臟外科的合作。

人生結婚生子本是天經地義之事,也是生理自然的現象。可是文明的社會對殘障弱小者特別照顧。妊娠中的胎兒大部分會無憂無慮地生下來,為什麼醫學界要長期訓練高危性產科(母體有糖尿病、高血壓、心臟病、腎臟病、自體免疫症等等)、胎兒醫學專家、遺傳學專家、高危性新生兒專家,來照顧這些殘缺弱小的胎兒呢?道理是一樣的。

在經濟不好、科技落後的地方,胎兒宮內生活完全是黑箱作業,人民一點兒也不知,出生後殘缺弱小的新生兒任其自生自滅。可是目前台灣即將擠進世界文明國家的行列,這些事不能不管,因而成為社會民生重要的一環。一個國家文明的高低,常以平均壽命、母體死亡率、周產期胎兒及新生兒死亡率為代表。後者日本最低,瑞典其次,美國佔第二十二位,台灣可能佔三十多位,母體死亡率在美國一九三零年代為十萬個妊婦八百人死亡,一九五零年代為十萬個妊婦八十人死亡,二千年代為十萬個妊婦有八人死亡,七十年間降至百分之一。

目前生育子女重質不重量,一對夫婦兩個子女恰恰好。鄉親中大部分已過了生育年齡,為什麼要知道這些年輕人的事?祖父祖母關心孫兒女,有好後代,自己的人生也許不理想,但也盼望『歹竹出好筍』,聽一點知識總是有好處的。

今天的主題要以幻燈片說明新科技帶來胎兒的三種重要因素,就是畸型、早產及成長遲滯。

前述母體和胎盤既然和胎兒有這樣密切的關係,因此母體不健康、胎盤有問題或胎兒本身有不良遺傳,或受感染、藥物、放

射線的影響都可能造成上述三種結果。新生兒死亡的85%，屬於畸型、早產及成長遲滯症。

妊娠可以分為三期，即初期(十二週以前)、中期(十三週至二十八週)及後期(二十九週至出生)。畸型的問題主要出現於初期，早產則發生於中期及部分後期(二十五至三十三週)，成長遲滯症則發生於中期及後期，甚至過產期(四十二週以上)。

受精卵普通發生於輸卵管(日譯喇叭管)近末端較肥大處，通常一次排一個卵，精子則以萬計，但幸運的一個鑽進卵子後，卵殼變硬，其他精子很難再進入(一將成名萬骨枯)。受精卵開始分裂為二，為四，為八，同時漸漸於三至四日內進入子宮，著床。如果沒有受孕，變厚的子宮內膜崩落成月經。著床後由子宮內膜的部分和胚胎羊膜的部分合成胎盤，而胎兒即由臍帶和胎盤連接，臍帶成為由胎盤到胚胎的輸油管(由一條臍靜脈輸入養分及氧氣，由二條臍動脈輸出二氧化碳及廢料)，因此臍帶是胎兒的生命線。

(A) 畸型

造成畸型有染色體異常(最常見為多一個二十一體染色體，為唐氏症、蒙古症)、也有多一個十三體染色體、多一個十八體染色體、少一個X染色體等等，這些畸型無法治療，痴呆症、心臟病者容易受感染而早死。病毒則包括德國麻疹等多種病毒，藥物包括撒理多賣引起海豹肢，放射性五單位以上(5Rads)。診斷包括由子宮口採取胎盤絨毛(CVS＝Chorionic Villi Sampling)、抽羊水(Amniocentesis)及超音波掃瞄(放射性之CT只用於中後期胎兒)。如果確實證明畸型及染色體異常，便只有墮胎一途。

但是早期超音波影像容易造成錯誤，胚胎五星期即可看到心

跳，而先天性心臟病則要等到十八週以後才能診斷。七到八週的胎兒脊椎神經溝尚未閉全，請不要誤診為脊椎開裂症（Spina Bifida）。同理，腹壁尚未關閉，腸子常浮於羊水中，不要誤診為腹壁缺損。

男女性別的分化，是由七週開始。本來所有的胚胎都具有男（歐氏管Wolfian Duct）女（米勒氏管Mullerian Duct）兩套。男性的染色體為XY，女性的染色體為XX。女性的卵子祇有X染色體。男性的精子則有X或Y兩種。受精卵配合後成為XX（女性）或XY（男性）。台灣過去傳宗接代的觀念極重，婆婆錯怪了媳婦的肚子不爭氣，生的全是女嬰（這是大錯特錯，祖母應該責怪的是她自己的兒子，釋放出太多帶X染色體的精子）。男人更不能以此為藉口娶姨太太。

話再說回來，Y染色體先放出S蛋白（前稱Mullerian Inhibition Factor），抑制女性生殖系統的發育，歐氏管繼續發育成為男性。因此男的是由女的分出來。妊娠初期的自然流產男比女多，從開始，女就強於男。女的米勒氏管由左右兩邊合成一個子宮、一個陰道。如果過程不順利，便留下了雙子宮、雙陰道的人。立體超音波為近十年內診斷畸型的利器。

染色體需要將細胞（絨毛或羊水細胞）培養，促進細胞分裂，才能固定出染色體。目前的科技可以用不分裂的細胞以特別染色，如果有某一個細胞多了一個或少了一個染色體就可直接看出來。這個方法叫FISH（Flouresent In-Situ Hybridation）。近來DNA之研究可以作精細的鑑別，用很少量的樣本可以放大（PCR技巧），再加以電解分析（Electrophoresis）比對，是絕對準確的。

妊娠前期超音波顯示頸皮增厚，也可預測胎兒異常（如XO, Turner症候群），妊娠中期母血（或羊水）胎兒甲蛋白大量增加，可以

診斷無腦兒或脊椎開裂。三種物質合併(胎兒甲蛋白、胎盤素HCG及Estroiol E3)，更可增高診斷的準確性(診斷唐氏症或其他47個染色體的異常)。

(B)早產

早產是妊娠二十週以後，三十七週以前胎兒的出生。妊娠中期的前半(十三週至二十週)，則稱晚期流產。早產在二十五週以前，或胎兒體重五百公克以下，因各器官發育未完成不能存活。二十五週，五百公克以上存活率漸增。如二十八週，一千一百公克，存活率為60%，三十週，一千二百五十公克，存活率為80%，三十四週以上，一千八百公克以上，存活率可高至95%和成熟產(三十七週以後，二千五百公克以上)97%存活率接近。因此早產照顧的重點在三十四週以下或一千五百公克以下。

早產的原因眾多，但是大約可分幾種：

1. 母親的疾病：如高血壓、腎病、自體免疫、抽煙、喝酒、藥物。
2. 子宮及胎盤：子宮口閉鎖不全、子宮頸畸型、大的子宮肌瘤。
3. 子宮感染、早期破水、潛在性感染。
4. 習慣性早產(包括習慣性流產)。
5. 腹部受傷、車禍等。
6. 原因未詳。

診斷則常見腹痛、子宮收縮、陰道出血、破水、子宮口開大。早期治療有效，晚期則治療無效。

子宮口閉鎖不全，常有早產、流產病史。於妊娠十四週至十六週，用手術紮緊子宮口，相當有效。破水或潛在性感染，如果

在三十四週以後，則催生使其及早生產。較早期，如三十週則住院，用抗生素及子宮收縮壓抑劑延緩生產時間。出血性早產則看其出血量，量少者，儘量住院觀察，量多者，以母體生命健康之保住為重點，施行剖腹生產。

目前的研究，很多未知原因的早產，是由潛在性感染引起。因發炎性蛋白(Interleuken-6,16)等常升高，給予抗生素預防也許有幫助。

(C)胎兒成長遲滯症

胎兒成長遲滯症是指胎兒成長指示在底層10%以下(尤其是5%以下者)，大約有7-8%為真正有症候的。其致病率為正常胎兒的三至五倍，死亡率為正常胎兒的五至八倍。其發生的原因眾多，有許多因素和早產相重疊，例舉如次：

1.母親的疾病：心臟症、高血壓、重症糖尿病(第一型、少年型)、貧血、營養不良、抽煙、酒精慢性中毒、藥物、高山住民。

2.畸型胎兒、染色體異常。

3.胎盤異常、臍帶在羊膜、多胞胎。

4.子癇前驅症、過期兒(四十二週以上)。

臨床上分為兩型：

(A)頭體平衡型(第一型或對稱型)，頭小身體小，如染色體異常、妊娠早期高血壓、妊娠前期細胞分裂旺盛期受阻、發育成長全程緩慢。

(B)頭大體小型(第二型、不對稱型)，如雙胞胎、妊娠後期子癇前驅症、過期產、妊娠後期細胞器官體積成長受阻，但是腦部、心臟、腎上腺受保護，形成頭重腳輕、皮下脂肪缺損之

模樣。

此症之診斷靠超音波追蹤其成長曲線和正常曲線比對（體重、大腿骨長度、頭圍、腹圍……等等），而診斷出來。

同時要時時作健康檢查：

1. 心跳曲線（Non-Strees test, NST）。

2. 子宮收縮時心跳曲線（Contraction Strees test, CST）。

3. 五項健康指標（Biophysical profiles, BPP）。

呼吸、肌肉張力、活動性、羊水量，再加上NST。（判定7-10分為正常，4-6分為低，在12至24小時內重複試驗，0-3嚴重，要馬上剖腹生產）。

4. 臍動脈及中腦動脈血流量、杜普勒（Doppler）波形之分析。

5. 必要時抽臍帶血，分析是否缺氧或酸中毒現象。如有，要馬上生產。最近ACOG（美國婦產科醫學會）調查，三十四週以上出生兒，患有腦痲痺之孩子，祇有18%與分娩過程有關聯，但由律師的觀點，100%先告婦產科醫師再說，因此造成產科醫師保險費過份膨脹，產科醫師出走或提早退休。

37. 賀爾蒙及賀爾蒙的補充療法

序言

賀爾蒙是人體某些細胞合成分泌的蛋白物質（Protein或Peptide），其生理功能在於促進自未出生的胎兒至即將進入永恆（或永生）的老人，不論發育成長、生殖（傳宗接代）、生存、成熟及老化的過程，都有重要的作用。

由於生物科技的進步，新的賀爾蒙漸漸發現，原來就知道的賀爾蒙，其層層秘密也漸漸被揭開，至今人體的賀爾蒙知道的不下數十種。

談到賀爾蒙，一般都總以為要談男女兩性的性賀爾蒙（Sex Hormones），其實有許多賀爾蒙對於生長及生存，比性賀爾蒙更加重要，我想要以淺顯的語氣來加以說明，使大家能瞭解賀爾蒙的生理功能、賀爾蒙分泌異常（過高、過低或缺乏）所引起的症狀及疾病，最後談到賀爾蒙補充療法（Hormone Replacement Therapy HRT）的好處與壞處。

大部分重要的賀爾蒙是在特種器官或組織內的細胞合成、分泌到毛細血管，再進到循環全身的血液內，但是祇有某些器官成為其標的器官（Target Organ），能發生顯著的生理功能的變化，有些器官雖受影響，但變化較小，其他器官根本不受影響。因其分泌由細胞直接送入血液循環，不經管道，因此也稱內分泌（Endocrine），有別於由肝細胞合成膽管分泌的膽汁，儲存於膽囊（Gall Bladder）備用，後者稱外分泌（Exocrine），口腔內的唾液腺（Salivary Gland）分泌也經管道而釋出。另外，皮膚分泌出的皮脂腺

及汗腺也是有管道的,叫Apocrine。

賀爾蒙的一些特性

(一)控制中樞:

　　內分泌腺分泌大部分受腦幹下視丘(Hippothalamus)釋出Releasing Hormones到腦下垂體(Pituitary),再由腦下垂體釋出各種激素賀爾蒙,到各特種分泌器官。由分泌器官分泌賀爾蒙到特定器官產生生理變化。舉例而言,下視丘釋出Thyroid Releasing Hormones(TRH),誘導腦下垂體分泌TSH(Thyroid Stimulating Hormone),TSH就刺激甲狀腺分泌賀爾蒙T3(Tri-iodo Thyronine)及T4(Thyroxine)。又如下視丘的GnRH(Gonadotropin Releasing Hormone)誘導腦下垂體分泌FSH(Follicular Stimulation Hormone)及LH(Luteotropic Hormone),FSH刺激卵細胞成長到2至3公分大的排卵前卵胞,內有許多Granulosa cells就分泌Estrogen(女性賀爾蒙)。Estrogen促進乳房增殖長大、子宮成長、子宮內膜增厚,青春期的少女更有女性特徵,如乳部及陰部變化。GnRH同時會在月經中期(Menstrual Midcycle)誘導腦下垂體分泌大量的LH,引起長大的卵胞破裂而產生排卵(Ovulation)。留下之卵胞外殼,則有許多Theca Lutein細胞(此時稱為Corpus Luteum即黃體),而分泌黃體賀爾蒙(Progesterone)。Progesterone進而促使子宮內膜更厚,並有分泌腺變化,準備迎接胚胎著床。如果排卵後五、六天沒有胚胎著床。因黃體Hormone的分泌漸漸減少,黃體本身變成白色疤痕,稱為白體(Corpus Albicans)。同時增厚的子宮內膜開始崩落而流出體外,即為月經。月經血不凝固,因其含有的凝固要素,被分解酵素(Proteiolytic Enzymes)消耗殆盡,我常比喻這過

程有如迎接客人舖床，用最好的床墊及棉被毯子舖好，屆時客人沒來，便把床墊棉被拆除了。

第三種例子為腦下垂體分泌ACTH（Adrenal Corticotropic Hormone，腎上腺皮質激素），刺激腎上腺皮質分泌Cortisol（腎上腺賀爾蒙）。腎上腺皮質同時也能借用各種酵素將膽固醇（Cholesterone）轉變成黃體素（Progesterone），再轉變成男性賀爾蒙（Androgen），最後轉變成女性賀爾蒙（Estrogen）。Cholesterol含有21個Carbon，Progesterone則減為20個Carbon，Androgen含19個Carbon，Estrogen則含有18個Carbon，此現象有如營養物的碳水化合物新陳代謝後成葡萄糖，但體內葡萄糖太少時，不但能分解肝臟儲存的肝糖（Glycogen），經Glycogenolysis分解成葡萄糖，也能將蛋白質及脂肪酸轉變成葡萄糖。這即是Hormone及Enzyme在新陳代謝中能變魔術的奧妙所在。由此不難理解有人說正常的成年男女，男的體內含有女性賀爾蒙，女的體內含有男性賀爾蒙，是鐵一般的事實。至於有女性性格的男人（Sister boy）或粗壯的女人（男性化女人），是否含有更多對方的性賀爾蒙，科學上無法斷言。至於施行變性手術由男變女的演藝人員，則是在手術後要經常服用女性賀爾蒙。至於腦下垂體前葉尚分泌多種Hormone，如Prolactin（催乳賀爾蒙）、Growth Hormone（成長激素），後葉分泌Vassopressin及Oxytocin（催生賀爾蒙）。在腦幹上部的Hippocampus，分泌Serotonin，Norepinephrine，Epinephrine（Epinephrine及Norepinephrine亦由腎上腺分泌）。人受到恐懼（Fear，Stress）時會大量分泌，這些Neurotransmitters，筆者不擬在此討論。

總之所謂下視丘——腦下垂體——內分泌器官軸線（Hyptholamus-Pituitary-Axis）構成中樞指揮中心，以下的內分泌器官（Endocrine Organs）及標的器官（Target organs），在全身各處無所不

在。所分泌的各種賀爾蒙隨著血液循環無處不到，無孔不入，構成緊密的內分泌網。這個緊密的內分泌網如同High Tech的網站網路，比布希政府的國家安全部(National Security Department)、聯邦調查局(FBI)，中央情報局(CIA)的總和，更為嚴密。

(二)反應機制(Feed Back Mechanism)：

在民主國家，人民或地方政府可以向中央政府反應。在上述賀爾蒙指揮聯絡網中，亦具有由低層向中樞反應的機制(Feed Back Mechanism)。在內分泌系統，此種機制非常重要，例如甲狀腺機能亢進(Hyperthyroidism)，分泌的賀爾蒙T3及T4過多或過少，甲狀腺就會向腦下垂體反應，為了減少T3及T4的分泌，因而TSH就會減少。反之，如果甲狀腺機能過低(Hypothyroidism)，TSH分泌就會增高，甲狀腺受TSH過份刺激的結果就會增殖肥大，形成甲狀腺腫瘤(Goiter)，即台灣所謂「大頷歸」。又如使用外來的Estrogen及Progesterone(口服合成賀爾蒙)，就會抑制促進子宮內膜增殖的FSH及刺激排卵的LH，這就是口服避孕藥達到近100%避孕結果的機制。

(三)賀爾蒙接受體(Hormone Receptor)：

在1980年代以前，各種賀爾蒙的測定，都以血中含有賀爾蒙高低，來解釋生理現象及新陳代謝的結果。但是1980年代發現Hormone Receptor之後，才知道血液中的Hormone，要經過細胞膜的Receptor後，才能進入細胞質(Cytoplasma)而引起生理變化，而且每一種Hormone都有其Hormone的特別Receptor。例如Estrogen要經Estrogen Receptor才能進入細胞內，因此，Receptor assay(測出某器官receptor之多少)，比Blood level(血中Hormone濃度)更為重要。

筆者很湊巧在芝加哥大學醫學院研究教學25年(1976-2001)，

適逢芝大生物及醫學研究所之一的Ben May Institute，先後發現Estrogen Receptor（Edgar Jensen教授，差一點獲得諾貝爾獎）及Androgen Receptor（年輕的台美人張傳祥的博士論文研究項目），揚名國際。（後者請參考台灣公論報2003年7月1日No. 1981之報導）。

　　這細胞膜上的接受體有如一間房屋的門窗，當外面風雨交加（表示血流中Hormone的濃度很高），如果門窗打開，則屋內受風吹雨打，必定又潮又濕。如果門窗緊閉，則屋內可以安枕無憂。如果這是一棟倉庫，沒有門窗，鐵門深鎖（缺乏Hormone Receptor的器官），則外面的風雨（Hormone），完全不起作用。這血中Hormone的濃度和細胞膜Hormone Receptor的關係，又有一種自動調整的作用（Autoregulation），即血中某種Hormone的濃度繼續開高走高，持久不下，則Hormone Receptor會自動逐漸減少，以避免受高濃度Hormone的不良影響，此種Hormone Receptor主動調整現象叫Down Regulation（向下調整）。

　　關於Hormone的研究，大部分靠白老鼠或兔子的動物實驗，過去是將分泌賀爾蒙的器官割掉，如Estrogen的研究常將卵巢手術切除後再作實驗。

　　Androgen的研究常將睪丸去除，這種手術叫Castration（去勢）。但是在分子生物科技（Molecular Biotechnology）發達之今日，借用基因DNA的部分切割再重接後，某一分泌Hormone的基因欠缺的動物（Knock-out Animal）可以進行實驗，由此Hormone及Hormone Receptor的相關知識更加明瞭。

(四)合成賀爾蒙(Synthetic Hormone)：

　　賀爾蒙缺乏的病症，需要以Hormone補充來治療。過去Hormone作成藥品的來源常取自動物，不但量少價高，也常有許多副

作用。今日以細菌將人體Hormone，如Insulin借著E.Coli(大腸菌)之迅速增殖，可以大量合成，在臨床上貢獻極大。

賀爾蒙異常引起的症狀、診斷及治療：

前段說明賀爾蒙的一些特性及生理功能。此後段則將擇要說明一些內分泌失常(分泌的Hormone過多或過少)所引起的疾病之診斷及治療的方法。

(一)腦下垂體(Pituitary)：

Growth Hormone分泌過多，在青春期會引起成長過度，長骨的成長隙(Epiphyseal line)閉鎖延遲，繼續不停地長高，成為巨人(Giant)，如過去台灣出了一個張英武，最近李安導演的電影綠巨人。這種異常的巨人，不但體格高大，且有尖端肥大症的特徵(大鼻子、手腳指頭特別大)，叫Acromegaly。

反過來，引起兒童4至8歲之間長得很慢的原因很多，尤其是在體高最底下3%的兒童，很可憂慮是否長成矮小的侏儒。遺傳可以解釋一部分體格矮小的成人。腦下垂體機能低下(Hypopituitarism)及甲狀腺機能低下(Child Hypothyroidism)，則為另一部分矮小成人的原因。前者叫Hypopituitarism Dwarf，後者叫Cretinism Hypopituitarism，最常由顱內長瘤壓迫腦下垂體，此瘤叫Craniopharyngioma，引起Growth Hormone(GH)之分泌障礙。腦部接受放射線治療(大量)，也能引起GH分泌的低下。腦瘤的診斷很容易由CT及MRI攝影看出，治療須要手術。一般非遺傳性的兒童可用DNA Recombination Biotechnology合成的GH來治療。甲狀腺分泌不足引起的，可用甲狀腺Hormone來治療。

(二)甲狀腺

甲狀腺受腦下垂體分泌的甲狀腺激素(TSH)刺激，就會產生過

量Hormone(T3及T4)，引起甲狀腺機能亢進症(Hyperthyroidism)，或稱Grave's Disease。有一部分是由於長出分泌甲狀腺Hormone的良性腺瘤(Adenoma)或惡性甲狀腺腫瘤(Thyroid Carcinoma)引起的。

Grave's Disease的症狀包括心悸、心跳率增加、精神緊張、煩躁不安、伸手會顫抖(Tremor)、體重減輕、流汗、失眠、持久的病人就會眼球凸出(金魚眼)、甚至發生甲狀腺中毒症(Thyrotoxicosis)、發高燒、心律不整，甚至引起死亡。此時基礎新陳代謝率(BMR)大增，體能消耗殆盡。治療是使用抗甲狀腺藥物，包括Propylthyrouracil(PTU)，Methimazole或Tapazole及Adrenergic Beta-Brocker等甲狀腺藥物及減緩心跳率藥物合併使用，直到甲狀腺機能回復正常，並繼續18至24個月維持正常為止。如果一再復發，難以藥物治療，或長甲狀腺癌的病人，則可以手術切除甲狀腺或放射線治療(包括使用放射性碘，即Radioactive I-131放射性同位素)。

反過來，甲狀腺機能過低(Hypothyroidism)的原因更多。最常見的是自體免疫(Autoimmune)引起的甲狀腺炎(Hashimoto's thyroiditis)。其次是上述甲狀腺機能亢進治療藥物如PTU，Methimazole，放射性碘治療過度或手術切除病變的甲狀腺所引起的甲狀腺機能過低。

1930年代，台灣新竹地區有地方性流行的「大頷歸」，乃因食物中缺碘，而引起甲狀腺無法製造Hormone。這和1950年代台南嘉義沿海因飲用含砷井水導致慢性中毒，引起下肢動脈阻塞的烏腳病都是地方性的疾病。

Hypothyroidism的症狀包括臉部表情呆板、臉部浮腫、眼瞼下垂、毛髮皮膚乾燥、聲調低沈、動作緩慢、怕冷、增加體重、疲勞、軟弱、全身積水的現象。這些症狀和Hyperthyroidism恰恰相

反。驗血則血中T3,T4,FTI都低，TSH增高。身體浮腫厲害的叫Myxedema，因為體溫降低、呼吸困難、神經遲鈍、心跳變慢、抽筋、昏迷，而有生命危險。

治療Hypothyroidism就是使用合成的Thyroid Hormone。緊急時要用T3，如Cytomel，因作用快，可以救急，但效用時間短暫。劑量每天維持在25至75microgram (ug)/day之間。長期維持的治療則用合成的T4, Synthroid（L-thyronine），目標乃在於體內的T4(4.5-12.5mg/dl)，FTI(1.4-3.0)及TSH(0.5-5.0uIU/ml)及和T4結合的球蛋白(Thyroglobulin Level, 0.6-43.0ng/ml)的正常值。這是賀爾蒙補充療法最成功的例子，療效不容置疑。

（三）副甲狀腺(Parathyroid)：

副甲狀腺很小，位於左右兩葉甲狀腺之邊，或於甲狀腺之內，左右各有兩個，因此每人有四個副甲狀腺，副甲狀腺分泌的Hormone叫Parathyroid Hormone(PTH)。此Hormone對於鈣(Calcium, CA＋＋)及磷(Phosphorus, P.)的代謝有重大的功能。副甲狀腺長瘤時(Adenoma)，分泌的副甲狀腺賀爾蒙增多，鈣和磷就由骨質釋出，會造成骨質疏鬆症(Osteoporosis)，同時會增加膽結石及尿道結石的機會。治療方法只有診斷出副甲狀腺腫瘤，以手術切除。手術切除副甲狀腺後，血中鈣、磷會降低，因此必須隨時檢查，口服鈣片補充。此症很少見，在此不多談。

（四）腎上腺(Adrenal Gland)：

人體有兩個腎上腺，位於左右兩邊腎臟上方，其構成為內部的髓質及外圍的皮質。皮質受腦下垂體的ACTH控制，分泌的賀爾蒙為Cortisol（市面上常用的Cortisone及Hydrocortisone, Prednisone都是類似的Corticosteroid）。此類Hormone對於治療多種自體免疫疾病及消

除發炎頗具功效。如氣喘、紅斑性狼瘡(Lupus Erythematosis)、某種腎病、腦瘤、消腫、減少頭痛等等有多種貢獻。但使用過久會有副作用，如臉部圓腫(Moon Face)和Cushing's Syndrome(兒童肥胖、成長變緩等等)。反過來，如果腎上腺皮質萎縮，分泌的Cortisol不足，則會變成Addison's Disease(人體虛弱、營養不良，最後可能死亡)。

腎上腺髓質則受自律神經(Autonomic nervous system)，尤其是交感神經控制，人受到緊張壓力(Stress)就會分泌Epinephrine及Norepinephrine，引起心跳加速、血壓升高等交感神經反應(Sympathetic Stimulating response)。

前段提過，在腎上腺皮質可以由Cholesterol製造黃體素(Progesterone)、男性賀爾蒙(Androgen)及女性賀爾蒙(Estrogen)，這些轉變完全靠不同的酵素(Enzyme)來執行賀爾蒙的轉變，其微妙的結果略述如下：

(1)21-Hydroxylase deficiency：

此酵素的缺乏，Androgen不能轉變成Estrogen，因而造成Androgen積存過量，致使女性嬰孩男性化。如果酵素由Progesterone變成Androgen的過程受阻，則Androgen的產量不足，會使男性生殖器發育不全。前者叫Cengenital Adrenal Hyperplasia(CAH，先天性副腎腺增生病)，或稱Female virilization(女嬰男性化)，後者則因Male inadequate virilization(男嬰男性化不足)，兩者都會成為假性陰陽人。治療則靠Glueocorticoid(包括Hydrocortisone, cortisone, 或Prednisone)的補充療法及手術整形(通常將其改造女性外生殖器)。

此酵素的缺乏，也會引起新陳代謝的變化，因Aldosterone減少，引起鹽分代謝的低下，血中的鈉(Sodium Na＋)過低，鉀

(Potassium K＋)過高，血中的renin過高，產生血管收縮，引起高血壓等不良結果。

(2) 11 Beta-Hydroxylase deficiency：

此種酵素的缺乏，也會造成3-5%的先天性女嬰男性化。對於新陳代謝的影響，因Deoxycorticosterone及Mineral corticoid的過度作用，病人則發生鹽分的過份積存，鈉過高，鉀過低，血中renin過低反而發生鹼性中毒(Hypokaremic alkalosis)。治療亦使用Cortisol補充療法及Mineral corticoid之調整，使其恢復正常。尚有其他數種酵素缺乏引起的變化，因病例少，不多討論。

(五)胰島素(Insulin)：

人體只有一個胰臟(Pancreas)，位於胃的下面，十二指腸的左側，有一個導管和十二指腸相通。十二指腸(Doudenum)的右側，則有膽囊，也有總膽管通入十二指腸。因此膽囊、十二指腸及胰臟都有管道相連，關係密切。膽結石能導致膽囊發炎，也容易引起胰臟炎。急性胰臟炎及胰臟癌都是死亡率很高的疾病。

胰臟內有許多胰島(Islet)，含有兩種分泌Hormone的細胞。Alpha-cells分泌Glucogon，Beta-cells分泌Insulin。兩種Hormone有些相對抗性的功能。Insulin在碳水化合物(Carbohydrate)變成之葡萄糖(Glusose)的使用，是不可或缺的催化劑。血液中的葡萄糖(俗稱血糖，Blood Sugar)高低，是人體成長(Growth)和能量(Energy)產生的直接來源。血糖高(Hyperglycemia)，持久不降就成一種疾病叫糖尿病(Diabetes Mellitus)。血糖過低(Hypoglycemia)，則會引起虛弱無力，甚至暈倒。

糖尿病分為兩型：

Type I(Juvenile D.M.)少年型，大部分在兒童及青春期發生(10

歲至20歲)最多,80%可以發現有特殊性HLA關聯的細胞質抗體(Cytoplasma antibody)和細胞膜抗體(Islet cell surface antibody),在胰島可以發現T淋巴球、B淋巴球及吞噬白血球(Macrophage)侵入,而使Beta-cell逐漸減少,甚至完全消失。但是Alpha-cell不受影響繼續存在。許多研究學者發現Type I DM一部分病人是由一些Virus,如Rubella(德國麻疹)、Mumps(豬頭肥virus)和Coxdcki-B virus等侵入引起Beta-cell的消失。使用牛奶的嬰兒比哺用母奶的嬰兒發生Type I DM的比率高,但遺傳性的成分少。

Type II糖尿病(或稱Adult Onset D.M.成年糖尿病),多發生於40-50歲的成人。遺傳因素及家族性的成因高,大部分Type II DM並非Beta-cell消失,失去分泌Insulin的功能。一般症狀比Type I DM輕微。肥胖、少運動、高血壓、高膽固醇的男女,發生Type II DM之比率也較高。主要的病理在於(a)減少Insulin促進肌肉使用血糖的能力。(b)失去抑制肝臟製血糖的能力,大量增產血糖。

正常成人血糖早餐前空腹時應在70至105mg/dl之間,餐後兩小時的血糖應在120-140mg/dl之間。如果空腹血糖在126mg/dl以上,屢試不降的話,則大概是有糖尿病無疑。同樣地,任何時間食後血糖在200至300mg/dl者,也可診斷九成以上罹患糖尿病。口服糖水3小時測驗方法如次:空腹抽血一次,食用100gm的糖水後,一、二、三小時各抽血一次,四次的血糖在110以上、190以上、165以上、145以上為不正常,如果有兩個不正常,大概是糖尿病。更簡單的方法即不論空腹與否,在飲用50gm糖水後一小時抽血,如果血糖在140mg/dl以上者,就算是有糖尿病的懷疑,須進行較精密的3小時測驗以作診斷。

糖尿病的症狀包括時時口渴、時時排尿、尿中有糖或酮

(ketone)、疲乏、噁心、易受細菌及黴菌感染。長期未控制的糖尿病會引起眼疾(白內障、網膜血管變化、出血)、全身心臟血管變化(高血壓、高膽固醇、血管阻塞、冠狀動脈引起心肌梗塞)、腎臟功能消失(洗腎，換腎)及手腳傷口不癒或壞死，以及神經炎引起的麻木、失去知覺等等嚴重的合併症。

糖尿病的治療，TypeII輕微的常由飲食的控制及增加運動開始。如果三至六個月未見成效，就開始使用口服藥，如果口服藥未見效，最後還是要用Insulin來控制。糖尿病合併有高膽固醇者，可服用Lipitor, Zocore等抗膽固醇藥。有高血壓者，可使用Adrenergic Beta-blocker(如Propranolol)，但對有心臟病的患者要格外小心。另外抗高血壓如用ACE(Angiotension Converting Enzyme)，Inhibitor或Calcium channel blocker，則較為安全。

治療糖尿病最後一個方法便是使用Insulin。所有的Type I DM及部分TypeII DM非用Insulin不可。Regular Insulin作用短暫，中期效用的有NPH Insulin及Lente Insulin，較嚴重的要分數次打Insulin，三餐及睡眠前一天四次，可以教育病人自己打，另一方法乃是使用Insulin Pump和打靜脈點滴一樣，繼續少量輸入。目前檢驗血糖的工具和測定氧氣含量的Oxymometer一樣，只要貼在指頭即可測出血糖數值，再也不用刺破指頭擠出一滴血了。

Insulin可以大量合成，而且是人的Insulin(Humalin)，糖尿病的控制全靠患者自己的努力。Insulin Therapy則為最成功的Hormone Replacement Therapy(HRT)的另一個例子。

(六)生殖期女性的賀爾蒙：

女性、男性的生殖生理類似。生殖細胞的產生在於卵巢或睪丸，前者在人體體腔內，後者在體腔外(因為需要較低溫才能成功製造

有效精子)。兩者都受腦下垂體FSH及LH的控制，才能排卵及釋出精子，受精卵則在輸卵管的末端較寬大的Ampulla處結合。一次射精釋出數千萬精子，但其中只有一個精子能穿過卵殼，進入卵內和卵細胞核結合成受精卵，有人形容此現象為「一將成名萬骨枯」。卵胞在胎兒六個月時，兩個卵巢共有60,000個卵胞。出生女嬰降至10,000個，青春期則減至2,000個左右。為什麼會自然消失，至今是一個謎。成人女性的卵巢每一週期有一批卵胞浮上表面，FSH祇選擇一個卵胞刺激(偶而兩個，1.2%；三個以上很少。人工用HCG刺激一次可能多至5或6個成熟卵)。受刺激卵胞逐漸長大，形成卵胞腔，且有許多Granculosa cells圍繞，Granulosa cells就是分泌女性賀爾蒙(Estrogen)的細胞。月經中期受大量LH的刺激而發生排卵，排出卵胞的卵子，隨即進入輸卵管，受一大群精子圍繞，比教宗保羅出巡還熱鬧。同一月經週期浮出表面的卵胞，未被FSH選中的，99%的卵胞則反而萎縮消失。這現象很像選美，只有一位中選成美后或世界小姐。此種成熟卵胞(Graafine follicle)和萎縮卵胞(Atretic Follicle)同時發生的奇妙現象，也是一個自然的奇蹟。是由於有無FSH receptor之差別？或是受卵巢另一Hormone叫Inhibin的影響，至今尚未揭開謎底。

排卵後的卵胞殼變成黃體，分泌黃體素(Progesterone)，但到經期25天後黃體素漸漸減少，至28天(總共維持14天)突然停止分泌，增厚的子宮內膜崩潰成血流出體外，即為月經。如果受孕，受精卵在輸卵管內向子宮腔移進，在3至5日內抵達子宮腔內，在增厚的子宮內膜潛入著床(Implantation)。該月經週期便無月經(Amenorrhea)。著床後的胚胎繼續細胞分裂，且發育成胎胚及胎盤。同時胎盤開始對即將失去分泌功能的黃體接棒，繼續接力賽跑

分泌黃體素,因此受孕後的女子,血中黃體素不降反昇。同時胎盤分泌另一種胎盤賀爾蒙Human Chorionic Gonadotropin(HCG),HCG使Pregnancy Test呈現陽性反應(Positive response)。

　　異常女性生殖生理及處置在此做簡單的說明:如果受精卵移動受阻,未能進入子宮腔內,而在輸卵管著床發育,便形成子宮外孕(Ectopic pregnancy或Tubal pregnancy),因輸卵管膨脹度有限,會在無月經後2至4星期(最後月經算起6至8星期)開始流血,破裂大出血。此時需要緊急手術,將輸卵管切開,摘出胚胎及胎盤,嚴重者,將該側輸卵管切除。未破裂的子宮外孕由超音波影像(Ultrasound Imaging)診斷出的,可用藥物Methotrexate治療,如HCG持續下降,表示治療成功。

　　如果排卵後有受孕之疑慮,可服用大量Estrogen(即Morning After Pills),或稍後呈現Pregnancy test positive之早期孕,使用RU486(法國),另稱Mifepristone(美國)可阻止著床,促成早期流產,此藥有抗黃體素(Anti-Progesterone)功能。

　　另外一種Hormone叫Prostaglandin,近30年來用於妊娠早期、中期之人工流產及誘導生產(Induction of Labor),包括Prostaglandin E1(Misprostol)、Prostaglandin E2及Prostaglandin F2-Alpha。

　　不孕症(Infertility)大約有10%之結婚couple發生。男性原因佔40%,包括無精子、少精子或畸性精子等。如果生過Mumpus(豬頭肥)很容易合併睪丸炎(Ochitis),失去生產精子的能力。女性原因佔60%,其中35%是因為輸卵管不通(如Chlamadia或Gonococus引起發炎)或輸卵管粘黏(Adhersin),後者是由過去的骨盤腔炎(Pelvic Inflammatory Disease)、子宮內膜症(Endometriosis)、手術後粘黏(Postoperative Adhersion)所引起。15%是因無排卵(Anovulation)為主因,可用

Clomifene及HCG誘導排卵（Induced Ovalation）。因抗精子抗體（Antisperm Antibody）將子宮頸內的精子全部殺光的Case，在1%以下。其他原因包括子宮畸型及子宮肌瘤等等，也可影響著床和子宮避孕器一樣的效果。

(七)更年期（Menopause）的Hormone變化：

男女都有更年期。女性更年期因停月經及其他顯著症狀，容易診斷。男性則時間拖長，沒有清楚的界定因素，歷史上80歲以上仍能生子的例子也有，醫學上很少討論。

女性的更年期在美國為50＋－2歲，（台灣48＋－2歲），症狀包括停經、熱潮（Hot Flashes）、盜汗（Night Sweating）、失眠（Insomnia）、憂鬱（Depression）、疲倦（Fatigue）、憂慮（Anxiety）、煩躁（Irritability）等等。此時因為卵巢的卵胞用盡（完全消失），腦下垂體的FSH及LH大量提昇。尤其LH是間歇性釋出（Pulsatile Secretion），而且多在晚間睡眠時發生，因此熱潮及盜汗多發生在睡眠期間。另一方面因卵胞不存，卵巢分泌女性賀爾蒙（Estrogen）的功能完全失去（腎上腺皮質尚能分泌少量Estrogen）。陰道黏膜變乾變薄、皮膚毛髮乾燥易脫落、膀胱下垂、子宮卵巢及外陰唇萎縮變小。增加心臟病、中風、骨質疏鬆（Osteoporosis）、骨折、駝背的機率。

更年期的賀爾蒙療法已進行至少有30年。其中女性賀爾蒙（Estrogen）對於減少熱潮、盜汗、失眠、生殖器萎縮、尿道症狀、膀胱下垂之療效無可置疑。Estrogen對於骨質疏鬆（Osteoporosis）及骨折、駝背的預防和改善也是絕對有益的。至於Estrogen的使用對於乳癌的增加是有些爭論，但對子宮內膜癌的促進增加是可以相信的。最初單用Estrogen（如口服Premarin由0.3mg至1.25mg之間每日一次，皮膚藥膏用Estradiol 0.0375至0.1mg之間，都是有效的）。後來研究發

現要治療骨質疏鬆，至少Premarin要用0.625mg/day才有效。為減少發生子宮內膜癌，研究發現加上Progestin(如Provera 5mg，每月服用14天，或10mg使用10天)。如有子宮內膜過度增殖(Endometriol Hyperplasia，為子宮內膜癌的前奏)，或真正子宮內膜癌就會出血，刮子宮即可診斷出來。

後來Wythe藥廠開始製造合併Estrogen及Progestin的藥丸Prempro(Premarin 0.625mg＋Provera2.5mg)，每日一次，繼續不斷使用，大受用者的歡迎。同時許多醫師也相信，這HRT也有希望減少心臟病、中風、膽固醇及痴呆症。當然也有禁止使用Estrogen-Progestin HRT的狀況，包括罹患乳癌、子宮內膜癌、血栓性靜脈炎、子宮出血或嚴重肝疾(因肝功能低下，無法分解Estrogen，排出體外)。代用品包括Raloxifene(有Estrogen同質性)，可治療熱潮、盜汗等症狀，此症狀通常在更年期後，一兩年內漸漸消失。

預防骨質疏鬆可用鈣片每天1至1.5gm，再加上Vitamin D 400-800IU，Raloxifene也可減少骨質流失，並可減低血中LDL濃度(壞的膽固醇)。各種Bisphosphonate(如Alendronate每天5mg)可抑制骨質破壞細胞(Osteoclast)，減少骨質破壞及被吸收(到血中)。Salmon Calcitonin和鈣片、維他命D合用，也有幫助。

最後也有人試用間歇性、少量副甲狀腺Hormone(PTH)，證明可以促進骨質增生，減緩骨質被破壞及吸收，失去骨架。

近十年來的臨床研究，重視多數醫學中心合作，以大量的用藥群(Study group)和控制群(Control Group)比較分析。或合併同樣性質已報告的數篇，甚至數十篇研究報告，給予綜合分析(Meta analysis)，以提昇實驗的可信度。也有強力主張人類疾病不能以動物實驗的結果去推測，而要有人類臨床經驗證據充足的醫學研究

為依據（Evidence-based Medicine）。

2002年在美國醫學會雜誌（JAMA2002年，288期，321-333頁）發表由40個醫學中心參加的所謂Women's Health Initiative（WHI）的研究報告。此報告說明Estrogen/Progestin使用群（即使用上述Prempro 0.625/2.5mg 每日一次，簡稱E/P群，共8,506人）和控制群（使用假藥，即Placebo群，8,102人），經過平均5.2年使用期間（原定10年），合併症及受益狀況的分析。結果乳癌（E/P群共206人，控制群157人，E/P群多了49人，危險比率為1.26：1），經逐年分析，最初兩年E/P群較少，但第五年即增至2.64倍。子宮內膜癌及其前驅變化而需要子宮切除的E/P群248人，Placebo群183人，E/P群多了65人。另外心臟病死亡E/P群比Placebo群多了7人，中風死亡E/P群比Placebo群多了8人，肺栓塞死亡E/P群比Placebo群多了8人。反過來，大腸癌死亡少了6人，骨折死亡少了5人。至此研究者認為使用Estrogen/Progestin害處比益處多，研究喊停，並警告醫師們不要再普遍使用。到底是Estrogen或Progestin闖的禍，眾說紛紜，莫衷一是。但子宮切除而單單使用Premarin的一群，因人數較少，研究尚未有定論。

一年多來，有不少Hornone研究權威學者對此論文提出批評，指出分析不當之處（如追蹤期限太短，至少要等到10年再分析；又兩組婦女用藥前的健康狀態沒有查明，婦女年齡不應該包括70至80歲的老人等等）。目前許多醫師以每一病人情況不同來決定使用Premarin與否。醫師會告訴病人上述論文的要點，吩咐注意事項，注意檢查病人健康情形的變化，謹慎追蹤。如果病人拒絕使用這些Hormone，醫師不要勉強。有人盼望此種研究能擴大人數，並延長使用期間到10年，也許差別會更明確；這方面有待年輕研究者更加努力了。

38. 由醫學的觀點來探討 婦女後半生的保健

前言

人生的過程可分為出生、成長學習期、壯年成熟期、老化衰退期和病死五個階段。後半生(40歲到90歲)擁有較不理想的後面三個階段，即是成熟期的後半段、老化衰退期和病死。表面上看起來很悲哀無救，事實上在科技發達的二十一世紀，如何在後半生保持「快樂的人生」是不難做到的。這是我今日演講的主題。

二十一世紀的科技進步最前進的三項，包括世界性的經濟(Global Economics)、信息溝通(Communication/Information Technology)和生物科技(Biotechnology)。由於這三項高科技和左右各國政治、外交、軍事的世界性經濟體系，整個世界已經成為小小的世界村。農業社會時代，某地發生的天災人禍，只有近鄰的人知道，遠一點的地區住民社會不會受影響。可是二十一世紀的今日，某地發生災情瞬息間傳遍世界，引起全人類的關心、恐慌和痛心。例如二十世紀末期愛滋病(AIDS)的爆發擴散、二十一世紀的煞死病(SARS)之傳染、911紐約國貿中心雙子高樓的倒塌。

一百多年前創始台北馬偕醫院的馬偕博士，到台灣傳教醫療，就主張「身、心、靈」的健康。這個觀點在二十一世紀的今日，更證實馬偕的見解是金科玉律。人生後半段要維持身體的健康、心靈的寄託和心理的平衡。

我是婦產科教授，更是胎兒醫學專家。我退休後搬到北加州東灣，曾在東灣台灣同鄉會及東灣台灣人活動中心，演講「胎兒

醫學」和「賀爾蒙和賀爾蒙補充療法」。文章都刊登於台灣公論報，可作今日演講的參考與補充。今日應台灣婦女會北加州分會張會長之邀到貴會演講，十分榮幸。

婦女更年期前後心理狀態

更年期是女性停止月經、停止生育的時期，台灣人平均在48歲，美國白人平均50歲。更年期因生理上起了極大的變化，也產生了許多心理症狀，兩者交替失去平衡，產生更多的困擾。大約20%的婦女因賀爾蒙的急劇變化（女性卵胞賀爾蒙下降，黃體賀爾蒙也下降，腦下垂體對上述兩種賀爾蒙的激素增加，詳請參閱賀爾蒙一文）。有多種症狀如煩躁不安、失眠、夜汗、皮膚乾燥、顏面開始有皺紋出現，因此求醫求藥，以期恢復過去的青春。如果達不到理想的願景，也會怨天尤人，夫妻吵架。

婦女大部分花很多時間照顧子女，忙於子女學校課外活動和從私人老師學習音樂、舞蹈、溜冰、體操等特殊才藝。到了四十歲以後，子女長大上大學或成家立業，留下「空巢」後遺症，心理上覺得孤單。職業婦女本身或家庭婦女的丈夫，此時大概都在事業的巔峰。往後的日子繼續往上爬的很少，大部分開始往下滑，或被減薪，或被裁員。經濟開支雖然不錯，可是「不滿」的心理油然而生。雖然已過了「銀婚」，夫婦的感情不如「新婚」甜蜜，又成了許多生理病痛的肇因。

多種慢性病如高血壓、糖尿病、退化性關節炎，高峰在50歲至60歲之間開始。婦女癌症如乳癌、子宮頸癌、子宮內膜癌、卵巢癌、直腸大腸癌和其他部位的惡性腫瘤，巔峰也都發生在50歲至60歲之間。更年期後的婦女至少有30%，會患上一種或數種較

難治療的疾病，真是禍不單行，恐懼心理有時會達到「近乎絕望」的程度。這又是婦女更年期後不幸的遭遇，心理失衡的一大重要因素。

好在二十一世紀科技發達的今日，上述各種心理失衡的成因都能預防或治療的。如何作有效的防治和對未來科技的期待，讓我慢慢道來。心理失衡嚴重的要即時找心理醫師治療或尋求宗教信仰，不要使心理影響生理，生理再影響心理，兩者交替惡性循環，進入無可挽救的絕境。唯一尋找不到的是「長生不老藥」，因為死亡是人生必經的過程。

更年期後重要的疾病

婦女在更年期後因荷爾蒙的失調，慢性疾病患病率突然增高，包括高血壓、高膽固醇、糖尿病、心臟病、中風、關節炎、骨質疏鬆症引起駝背骨折、肥胖症等。這些疾病的患病率，在40歲以前顯然低於男人。但是停經後逐漸增高，到了50歲至60歲其患病率漸漸接近男人的患病率，甚至有些超過男人的患病率。這些疾病的分析，每一疾病各自成為一個演講的主題。今天我不擬討論，以後有機會可以分別介紹與討論。

今天我要討論的是婦女專有的疾病，包括⑴40歲以後懷孕的產科問題⑵婦科癌症：乳癌、子宮頸癌、子宮內膜癌、卵巢癌的成因及高險性因素，早期診斷早期治療。⑶預防骨質疏鬆症引起的駝背、骨折的賀爾蒙療法。

⑴四十歲以後的婦女不宜懷孕生育：

妊娠最適宜的年齡為18歲至30歲。但因二十一世紀婦女受高

等教育時間長，搶攻碩士、博士學位的不少，職業婦女漸漸有超越50%之趨勢，因此晚婚、結婚後延緩生育、30歲以後首次生育的漸多。再加上生育的間隔拉長，農業社會時代每年生育一個，一生生了十多個子女的已屬稀罕個例，35歲以後生子育女的高齡產婦，漸漸多起來。好在由於婦女工作忙碌，子女教育費昂貴，「一個家庭兩個子女恰恰好，一個不嫌少，三個以上管不了」的觀念成為主流。真正在40歲以後生育的也是少之又少。

誠然在人工生殖科技的發展，目前對更年期婦女用賀爾蒙促成適宜妊娠的子宮內膜再生增殖增厚，使56歲或60歲的婦女妊娠生育的報告，時有所聞，但是這種違反自然製造奇蹟的個例，有如複製人(Human Cloning)是社會倫理所不歡迎的。更是宗教界所反對，美國法律不容許的。

婦女40歲以後排出的卵子，受精生育的子女，患唐氏症候群(Down's Syndrom，有3個21染色體，或稱蒙古症，兒童痴呆症)的機會為1.25%，45歲以後增加為2.5%和平均的婦女600比1(0.16%)，或20至25歲的2000比1(0.09%)相比，增加100倍以以上。

40歲以後全身性疾病如糖尿病、高血壓增加，妊娠合併症如產前出血的前置胎盤、胎盤早期剝離、早產、畸形兒及剖腹產的機率也增加3至5倍，何苦來哉！再說，即使一切順利，生出的子女正常，這個「老生子女」長到18歲進大學或28歲結婚時，她本人已達到50歲或70歲的老人。所以從產科的立場，從家庭社會的觀點，是不能鼓勵的。(關於胎兒遺傳學上的相關問題，讀者可以參閱筆者所寫「胎兒醫學」一文，登於台灣公論報2003年4月15日，No.1971)。

(2)婦女癌症的防治

　　美國婦女在有生之年大約三分之一會患有某種癌病。癌病的成因有內在因素(家族性遺傳、基因突變)及外在因素(如放射線過量、化學藥品、病毒感染或其他飲食、抽煙、環境因素)相互作用，且經過一段時間才能使正常細胞變質成癌細胞。癌細胞分裂加速，而且供應血流因細血管增生(Angiogenesis)而大量增加，漸漸突破原生部位由週邊蔓延，血流或淋巴系統傳遞擴散，成為癌病轉移(Cancer Metastasis)到不同的部位、淋巴腺或遠離的器官。有的潛伏期很長，有的轉移迅速，最後都會擴散到無可收拾的地步，終於死亡。

　　上述婦女癌病中和基因關係最密切的是乳癌和卵巢癌。乳癌在婦女癌病中死亡佔第二位，僅次於肺癌。在2003年，估計美國有212,600新病例發生，可能死於乳癌的將有40,200人。乳癌有家族性，如果近親婦女(祖母、母親、姊妹、姨母、姑母)如有數位乳癌病例，則該婦女發生乳癌的機率將達5%至10%之高。目前已知有兩種基因突變，即BRCA1及BRCA2，這種基因遺傳給下一代是屬於顯性遺傳(Autosomal Dominant Inheritance)。帶有BRCA1及BRCA2基因的婦女，發生乳癌的年齡較年輕(30至40歲)，其他乳癌病人發生的年齡高峰為60歲。帶有此種突變基因的婦女，乳癌一旦發生，惡性過程較高，轉移迅速，治癒的機會很低，因此要時時檢查(如四個月至六個月檢查一次)。其他高險性成因包括過量放射線照射、過度肥胖、過去有過良性乳房瘤，尤其是診斷有乳腺過度增殖性病變(Atypical Hyperplasia)。一邊乳房有過乳癌手術治癒的婦女，另一邊再生乳癌的機率會增加三至四倍。

　　早期診斷，早期治療為人類癌病的金科玉律，婦女癌病也不例外。過去勸告婦女每月月經後，自己觸摸兩個乳房的方法已不

神通,因為能摸到的硬塊或腫瘤常在2公分左右,至少也在1公分以上。此時乳癌已不算早期,並且腋下淋巴腺的腫脹(淋巴腺轉移),常被忽略。目前最好的方法為定期(一年一次)乳房攝影(Mammography),以放射線或超音波檢查。如有懷疑,更可以放大焦點攝影或斷層攝影。進一步用長針吸取細胞(Needle Aspiration)或活體組織抽樣(Tissue Biopsy),以為診斷。

治療的第一步是手術。過去所謂根除性乳房切除(Radical Mastectomy),切除一邊全部乳房,連同胸部肌肉和同側全部淋巴腺的大手術已不再使用。代以患部局部切除(Local Excision)、乳房一頁切除(Breast Lobectomy)、單純乳房切除(Simple Mastectomy)、有時加上腋下淋巴腺切除(Auxillary Lymphadenectomy)。前者手術後合併症多,傷口癒和遲緩,整形困難。後者手術恢復快,必要時再加上放射性治療或化學藥物治療,成績並不比前者差。單純乳房切除後要裝上義乳也很容易。由於政府與民間保健慈善機構大力鼓吹,乳癌痊癒率逐年增高。

早期診斷,早期治療最成功的例子是子宮頸癌(Cervical Cancer)。其成因最重要的是,在陰道內子宮頸部表皮受HPV(Human Papilloma Virus)病毒感染而細胞變質。有些HPV會造成良性的外陰部及陰道產生乳突狀塊瘤(Condyloma),俗稱陰部增息肉(Genital Warts),這是良性的病變,可用手術刀割除、雷射手術、電燒、冷卻或藥水等方法清除。但有些HPV變種,HPV 16, 18, 33, 35, 54等類別的病毒,專門引發子宮頸癌的先驅病變,如表皮非典型惡性增殖(Atypical Dysplasia)、原位癌(Carcinoma in situ,或稱零期癌),最後演變成侵蝕性子宮頸癌(Invasive Cervical Cancer)。其他高危險因素包括子宮口發炎、陰道炎、早年性生活、多數性伴侶、

抽菸等等，都會增高子宮頸癌的發病率。感謝陰道塗抹片篩檢（Papanicolau's Smear Screening，簡稱Pap Test），大大增進早期診斷率。最近使用試管稀釋子宮陰道分泌物，作成薄層塗抹片（Thin Smear Pap Test），更增加了細胞診斷的正確性。進一步檢查則用陰道鏡觀察（Colposcopy）和子宮頸活體切片（Cervical Biopsy），以病理組織（Tissue Pathology）作最後確認。

前述子宮頸惡性增殖、子宮頸原位癌可用電燒、雷射或漏斗狀子宮頸局部切除（Cervical Conization）而治癒。子宮頸原位癌或廣泛性惡性增殖病變，較嚴重的可採用單純子宮切除（Simple Hysterectomy），而達到100%治療效果。第一期侵蝕性癌就要用根除性子宮切除（包括子宮、輸卵管、卵巢、子宮外圍脂肪淋巴腺全部清除）或大量放射線治療，痊癒率很高，五年生存率在90%以上。第二期則減為70%，第三期、第四期癌病的五年存活率在50%以下。

1990年代美國疾病控制中心（Center for Disease Control，簡稱CDC）開始作全國性乳癌和子宮頸癌早期診斷方案（National Brest and Cervical Cancer Early Detection program, NBCCEDP），相當成功。對於無健康保險，或貧窮落後地區施行乳房攝影和Pap Test的篩檢，至2002年底已有150萬人免費受檢，發現並治療很多乳癌及子宮頸癌的老年、貧窮及少數民族病人。

子宮內膜癌是這四種婦女癌病最容易控制的一群，發生在更年期以後，主要症狀為子宮出血（有時稱陰道出血，停經後不應該出血，所以出血是一種警訊）。子宮內膜癌之前驅病變為非典型性子宮內膜增殖（Atypical Endometrial Hyperplasia），可視為零期癌。使用乳癌療藥Tamoxifen或女性荷爾蒙（Estrogen），可促進子宮內膜癌的發生。少數病人會因性行為或婦科檢查時有痛覺，早期診斷可以在

門診部用子宮內膜活體抽樣（Endometrial Biopsy）或在手術房作刮子宮診斷（Diagnostic Curettage或稱D&C），由病理檢查診斷。治療則以手術——單純子宮、輸卵管、卵巢全切除（Hysterectomy and Biloteral Salpingoooophorectomy）或放射性療法，而達到70%至80%以上的痊癒效果（已經癌症轉移擴散的病例則終於導致死亡）。

卵巢癌和乳癌一樣有家族性遺傳因素。良性卵巢囊腫（Benign Ovarian Cyst）都發生於年輕生殖期的婦女，如皮樣囊腫（Dermoid Cyst）或卵包囊腫（Follicular Cyst）或黃體囊腫（Corpus Luteum Cyst），更年期婦女不會發生。因此，婦科檢查發覺卵巢腫大時必須追蹤檢查，用超音波骨盆腔攝影或用腹鏡探視（Diagnostic Laparoscopy）即可診斷。婦科檢查有時和子宮肌肉瘤（Fibroid，良性）不易區別，腹鏡檢查則可以清楚判斷。

卵巢癌被稱為祕密殺手（Silent Killer），因為早期沒有症狀，等到出現腹漲、腸氣、疼痛或陰道出血時已為時太晚（已是第三期、第四期轉移子宮腹膜、腹腔淋巴腺、產生腹水（Acites），此時手術無效，只能作化學療法）。因此早期診斷靠一年一度或半年一次（有高危險因素者）的婦科內診，超音波檢查或血液CA-125含量來決定。CA-125增高，發生惡性卵巢癌的可能性在50%以下，因為良性的骨盆發炎、子宮內膜症等常見的婦科疾病，血中的CA-125也會升高。為了防止卵巢癌的發生，40歲以後的婦女，因子宮出血、子宮肌瘤或子宮內膜癌、子宮頸原位癌必須作子宮切除術時，一併將兩側卵巢輸卵管割除，以絕後患。

婦女癌病的防治最重要的，還是一年一度的婦科檢查，包括內診、超音波攝影、乳房攝影，Pap Test, CA-125 Blood Test。更年期後不尋常陰道出血、腹痛、大小便不通順等症狀發生時，

隨時要找婦科醫生檢查，不可拖延。

骨質疏鬆症和更年期荷爾蒙的關聯

婦女更年期(Menopause)，因為卵巢的卵胞用盡，不再分泌女性荷爾蒙(Estrogen)，而且停止排卵功能，也沒有分泌黃體荷爾蒙(Progesterone)，導致導下垂體(pituitary)的卵胞激素(FSH)及黃體激素(LH)大量增加。尤其是LH都在晚上睡眠時間歇性釋出(Pulsatile Secretion)，因此熱潮(Hot Flashes)、盜汗(Night Sweating)的生理現象。參雜異常心理狀態，失眠、憂慮、煩躁、不安等等，會突然出現。(詳情請參閱荷爾蒙一文。台灣公論報2003年8月19日起連續分五期刊出)

更年期後十年左右，因為欠缺女性荷爾蒙，陰道黏膜變薄而且乾燥，容易引起癢痛的老年性陰道炎(Senile Vaginitis)，也多引起黴菌感染(Monilia Vaginitis)。由於子宮繫韌帶鬆弛，引起膀胱下垂(Cystocele)及子宮下垂(Uterine Proplase)，全身皮膚毛髮乾燥，引起顏面皺紋、頭髮脫落。全身性的疾病包括糖尿病、心臟病、中風、骨質疏鬆症(Osteoporosis)導致駝背、骨折。因此需要補充Estrogen及Progesterone等荷爾蒙以減少上列疾病之發生。

老年性陰道炎用含有Estrogen的陰道藥膏最有效。黴菌性陰道炎則可用Antifungal Drug(如Mycostatin)治療。膀胱及子宮脫落則可用陰道子宮切除(Vaginal Hysterectomy)和膀胱整形手術治療。年紀太大或身體衰弱不宜手術者，可用各種形狀的(有的像Donut，有的像弓形。)橡皮支持器(Pessary)塞入陰道，防止子宮脫出。

預防骨質疏鬆症(Osteoporosis)，應由孩童時期開始飲食攝取充分鈣質最有效。有如牙齒的保健從小開始，刷牙、含氟牙膏、整

形、清除牙週細菌及沉澱污染等等。早期骨質密度檢查（BoneDensity）乃用X-光檢驗。早期診斷、早期治療最有效。防治藥物包括荷爾蒙補充療法Prempro（內含Premarin 0.625mg＋provera 2.5mg），前者為女性荷爾蒙（由懷孕的母馬尿中提煉出來），後者為黃體荷爾蒙（人工合成製造）。再加上鈣片（每天1gm至1.5mg），Vitamin D（400至800IU）。此外Raloxifene, Tamoxifene,各種Bisphosphonate（如Alendronate, Edidonate）, Salmon Calcitonin等治療劑，對抑制骨質破壞細胞（Osteclast）功能、減少骨質流失都有效果。最近開始試用少量副甲狀腺荷爾蒙（PTH）間歇性注射，證明可以促進骨質增生，減緩骨質破壞及流失，失去骨架，有顯著的效果。

新科技在醫療上貢獻的潛在能力

由於生物科技的高速發展和提升，許多在二十世紀仍認為遙不可期的醫療防治方法，目前看起來即將進入實驗階段或已有初步的成就。生物科技是多方向發展，但有朝一日，也許可達成聯合作戰，從不同的角度有效地控制人類自生的疾病，遺傳基因促成的疾病，自動免疫（Autoimmune）的疾病和外來微生物（Microorganism）如病毒（Virus）、細菌（Bacteria）和黴菌（Fungus）侵襲的疾病。

不孕症（Infertilify）問題和避孕（Contraception）的問題，癌症的放射性療法（Radiation Therapy）和化學療法（Chemotherap），人體器官的移植（Organ Transplantation）和人體免疫系統的了解，環境衛生和流行傳染病的控制。在二十世紀下半段已大致達到有效的地步，雖然許多地方尚不能稱為完善。二十一世紀的醫學更指向基因的研究，以便解決疫苗的製作、癌症細胞的消除、人體老化的延遲和

更進步的人體零件的修補等更精緻的醫療。有如故鄉台灣企業界由紡織塑膠、石化等粗糙工業，轉型為電腦晶片……等精緻工業一般。

更年期後的婦女，主訴痠痛、動作不靈、失眠、食慾不振的病人特別多。在各種檢查之後仍查不出毛病時，除了前述心理因素，我常以一句半開玩笑的話「上了年紀的人，有如一部舊車（Used car），不像新車那麼靈光順暢」安慰她。這樣的「病人」如能注意飲食平衡，多作運動，生活起居規律化再加上心理調適，許多症狀大部分會自動消失。止痛藥、安眠藥的使用應適可而止。

首先對於目前為患較大的病毒，如引起愛滋病的HIV (Human Immunedeficiency Virus)，引起煞死病（SARS, Severe Acute Respiratory Syndrome)的冠狀病毒(Coronary Virus)，除了政府衛生保健體系有一套安全措施，防治疫情擴散外，最重要的還是發展出有效的疫苗（Vaccine)。台灣的B型肝炎引發許多肝硬化和肝癌，為重要死因之一。自從製造出B肝炎疫苗使用於兒童後，帶菌者(Carrier)的比例，由人口的高比例急遽下降至個位數的低比例。將來台灣住民為肝病而死或需要肝臟移植的人會很少。

其次談到奈米科技在醫療上的應用。奈米(Nanometer, nm)是一公尺的10^{-9}，也就是1000,000,000分之一的測量單位，也就是製出非常微小的東西，可以操縱原子，甚至電子結構的技術。在生物工程學(Bioengineering)中研究遺傳工程(Genetic Engineering)的技術便屬於奈米科技。

舉例來說目前已能製造出Nano體積之藥物攜帶器，Organic Polydendrimer, organic Fullerence, Photodynamic Therapy

Modules。這些細小攜帶器本身不起化學作用，沒有毒性，而中間空洞可以置存藥物，形狀就像一個西班牙式足球。這些攜帶器可以穿過癌細胞膜的孔隙，進入細胞內殺死癌細胞，但對癌細胞週邊的正常細胞毫無損傷。Photodynamic Modules則可帶能發散光源的藥物(Light-active durg)，對癌細胞作選擇性發光化學反應，單單殺死癌細胞。同樣道理這種nano藥物攜帶器，亦可帶治療HIV有效的Protease Inhibitor藥物單獨攻擊HIV病毒，而不致傷害正常的人體組織。如此，二十世紀留下來的癌症、愛滋病等棘手問題，在最近的將來便能迎刃而解決了。

第三想要談到的是幹細胞(Stem Cells)的研究。幹細胞是尚未分化的原始細胞，在不同的環境下有能力轉變成不同的分化細胞(Well Deferentiated Cells)。骨髓內的幹細胞有能力分化成白血球、紅血球和血小板等。癌症病理組織內如果多數是未分化細胞(Undeferenciated Cells)，則此病人因轉移(Metastasis)快速，病情惡化比含有較多分化細胞之同類癌症病人要快很多，生命短促，治療希望偏低。

人類幹細胞的來源，最多是胚胎在人工協助生殖(Assisted Reproduction)的過程，有冰凍受精卵或早期胚胎有可能用來發展幹細胞，培養成某一組織或器官(如肝細胞、胰島細胞、中樞神經細胞)，充實組織或器官移植的供應。臍帶血中亦含有豐富的幹細胞可以利用。這很像汽車修理場的零件倉庫，必要時可以隨時取用。關於儲備人體器官零件的問題仍有許多道德上、法律上的規範或監控需要解決。至於複製人(Human Cloning)則為法律所禁止。美國民調也顯示高比例的反對者。

最後談到防止老化的研究。目前許多工業先進的國家，都有

退休老人過剩的難題。可是在前述癌症、慢性疾病的防治，老人
福利社會制度的建立，在在都在促進更多的長壽者。以老人本身
的立場當然希望能延年益壽，這是必然的結果而不是奢望。目前
的遺傳研究，人體老化最基本的原因是遺傳因素，尤其是體染色
體(Autosome)的變化。染色體的構造有中心體連結兩個上肢及兩個
下肢。染色體圖譜(Karyotype)是人為按染色體大小排列而成，每
一對染色體都有其特色，一個由父親而來，一個由母親而來，每
個染色體有無數的基因(Gene)，代表該個人的特色，如膚色、眼
色、毛色、頭髮曲直、鼻子高低等等。體染色體下肢的最後一節
叫遠端(Telemere)，有些染色體的遠端在人生後半段就逐漸脫落，
而不能再生。因此愈高齡的人，染色體的下肢愈變短造成頭髮
白，皺紋變多的形象。人體許多器官可以再生，如血管、肝細
胞。在動物界有肢端再生者如螃蟹。因此防止老化的研究者，即
提出如何防止體染色體遠端脫落或脫落後如何促使其再生的願
景，是否有朝一日能夠成功，請大家拭目以待。

結論

俗語說「健康是人生最寶貴的財富」。誠然健康可以延年益
壽，避免不必要的英年早逝。財富是生不帶來，死不帶去的身外
物。更年期後的人生要快樂健康(Be Happy, Be Healthy)，是我對人
生看法的總結論，在此祝大家快樂，健康。

第六輯
醫學教育

【摘要】

本輯選錄一篇筆者參選成大醫學院院長時，對醫學教育的構想和治校理念。

另外兩篇關於台灣醫學教育的文章，是在北美台灣人醫師協會年會和台大醫學院校友會年會的演講。

尚有一篇為馬偕提出，筆者的基督教信仰自白。

39.我對醫學教育之理念及對成大醫學中心未來發展的抱負

（1996年參選成大醫學院院長演講）

序言

　　我當成大醫院院長的教育理念和目標，大要的說就是要推行人文與科技並重的醫學教育，培養出有專業素養，重視醫學倫理，有人格、有良心的醫師來服務社會，造福人群；也要培養有創見、有耐力，能持續不斷的醫學研究者，以發明、創造、革新來提昇醫療保健的品質。因此，教學要重視人本教育，並且以啟發代替教條教育，以討論代替灌輸的教育，以實際的醫療經驗代替死的書本知識。研究要注重群體的合作，有計劃地培養醫師科學家(Physician Scientists)，亦即MD,PhD Program的研究所研究員，為未來有創見的、有特性的成大醫學院奠基，以基礎科學的知識應用到臨床醫學的預防與治療。所以我倡議基礎與臨床的科技合作，院際合作，並且提昇到國際合作的地步。醫療要社會化，深入社會服務，主導預防醫學，重視社區醫療，成為南台灣最大的轉診醫學中心，領導衛星醫院提高醫療水準，能真正做到貢獻國計民生，全民保健的地步。行政要制度化、透明化，有前瞻性宏觀，有大格局的發展作風，將成大醫學中心由現有的南台灣醫學科學重鎮的基礎，逐漸發展成廿一世紀亞洲第一流，甚至國際第一流的醫學學術中心。

廿一世紀的前瞻性國際觀

醫學教育的內涵,隨著台灣社會的變遷,國際學術潮流的趨向,以及生物科技的突飛猛進,應隨時作適當的調整與改革,才會趕上時代,達成教育的實質目標。

在廿一世紀,資訊(Communication)的發達將達到頂峰,因此國際學術的競爭有賴科學資訊的獲取與國際合作的充實,以達到競爭的勝利。時至今日,世界政治經濟的重心向亞洲太平洋地區轉移的趨向已很明顯。因此,台灣要發展高科技,提昇國際學術交流,未來的十年至二十年,將會事半功倍。舉例來說,各科學領域的國際級大師,在1970年代要請他們到台灣開會,相當困難。自1990年以後,在台灣舉辦國際會議請他們來演講,或作短期研究指導,很多國際級大師會欣然接受。因此,我們要把握這段重要的時機,以國際學術交流來提昇我們的學術水準,並踏上國際舞台。

最近十年來,生物醫學科技和分子生物學的新知識突飛猛進,對於人類的醫療保健的方法,產生了巨大的影響。在診斷方面,放射斷層影像(CT Scans)、超音波影像(Ultrasound Imaging)及測量血流的杜普勒(Doppler)、電磁共振影像(MRI)和內、外、婦科使用的各種內視鏡(Endoscopy)等等的臨床使用,對於人體內病變的診斷正確性大量提高。在治療方面,雷射療法(Laser Therapy)和血管導管技術(如Cardiac Catheterization,各種Radiology Intervention Techniques),使許多危急的病患,得到迅速的療效。器官的移植隨著免疫學知識的進步,抑制排斥藥物有效應用,救了不少人的生命。

最近大腸癌、乳癌等致病基因的發現,更進一步遺傳基因的瞭解,提供了預防及早期治療的可能性,即將對各種癌症的控

制,進入「癌症可以痊癒」的新境界。對於各種不治的先天性疾病及遺傳疾病,即以基因療法(Gene Therapy)消除的實際療效指日可待。愛滋病(AIDS)的蔓延,造成廿世紀感染性疾病對人類的最大挑戰,由於世界各先進國家對於致病病毒HIV的大力研究,漸見曙光,相信在廿一世紀,愛滋病也會像天花、小兒麻痺症一樣受到控制。最近在美國的經驗,抗愛滋病藥物在孕婦產前及產中的使用,已使母親對嬰兒病原的傳遞由25%降至6-8%左右。

近年來不斷的研究,對於心臟血管疾病成因已有充分的瞭解,除了各種診斷方法的進步,治療新藥物的產生,也由預防醫學的方法,如飲食、運動、定期檢查等等來改變高危性因素存在的健康人群和早期病患,因改變生活習慣,大量減少因高血壓合併症導致心腎功能衰竭、中風、心肌梗塞等等而死亡的病例。

以上略提幾項目前國際醫學界競爭激烈的學術研究及醫療突破的重要課題。要躋身國際一流的醫學中心,對此不能不重視。

成大醫學中心發展的環境因素

成大醫學院及醫院,在廿一世紀發展成國際著名的南台灣最大的醫學中心,環境因素相當有利。目前國立成功大學已是南台灣最大的綜合性大學,也是南台灣的學術研究重心。最近的發展,譬如政府計劃的國際營運中心,將使鄰近的高雄市成為國際港都,再加上台南科學工業園區、農業專區的規劃,將提高成大與國科會及鄰近工商企業界科技研究合作的機會,前景大為看好。

成大醫學院雖較年輕,在前院長黃崑巖教授的領導及全院師生努力之下,已奠定良好的基礎,只要未來發展的方向正確,在

廿一世紀不難成為國際著名的一流學府。為此目標的達成，我認為應循三個方向同時進行。

(1)促進醫學院內的科際合作及平衡發展：

努力推動基礎醫學與臨床醫學的研究教學合作。平衡發展醫學院內的各科系包括藥學、護理學、醫技學、物理治療、職能治療各學系。擴展環境醫學系使其包括醫療政策、預防醫學、生物統計等等，成為完整的公共衛生學系。時機成熟時可增設牙醫學系，博士班的臨床研究所，如臨床免疫學、臨床遺傳學、癌症學等等，多多培養醫師科學家(Physician Scientists)。

(2)促進成大醫學院與國內其他學術研究機構的合作，擴大研究的規模：

(A)和成大其他學院的研究合作，尤其是理學院的生物、化學、物理學系，工學院的醫學工程、環境工程和資訊工程等系，管理學院的會計、統計等系。並借此增進成大內部醫學院和其他學院之間的親和力。

(B)和台灣其他醫學院、中央研究院、國家衛生研究院的研究合作。(在後面有更詳細的說明)

(C)和台南科學工業園區、農業專區、製藥工業、鄰近其他企業界的研究合作。

(D)成大醫院要加強發展和鄰近衛星醫院的建教合作。這樣做，一方面可以增加轉診病患的數目，增加住院病人及醫療收入，一方面又可將臨床研究延伸到衛星醫院，同時也可為本院住院醫師及青年主治醫師找出路。

以上的研究合作可使研究主題的涵蓋面及規模擴大，較易克服困難，也較迅速完成研究成果。

(3) 國際學術交流及研究教學的合作。

此為成大醫學中心未來發展最重要的方向。台灣在國際的大環境中是一個小島，因此我們的競爭應該與歐美、日本的第一流學府為對象(大格局作風)，不要以台灣其他醫學院為競爭對象(小格局作風)。相反地應與國內其他醫學院及研究機構尋求研究的合作(已如上述)。將台灣及東南亞特有的疾病和環境生態，加以有系統的研討，以目前的新科技方法研究出一套病因、病理與臨床的關聯，診治與預防的方法而揚名國際，使國外的學者競向我們學習。在國內可以提昇學術研究水準，在國際間開發前所未有的新境界。成大醫學院教授們的研究主題要有創見性，要有持續性，而不是重複別人已做過的研究。群體研究要有一個總主題，下面細分成多項小主題，為個別研究成員研究的重心，這樣的研究規劃才能展現成大醫學院的特色，才能創造出偉大的研究成果，歷久不衰。

關於國際學術交流，成大醫學院應採取主動及主導的地位。成大醫學院的教授們應多多舉辦國際學術會議，並力邀國際權威學者參加，使國際間肯定我們已走上國際舞台，也使國際級大師們瞭解我們的研究實況與進步，將此消息帶回他們本國去宣揚。這種作法有兩個好處：

(1)這些大師都是某一領域的主導者，他們會想到安排成大醫學院的教授，在別國舉行的國際會議，當某一主題主講員(Key Note Speaker)或主要評論者(如Symposium Speaker或Panel Discussant)。

(2)我們想送出年輕教師或研究員出國深造,在這些國際大師們的門下學習,受研究指導,居於彼此間建立的友誼,他們較易接受。如此就達到與國際一流學府,真正學術交流的目標。

在廿一世紀,我們的學術卓越的成就應該由現在開始,從現有的基礎再加上一塊一塊的磚石慢慢往上構築,才能有堅實可靠的學術高塔,歷久不倒。如果想用三級跳或直昇機,立刻昇高、跳遠,都不是實際的作法。為此,我們應廣設講座教授及客座教授,邀請國外學者來台作短期、中期的講學及研究指導,此事可與國科會的計劃配合,也可和南部的高醫、北部的台大、陽明、北醫、長庚等醫學中心合作配合。我深信在廿一世紀,台灣的經濟中心及工商企業會發展成南、北並重。那時來到台北的國際學者都會想到南台灣來看看,成大將成為他們訪問的主要對象。

我對台灣醫學教育的理念和革新以及對成大醫學院長職責的認知與實踐

大家都知道醫學中心的三大任務是教學、研究及醫療服務,其中教學為第一要務。我要在下列各節,就未來醫學教育需要的革新及重視的項目,分別就教學、研究、醫療服務及行政逐一討論。

中央研究院院長李遠哲教授回國以來到處演說,倡議台灣社會的改造應由教育改革做起。他努力從事台灣教育改革的大事,也努力籌募李遠哲學術發展基金,用以延攬國外學術有成就的華人學者回國服務,協助國內學者突破學術發展的瓶頸,使他領導的中央研究院及台灣許多大專院校學術研究風氣煥然一新,不但

科技研究水準得到提昇,台灣的人文教育受到重視,本土文化也得到發展,作為高等教育領導者的典範。李院長負責及領導的行政院教育改革審議委員會,最近發表未來教育改革的首要方向為減少教育管制,而以人本化、多元化、民主化、科技化和國際化為五大教育目標。

我任教二十年的芝加哥大學是在一百零三年前由洛克斐勒基金會設立,標榜「研究與創新」的一個學府。美國軍方用以製造原子彈的「核子連鎖反應」的原理,就是在芝大研究發明的。這個研究的成功,雖然因製造殺傷力很強的核子武器,造成人類歷史上無可彌補的大災難,但是此後核子能的和平使用,對人類生活品質的改善,更有其明顯的貢獻。在學術界的成就,芝加哥大學為美國十大名校之一,因創新研究有成得到諾貝爾獎的學者已達六十位,高居美國各學府的首位。芝加哥大學有今日的成就,除了傳統的「研究與創新」的高尚目標,使校內人人努力追求之外,校方應「秉持教授治校、學術自由與重視國際學術交流」的三項大原則。此三項原則我認為所有高等教育領導階層,必須有明確的認知和努力實踐。

成大吳京校長自返國服務以來,努力於教育的革新,他肯定教授治校的原則,贊成國立大學部分自籌經費以便靈活運用,主張和工商企業界研究合作,以達成學術研究充實國計民生的目標,籌備設立綜合研究中心,增加資深教授繼續研究的機會,重視學生生活教育,主張拆除師生間的隔牆,使師生生活打成一片,以達身教言教的目標。

上面分析各種台灣高等教育的改革和美國大學的基本教育政策,愈拉愈近。再加上本人在美埋首研究、教學、著作超過廿五

年，長期思考返國服務回饋故鄉，適時適地加入教育改革陣容。此次成大在選新醫學院長，對我有很大的吸引力。此時我的學術研究著作及教學行政經驗已達成熟階段，準備全身全力投入國內的醫學教育，培養醫學界更多後起之秀，責無旁貸。

教學

李遠哲院長曾說過：國際著名的一流大學至少具備下列四個條件(1)要有好的學生。(2)要有一流的教授。(3)要有好的研究設備。(4)要有優良的傳統。

首先談論學生，學生是醫學院的主體之一，醫學院首要任務是為國家社會培育一批優秀的醫師從事國民的保健，提高人民的生活品質。另一方面，也要鼓勵學生從事基礎及臨床研究，不斷創新，提昇國內醫學科技的水準。

台灣的醫學生在他們長期教育的過程中，不斷經過升學競爭的壓力，家庭社會功利主義的誤導，一些學生逐漸偏離健康的事業取向，失去「犧牲服務」的敬業精神。今後醫學教育的成敗決定於有否平衡發展的教育。對於學生不但要有知識灌輸，技能的訓練，更要重視學生的生活教育、品德人格的陶冶。以下分開幾點說明。

(1)落實導師制度：

教授們要非常愛護學生，視同自己的子女，教授的言行應以身作則，成為學生人格養成的表率(Role Model)。為此，我倡議落實導師(Precepotor)制度，使教授和學生非常親近，培養深厚的師生感情，除了教學也能幫助學生解決生活上、心理上的問題。

(2)重視學生的課外活動：

醫學院應有一位專管學生事務的副院長(後詳)，應該重視及鼓勵學生的課外活動。如有適當場所，成大醫學院要設置一個大型的學生中心，提供學生間活動交誼的場所，也可提供師生休閒談話、身教言教的自然環境。以學生生活調節共同興趣所組成的社團，院方應加以鼓勵與輔助。如音樂研究社、絃樂團、合唱團、藝術社、文藝社、新聞雜誌編輯，甚至舞蹈、登山、郊遊、各類運動等活動。參加的成員可能養成他們終生的嗜好，社員畢業後二十年、三十年見面時常常重溫舊夢，對於往事津津樂道。

(3)臨床科小組教學：

在臨床教學方面，我很贊成目前台大醫院正在推行的小組教學改革。這是以啟發代替教條教育，以討論代替單向的知識灌輸，以活的醫療經驗代替死的書本知識。此種教學應重視師生的對話，學生的意見應受到尊重與善良的回應，而不是嚴厲的批評與惡意的嘲笑。老師的態度無形中對學生的人生觀會有深刻而長遠的影響。

(4)醫學生的養成教育的基本：

七年醫學教育的前二年要重視通識教育、人文教育與倫理教育。要加強學生的思考、分析及判斷的能力。也要加強基礎學科電腦化及學習兩種以上的外國語言，使他們早日了解多元文化的世界，以利將來的國際交流。倫理教育可以培養高尚的醫者人格，要強調師生關係的校園倫理和與病人溝通、待人接物的醫病

倫理，這些都要趁早培養。

(5)倫理教育：

台灣目前的教育，一般缺乏倫理的教育。為了塑造一位「良醫」，醫學教育除了教導健全的基礎科學及臨床醫學之外，更應重視倫理教育以培養「愛人如己」和「推己及人」的人生觀，並確立關愛社會、服務大眾、造福人群的價值觀。醫學倫理教育可以訓練一位醫師根據倫理的原則，即(A)重視生命的神聖。(B)利益患者。(C)非造成傷害。(D)公義。(E)自律。來從事醫療和醫學研究。

大家常聽「上醫醫國、中醫醫人、下醫醫病」的格言，其中道理說明了當一個醫師面對一個病人時，他所看到的是有血、有肉、有意志、有感情的人，而不是單單治療一個有毛病的器官，或將病患當成一個實驗品看待。更不必談關心國家社會道德風氣改革的醫國大業了。因此，醫學倫理教育是重建醫師品德和改善醫療服務態度最有效的教育方法。

可能居於上述觀念，芝加哥大學醫學院在新生入學訓練時，除了介紹環境，說明教育內容，也要每一位新入學的學生穿上象徵醫師的白衣，集體朗讀「做為一個醫學生的理念」，使他們瞭解職責所在。醫學院畢業取得醫師資格時，再度宣讀希伯格拉底的「醫療誓約」，就更清楚醫師的人格與職責了。

(6)感情商數的重要：

我曾看到一篇有關智力商數(I.Q.)和感情商數(E.Q.)的文章。引述哈佛大學高爾曼教授的觀察，比較一群智力商數極高的學

生，畢業後常在人生事業上掙扎。另一群智力商數普通的學生事業上反而有驚人的成就。他發現不同的地方是後者比前者感情商數高。感情商數高的人，其特色是善於控制自我感情，對於事業的熱心度、持久性及適應性強，人際關係良好，事事有強烈的動機及採取主動性。我覺得此種感情商數的強調與培養是學生生活教育重要的課題。

其次再談到師資的問題。從我獲得的資料，成大醫學院現有的學生，包括碩士班及博士班的研究生，約略一千人左右。而各級教師的總數不到兩百五十人。因此，師生的對比略遜四比一。美國較有名的醫學院的師生對比，大概在二比一或二點五比一。因此成大醫學院教師的教學負擔較重，相對的研究時間會減少。這一方面盼望能在校方允許自籌基金的情況下，加緊培養師資，另一方面在前述和企業界、其他研究機構合作之下，可聘用部分兼任外來師資，醫院和衛星醫院建教合作之下，亦可能得到無薪的兼任臨床教師，不久的將來，希望能逐漸改善師生對比不足的情形。

關於教師升等方面，因人人的個性愛好不同，有些教授喜歡手術、照顧重症病患；有些教授喜歡埋首實驗室、創新發明；而兩者都是醫學院所需要的優秀師資。因此我贊成臨床各科設置以「研究為重」和以「臨床服務為重」的並行雙軌制。兩者則同樣要重視教學。前者以其研究的成果及教學績效為考核升等的準則。後者則以醫療績效及教學績效為升等的準則。研究重質不重量，鼓勵「創新的研究」、「系統的研究」，而不鼓勵模仿性的研究及重複別人已做過的研究。醫學系以外的科系，應視其特殊情況另訂教師升等的標準。

為了適應推行小組臨床教學所需求的大量師資，醫院無教職的主治醫師，儘量設法安排成為有教職的教師。總住院醫師，剛完成住院醫師訓練的年輕主治醫師，臨床科的研究員及外面衛星醫院無薪的兼任教師，都能訓練培養成有教學能力的臨床教師。

臨床學生實習因醫療制度的變更，住院病患住院期限的縮短，門診手術的設立（即較小手術，術後當天出院），臨床教學已漸漸減少住院病患的床邊教學，增加門診教學。此外醫學中心的教師亦應擴及建教合作的衛星醫院，開辦開業醫師的再教育，社區民眾媒體的醫學常識教育，以利全民保健的徹底推行。

研究

研究是每一個第一流醫學中心能揚名國際的命脈，這個命脈的長久延續就成為該學府的傳統。要成為國際第一流，教授們的研究要有「創見」、要有「系統」，一群研究者在同一總主題下，每一成員研究一個小主題，綜合起來便成為該學府的權威性研究。目前在台灣，台大宋瑞樓教授領導的肝炎、肝癌研究群就是一個例子。我再舉兩個芝加哥大學醫學院的故事來說明。

1964年一位美國南部的木材商勉梅（Ben May），在雜誌上看到芝加哥一位年輕的泌尿科醫師賀金斯（Charles Huggins）以女性荷爾蒙治療前列腺癌，將一位將死的病人布朗（Brown）救活，恢復復健，十分感動。就寫信給賀醫師說：「我將捐一筆錢給英國皇家癌症研究院，能否請賀醫師代轉？」賀金斯回信說：「英國癌症研究機構會欣然接受這筆獻金，但您何不捐給美國做同樣癌病研究的研究室，他們會更感激您的義行。」於是梅先生就將這筆錢捐給賀金斯。賀醫師有了這筆錢，基金會就招兵買馬，集合一些科學

研究者包括有機化學、生物化學、病理、藥理和臨床醫師，願意參加研究者。研究的對象是「癌症」，並標榜「發現是我們的本行」(Discovery is our business)。他有一個信念，癌症是始於癌細胞，因此癌症的研究是一種基礎的科學研究。這個實驗室命名為「Ben may Laboratory for Cancer Research」，目前改為「Ben May Institute」，是芝大醫學院的一個獨立研究單位。

他們日以繼夜努力研究終於有了成就。賀金斯在1966年因首創化學療法治療癌症的新觀念而得到諾貝爾獎。他初期的研究同僚包括化學家楊念祖，以研究致癌的化學物品聞名於世。生理學家英格(Dwight Ingle)最初發現Cortisone及Hydrocortison的生物性反應。詹孫(Edwood Jensen)最初發現Steroid Hornone的生物作用要靠細胞的接受器(Receptors)。1980年代詹孫會得諾貝爾獎的呼聲極高。台灣出身的生化學者廖述宗教授，去年當選中央研究院院士，就在此研究所研究了三十年。

另一則故事是1950年代芝大婦產科教授迪克曼(Dickman)，因當時盛傳合成女性荷爾蒙(Diethyl Stilbestial，簡稱EDS)可以防止流產，就用使用此藥物的研究群和使用安慰劑的控制群作比較，由妊娠初期就給藥，結果兩組流產率相同，證明DES沒有防止流產作用。二十年後的1970年代，哈佛婦產科的一位年輕副教授赫伯斯特(Herbst)，專長婦科癌症。相繼發現幾例十多歲、二十歲的少女患有嚴重的子宮頸及陰道的腺狀癌(Adeno-Carcinoma)，覺得很驚奇。詳細追問病歷得到一個共同點，即是這些女孩的母親都在懷孕早期服用DES。於是他和上司教授及病理好友史加利(Scully)同時探討其病理病變關聯，終於得到一個結論。DES會使這些女孩在青春期後，子宮頸及陰道會有良性腺狀上皮(Adenosis)，取代正

常的皮樣上皮(Squanous Epithslium)。而部分Adenosis會惡化成癌症。於是赫伯斯特轉職到DES患者最多的芝加哥大學，繼續研究此一專題，並任婦產科主任迄今二十一年。他於是和病理細胞學者、流行病專家、婦癌專家合作，追蹤更多病例，並在美國東北、中西部東南、西岸辦理DES病患登記(registry)和轉診，進一步探討DES患者致病率Adenosis的處理，DES患者本身不孕症發生率與流產的關聯，並以動物實驗證實。DES便成為他一生研究的主題及標記。我個人在芝加哥大學擔任高危產科門診主任，專門研究「子宮內胎兒成長遲滯症」(IUGR)的過程和赫伯斯特也有些類似。

臨床研究要重視集體的研究，跨科、跨院的研究更能成功。在這裡我要強調的是，集體的成就應高於個人的出頭。今日，單打獨鬥式的研究時代已經過去了。我倡議在成大醫學院多設臨床與基礎醫學的研究合作，例如腫瘤癌病與病理的研究群(包括動物實驗)、分子生物學、生化學與遺傳疾病的研究群、營養學、生理學與胃腸疾病的研究群，慢性疾病與藥理、病理的研究群、器官移植和免疫學的研究群等等。這些研究群要頻頻舉辦專家講座、論文發表會和學術討論會。並鼓勵年輕的基礎研究員、臨床研究員及醫學生參加。盼望借此能使更多的醫學生發生興趣，選擇基礎醫學研究為終生志業。這些研究中心可以留置一流的繼承師資，也可吸引有特殊才能的校外人才。

目前美國臨床研究的潮流趨向數目龐大的研究，以提高研究結論的可信度。最近盛行的所謂「大分析或集體分析」(Meta-Analysis Study)，就是將文獻上已發表同樣性質的臨床研究報告十篇、二十篇集合起來，再以統計方法處理作成一個「正面」或

「負面」的結論。另外一種更可靠的方法，就是由國家衛生研究機構，如NIH或NCI主導，集合十個以上的大型醫學中心，參加一系列的前瞻性，有控制群的研究，以解決目前較大的臨床問題。參加的每個醫學中心提出一個或兩個主題，然後以同樣的方法同時在這些醫學中心研究，期限三年、五年不等，結果達成的結論頗為可靠，可作為此後處置的新方針。最近完成的幾個產科議題，如服用少量(80mg)Aspirin對於預防子癇前驅症及IUGR無效。妊娠二十四週至三十週之間，子宮頸以陰道超音波測量縮短至3cm以下者，發生早產的比例增加四倍，測出Fetal Fibrinonectin含量增高者，早產率亦增加四倍。

在台灣此種跨院跨校的大型臨床合作研究，可由新近成立的國家衛生研究院來主導，亦可由國科會補助費用，由成大醫學院或台大醫學院來主導。

醫療服務

醫療行為是集道德良心及專業素養的服務業，也是一種犧牲奉獻、除痛救命的崇高職業。醫療服務的執行，單靠醫師是無法達成的。必須有環境保護、藥學、營養、牙醫、物理治療及職能治療、醫技檢驗、公共衛生、醫院行政、醫院維修、器材管理等各種專業人才相互配合，共同支援，才能達到完善服務病患的境界。因此，醫學院及醫院對醫學系以外各科系的教育和人才訓練，不能厚此薄彼，而必須各方兼顧，平衡發展。

目前國內各大學，不但醫學院與醫院人事行政有所不同，其財政資源也有差異。成大醫學院的教師及雇員，其財政資源大部分來自教育部，而成大醫院方面則有相當比例的資源，必須由醫

療收入經費來負擔。醫院的主治醫師有教師兼職者(兩份收入)比無兼職者收入高。同級醫師忙碌的科系工作時間長，但並沒有比清閒的科系收入多，反而因研究時間少，升等更不容易，時有抱怨。這些問題要醫學院與醫院院長相互溝通，研究出一套解決的辦法。如將兩院的財源、人事連貫起來重新分配，例如不同工不同酬，忙碌的科系在教師升等時，加重考慮醫療服務的績效所佔的比例，就待遇、獎金、升等，參與事務決策權，各方面作合理的解決，以化解不平、促進合諧、提高士氣，使這個服務社會的大家庭成為真正的「命運共同體」。

在廿一世紀的醫療會逐漸走向預防重於治療，早期診斷早期治療以達痊癒，門診治療多於住院治療，區域醫療網發達，家庭醫師增多，專科醫師減少的趨勢。因此臨床教學與住院醫師的訓練，也要配合此種醫療走向，並教育民眾小病看門診及小醫院，大病才轉至大醫院或大學醫學中心的觀念與習性。這是符合全民健保的經濟原則，而以較少的開支得到全民健康長壽的理想目標。

行政──醫學院院務的推動

為了醫學中心的穩定與發展，醫學院長的主要職責，是要配合成大校方的政策，並執行院務會議的決策。對外發展與社區各界、研究機構、企業界，保持良好的合作關係，爭取經費來源。對內協調各科系所，由各單位提出的人事、財政、發展計劃及特殊事項，加以考慮，排出優先順序，逐步解決。請求各單位主管及教授們協助發掘人才，予以培養，成為優秀的繼承人選。行政要制度化、透明化，要有前瞻性，也要有大格局的作風。重要的決策都要由各科系所主管及獨立單位的代表所組成的院務會議通

過。平時院務的執行,要靠各行政基本單位與常設委員會平實執行,完成其特定任務。

常設委員會視院務實際需要而組成,其委員有一定的任期,依民主的方式產生,如教師評審委員會、教師聘任及升等委員會、教師申訴評議委員會、學生課程改革委員會、教學發展委員會等。遇有偶發重大事件時,院長可召集組成臨時委員會(Ad Hoc Cemmittee),評審研究問題的解決方案,事後委員會立即解散。

如果我當選成大醫學院院長,我擬籌組一個院務諮議委員會及聘任三位有某方面專長的資深教授擔任副院長(Associate Dean),協助院長執行任務。

院務諮議委員會(Dean's Advisory Committee)由醫學院內外資深人士聘任,提供院務革新意見,評估各科系所的發展成效等等任務。如聘任醫學院前院長、資深退休名譽教授、成大其他學院與醫學院有密切關聯的教授、國家衛生研究院主管代表、國科會或台南科學園區代表、外面醫界人士、法律顧問等組成。

三位副院長的任務如次:

第一位副院長負責醫學院的研究與發展(Research and Development),包括對外基金的籌募,院際、校際、國際研究合作的開發與聯繫,資源的分配,發展空間的規劃,研究所的擴充等等。

第二位副院長負責學生事務(Student Affairs),學生課程的改進,規劃學生課外活動和社團的輔導,學生生活的照顧,助學金、獎學金、成績的評估,研究生深造或就業的輔導。

第三位副院長負責醫療事務(Medical Affairs)和醫院院長、副院長密切配合聯繫,學生的臨床實習,臨床教師教學醫療績效的評估,其他各學系教學與輔助醫療績效評估。

傳統精神

在討論教學、研究醫療、行政之後，我想提出一個問題，那就是成大醫學院傳統的精神是什麼？創院院長黃崑巖教授由一片空地開始，經過漫長的籌備過程，以辦理高水準醫學院的理念，持續不斷的努力，配合他高瞻遠矚的宏觀，在他院長任內又不斷提昇硬體軟體設備，師資學生素質，才有今日成大醫學院的規模。我記得黃院長曾提出「追求卓越」為人生奮鬥的目標。這個崇高的目標，我建議不論誰將繼任院長，盼望能成為全院師生共同努力，不斷追求的成醫傳統精神。

後記

最後我提出基督教的基本精神「信」、「愛」、「望」三個字，作為我演講的結束。信是誠信、信心的意思。表示我參選的誠懇和信守我的承諾。信心並不指我有信心當選院長，而是指如果我當了院長，我有信心領導成大醫學院，走向國際一流醫學中心的大道。愛心是我這次參選的最重要動機。我愛我的故鄉，我愛我的同胞，我願以身作則去愛我的學生與同仁相處以愛心相勉，以求得同仁間的合諧，我要以愛心爭取全院師生的支持。望是盼望或希望的意思。不論我當選與否，我希望成大醫學院以快速的腳步走向國際一流的大道，在南台灣能繼續保持在醫學界領導的地位，並且以「追求卓越」的崇高目標，勉勵成醫全院師生努力追求這個傳統精神，盼望明天會更好，盼望成醫在廿一世紀能揚名國際，成為世界一流的學府。

40. 我的基督教信仰自白 (1999年)

我出生於台中近郊潭子鄉頭家厝，是個農村地方。父母本來靠土地租給佃農為生，生活尚稱小康。台灣土地改革之後，父母親必須勤勉工作。父親和友人合作經商，母親的職業為助產士，在潭子鄉衛生所工作。我排行老大，下有二弟二妹。我家和許多台灣人家庭一樣，為傳統的崇拜祖先及逢年過節拜「神」庇佑。我在台中一中由初中時住家通學，放學後和一群年紀相似的朋友有共同的興趣養信鴿，常常我到你家，你到我家看鴿子，放鴿子，鴿子比賽等玩在一起。其中有一位好友紀敬宗，是父母傳下的基督徒，我常隨他到豐原教會或台中柳原教會，去聽基督教拯救的道理，在心中逐漸種下接受上帝創造宇宙萬物，耶穌降世是為救世人脫離罪惡，信靠祂的可得永生的福音。我雖然放學後都在玩，但是成績仍列前茅，初中畢業，直升高中。

在台中一中高中時，聖教會在潭子設佈道所，台中的中台神學院畢業的高耀民傳道(現住美國紐約，為高俊明牧師、台大高天成院長的族親)常駐潭子宣教，我們這一批年輕好友都成為他佈道的助手，向鄉親傳道。我們也常一起到中台神學院參加靈修會、查經、唱聖歌、隨佈道團到各處佈道，非常熱心。這些活動成為我高中時代的主要課外活動。後來潭子佈道所升級為潭子聖教會，派林茂盛牧師、劉瑞賢牧師(現為中台神學院院長)常駐。我們成為主內的好朋友。

我以優異的成績(全年第一名)畢業於台中一中，當時1954年台灣的大專院校首次實施保送制度，我便被保送進我的第一志願台

大醫科。隨著這種榮譽心的驅使，我在醫學院對於課程極為用心，不敢怠惰(從沒有享受到大學生的閒逸)。因此到醫學院畢業都保持在班上前五名之內，不但每學期免繳學費，也都領到小額的書卷獎。我常回想這段生活，我能七年順利修完醫學課程，一方面要歸功於父母親的鼓勵，一方面我覺得是上帝特別的恩賜。為此我信仰愈堅定，心中愈謙卑，總覺得上帝在安排我將來能為社會，能為世界有所貢獻的人，更不敢虛度人生或染上煙酒或犯錯。在台大婦產科擔任四年的住院醫師及總醫師後，留任台大兼任講師，同時在美國海軍研究所開始了我的研究生涯。來美後先後在紐約下州醫學中心作遺傳學研究員兩年，再度在哥倫比亞大學受臨床訓練三年，1974年轉到愛因斯坦醫學院當胎兒醫學研究員，是亞洲第一個考上胎兒醫學次專家(Subspecialist)的人。在紐約七年已厚植了我教授生涯研究與教學的基礎。1976年受聘芝加哥大學助教授，1980年升副教授，1987年升正教授，直到現在已在芝大任教逾二十二年。這樣順利的事業與工作，我一直感受到上帝在指引，上帝在祝福，感恩的心情永不止息。在每一次升遷或工作變更之後我都虛心反省。順利時，不敢怠惰，更加奮發努力。挫折時，我都會禱告自省，盼能依靠上帝，明白上帝的旨意，重新再出發。

話又說回來，大一時住台大山腳下的第八宿舍，同一寢室中另有兩位基督徒陳啟清及黃順天。我和順天兄較接近，開學後不久，他問我找好了教會否？我說尚未。他說我們就去和平長老教會，聽說和平教會是台大及師大學生的大本營。我們就一起去和平教會作禮拜，並參加了聖歌隊及青年團契。在和平團契認識許多至今仍保持聯絡的好朋友，如陳黃義敏牧師(教授)、彰基的黃昭

聲院長（後來他唸高醫去了，畢業後再相互聯絡到）、文化學院工科的李
豐明教授。我在大一時在和平教會受洗歸入基督門下，當時是莊
丁昌牧師（莊牧師在1964年我結婚時，專程南下台中為我們證婚）。長老有
吳南雄、許鴻源、郭錦鳳。執事有賴永祥、趙榮發、吳再成、許
常安等。他們都對這些離鄉背井的學子待如己出，常到他們家裡
受款宴，恭聽偉大的基督徒故事，有日本人、有西洋人、也有台
灣人，可惜至今事隔四十年，記憶模糊。我大學三年級時曾擔任
和平青年團契會長一年。記得有一次我們請到台大的年輕政治學
教授，當選第一屆全國十大傑出青年的彭明敏教授作精彩的演
講，使我們興奮回味不已，想不到不久他便成為首倡台灣獨立的
獨立運動領袖。和平教會實在是生活教育的溫床，我堅定不移的
基督信仰，是在此環境中培養出來的。進入醫學院五年級後就有
臨床實習、值夜班，就無法分身去參加和平教會的活動。同時和
平的同屆契友也都畢業他去了。於是改到濟南教會禮拜，但沒有
參加其他教會的活動，那時濟南教會由許鴻模牧師主持，多位醫
學院教授林宗義、董大成、彭明聰、林國煌等擔任長老。晚上在
校園我們有一群醫學生基督徒常在一起查經、唱聖歌禱告、見證
或聽古典音樂，過著豐富的基督徒生活。那時常在一起的有許登
龍、莊徵舜、李慶安、許君安，有時有高班的學長莊明哲、陳光
明、許安德烈等參加。

　　母親因我對基督信仰的堅信，在我離家上大學後，常帶著弟
妹去教會，不久她就成為很熱心的基督徒，一直擔任教會的執
事，至今八十多歲，四十年如一日。我兩次住院，母親都為我日
夜禱告。1961年夏天醫學院畢業，在服預備軍官役的空檔期間（兩
個月左右），我與幾位同學到馬偕醫院實習。過了一週我便因急性

盲腸炎開刀住院，因已化膿乃置留一條引流管，可是傷口癒合不良形成瘻管，後來再開刀兩次切除瘻管，直到開入腹內重縫盲腸切除口才得痊癒。三次手術，母親都陪在床邊，迫切為我禱告。尤其是當衛勤學校受訓後，被分派到馬祖當醫官的消息傳到時，更為焦急。說也奇妙，第三次手術後一星期，赴馬祖前三天，傷口乃告痊癒。

1991年2月1日星期五，我在產房輪值，正準備和住院醫師一起作一剖腹產手術，突然全身發寒發燒，旋即失去意識進入休克，馬上被送到急診處急救，當時大約傍晚五、六點鐘左右，後來經五小時手術，三天加護病房，再七天普通手術後病房，在家療養兩個月後才恢復健康。這是因早有診斷的膽結石，作痛時自服抗生素、止痛藥，自己拖延手術大約兩年引起的後果。急性膽囊炎併發膽管膿腫，再引發敗血症的急症。30%至50%的病患因急救不及而喪命。幸運的是發病時我身在醫院隨即急救休克，也未曾耽誤手術，才能拾回這條命。設使我不當晚輪值，可能發病時在返家的汽車中，設使二月份不是我負責臨床服務的月份，我可能外出到舊金山參加我們的專科學會（記得由1月29日至2月2日）而無法及時送醫，這一切的一切若非上帝的恩賜很難以「巧合」及「命大」來解釋。人在病床中特別軟弱，心中的挫折感難免，如非有堅定的信仰，患難中將自己的命運交託上帝，不知要增添多少恐懼與徬徨。

我在紐約時，我們去台灣聯合教會（Union-Charch），1976年搬到芝加哥時去Des Plain的台灣基督教會，牧師先後為趙聰仁、王再興。後來葉加興牧師在Lombar設立分會，以後就自立為社區教會，因離住家近就改籍到社區教會。在芝加哥期間，因研究、著

作、外出演講、開會非常忙碌，深恐分身乏術，未能盡責，不敢擔任事奉教會的職位。

最後我要談到基督徒的典範常存我心，國外遠地的不說，就以台灣本土而言，羅東陳五福醫師，一生功在視障，且創辦慕光盲人重建中心，使眾多盲人殘而不廢，被譽為「台灣的史懷哲」。默默獻身為烏腳病患治療義診的王金河與謝緯兩位醫師，熱心山地傳教，為台灣民主前途而甘受監牢之苦的高俊明牧師，他們的義行和終身奉獻的精神，乃是最上層的基督徒典範。這是我想學也無法學到的境界。我一直在想，在事業的最後階段如何向上帝感恩，如何發揮基督徒信、愛、望的基本精神。在我能力所及能為台灣的醫學教育效勞，可能是最實際、最容易做到的奉獻吧！

41. 從目前美國醫學教育的走向來探討 未來台灣的醫學教育政策

(1998年NATMA年會專題演講)

序言

　　廿一世紀將是一個多種革命的世紀，在人類各種科技人文改進中，生物醫學科技，資訊電腦網路和全球性經濟互動將成為最突出的首要領域。亞洲太平洋地區無疑的將是全球發展最具潛力的地區，比歐洲的大西洋地區、南美洲、非洲會漸趨領先的地位。美國因位居太平洋與大西洋之間，左右逢源，得天獨厚，將作為世界領導者，居於不敗之地。

　　台灣目前由於經濟基礎雄厚，近年科技發展逐漸突破瓶頸，在各方漸漸具備實力，此時如能發展一套有前瞻性，健全的醫學教育政策，發展具有台灣特色的醫療及醫學研究，將台灣發展成東南亞高水準醫療地區及醫學科技重鎮的前景是可以期待的。以目前台灣經濟科技發展的走向，如新竹科學園區的發展、高速公路、台北捷運系統、台灣產業界雖然自誇為台灣經驗，其實是累積美國經驗、日本經驗的延伸。因此台灣生物科技醫療保健的發展，應先具有前瞻性國際觀，並借鏡美國、日本，避免重蹈覆轍。立足台灣當然必須評估台灣的環境、本土歷史文化背景加以規劃，才不致趨於海市蜃樓的幻境。本文擬就以此二觀點切入，來探討未來台灣醫療制度改革及醫學教育的制定，提出一些拙見。

台灣醫學發展的歷史背景

　　首先我要指出台灣社會近百年來，青年熱中學醫的歷史背景。日治時代的殖民政策，不鼓勵台灣人子弟學政治及財經，學醫無疑是一條較容易接受高等教育的途徑，而且廿世紀初，台灣社會衛生保健觀念全無，亞熱帶感染性疾病猖獗，西洋醫學的引入對於人民保健的貢獻很大，醫師備受居民尊敬，成為社區的領導者。在國民黨蔣家統治時代，眼見二二八多少參與政治的知識份子精英受難，包括不少醫師前輩。接著三十多年的白色恐怖時代，青年志向學醫，高居熱門，持久不衰。自從全民健保實施以來，乃漸有棄醫從商、棄醫從政的現象。基本上醫療保健是文明社會提高人民生活品質必有的一個重要環節。醫療人員包括醫師、藥師、護理、醫技、心理治療、復健師、醫療助手及社會服務、公共衛生工作者等，組成一個醫療團隊，才能達到完整推動人民醫療服務及保健的功能。更高一層次而論，基礎醫學及藥學的研究，公共衛生疾病防治中心的設立及疫情的追蹤，急診及轉診醫療網路的組成，民眾教育以提昇醫學常識以及健全醫療制度的制訂，才是保障人民健康與普遍受到醫療照顧更高一層的目標。

美國醫療制度與醫學教育的變遷

　　美國醫療制度從最早的私人醫師、家庭醫師，逐漸演變成社區醫院(Community Hospital)及大學醫院(University Hospital)，並且由東向西推進。醫師的養成也由私授學徒而變成醫學院正式教育。目前東岸著名的哈佛、耶魯、約翰霍金斯、賓大等都有兩百年上

下的歷史，中西部的芝大、西北、聖路易的華盛頓大學及梅育醫學中心都有一百年以上的歷史。第二次大戰後，加州及西海岸的醫學院，近五十年來名聲大噪。私立及州立大學，包括教會大學也都紛紛設立新醫學院，教學醫學院及醫院大增，良莠不齊。大學醫院的任務為教學、研究及醫療服務。大型的社區醫院都附屬於某個醫學院，兼有醫療服務及訓練臨床醫師雙重任務。而小型的社區醫院則專作醫療服務，為基層醫療診所醫師送病人住院治療最方便的地方。美國的醫院施行開放制度(Open System)，只要資格審查通過，一個醫師可以申請多家醫院主治醫師，造成各醫院增加設備，改善護理及輔佐人員對病人的服務態度，相互競爭，以爭取高的住院率及手術率。並按病症的輕重、手術的大小，收取治療費及住院費。年輕醫師憑自己志趣選科的多，為了輕鬆及賺錢而選科者少。

隨著醫療科技及知識的進步，專科再細分成次專科(Subspecialty)，如心臟內科、心臟血管外科、神經內科、腦神經外科、腎臟移植專科、糖尿病專科、過敏免疫專科、新生兒小兒科、胎兒醫學產科、遺傳學專科等等。再加以貴重儀器的設備，如CT Scan, MRI,及精密手術，如骨髓移植、心肺移植、肝臟移植、試管嬰兒的進行，醫療費用大增。近年來美國聯邦及州政府支付老人醫療(Medicare)，貧困醫療(Medicaid)及一般保險公司乃大量採行增收保險費及縮減醫療給付，開始施行DRG(Diagnosis Related Group)制度、疾病分類而給定額的診療費以及重複診療意見(Medical Consulation或稱 Second Opinion)、轉診制度(Medical Transport)，乃有一級、二級、三級醫院的規劃及地區醫療網(Regional medical Notwork)的形成。

　　大學醫學院及教學醫院在此醫療大環境變化之下，原來的收支計劃不得不作適應性的調整，以大變應萬變，深受影響的幅度驚人，包括：(1)醫院院長原由資深醫師擔任，不得不拱手讓給有企業管理經驗的商界人士。(2)教師(由講師至教授)被迫多看門診，多作住院醫療及手術，減少教學及研究時間。(3)醫院收入不得作為醫學生實習及訓練住院醫師的經費，醫學生學費大增。(4)大學醫院大量與鄰近的地區醫院實行建教合作，也在多處設立門診中心。(5)原來沒有家庭醫師科的醫學院紛紛設立。上述轉變的目的乃在充裕病人來源、增加醫療費收入。此時病重的患者多由地區醫院轉到大學醫院，不治的也大部分死在大學醫院，此乃1980年代美國醫療糾紛大增的主因。

　　接著Managed Care的觀念興起，HMO(Health Maintenance Organization)，PPO(Preferred Provider Organization)等等的包醫組織，如雨後春筍，紛紛冒出。這種醫療組織由企業界人士當老闆，被保險人繳一定的保險費到指定的診所或醫院就醫的包醫制度。於是醫師變成領薪水的雇員，上級以減少開支，減少昂貴診斷方法，拖延不致命的手術和大量聘用薪水較低的護理人員、輔佐助手，以減少成本為目標。換句話說，在包醫制度之下，病人的住院越少、手術越少，就越會賺錢和上述Fee for Service, DRG，爭取病人住院及手術愈多愈賺錢的觀念，剛剛相反。因此，初級診療醫師(Primary Care Physicians)的需求量比專家／次專家(Specialists and Subspecialists)更迫切。這種以成本計算，減少給付、增加收入的醫療營利行為，使美國現代的醫療顯然在走回頭路。

　　美國醫學教育為了適應這種惡化的環境壓力下，作了一些革新，避免醫學教育隨之墮落。這應歸功於美國整個醫學教育體系

的完整。(1)各級評鑑委員會對於醫學院及教學醫院的評鑑從嚴，不合標準的便勒令改善或停止招收學生、住院醫師。(2)為了將來師資的培養，訓練專家及次專家採取重質政策，寧缺勿濫。一些精密度高的臨床研究員，更是加長其受訓年限，以便培養有單獨研究能力及在臨床醫療上能獨挑大樑的大將。(3)基礎醫學研究繼續加強，除了有大量PhD參加博士後醫學研究外，也創設或擴增修習MD-PhD或MD-MBS等雙學位課程，準備將來養成高素質的教授及醫院企業管理更佳的領導者。(4)為了有效的小班臨床教學，大幅度增加祇做教學及診療工作的臨床教師及建教合作地區醫院的兼任教師。於是醫學院的教授形成雙軌或多軌制，研究與醫療服務逐漸分道，形成兩極化，使醫學研究繼續創新高居世界鰲頭，也提高大學醫院醫療服務的質與量。

台灣目前醫學教育的問題

近幾年來台灣醫療糾紛案件上升，反映美國1980年代的狀況。上述醫療結構和方式在美國的改變，也會漸漸影響台灣的醫療。健保局領導的全民健保，本質就是人民交保險費的包醫制度，醫師的給付仍維持按件計酬，類似美國的DRG，但沒有DRG的完整。據筆者的訪問開業醫師反應，按件計酬並未區別診療過程的難易，一律同等給付，於是皮膚科三分鐘看一個病人，耳鼻喉科五分鐘看一個病人，小兒科十分鐘一個，內科、婦產科二十分鐘，精神科三十分鐘以上，都得到同樣的給付；也不分初診、複診，這是很不合理的。幸而台灣目前各醫療機構的院長都是資深醫師，多少會爭取醫師的福利，我盼望十年後不會完全操縱於商界人士之手。說句半玩笑的話，「醫療糾紛，律師吃定醫師是

選擇性的吃；但是生意人吃定醫師是統吃，誰也逃不了。」君不見在美國銀行，大公司的C.E.O.(Chief Executive Officer)動不動就是裁員，公司合併，於是赤字變黑字，董事會鼓勵有加，CEO年年增薪，倒霉的是失業的僱員。像這樣的醫療結構，我希望永遠不會在台灣發生。

在全民健保實施以後，密醫已難以生存，一般醫療診所收入大減，醫藥分業之後更是叫苦連天，因掛號費相差不大，城市及大鄉鎮的病人多往大醫院、教學醫院擠，短視的醫學生選擇訓練輕鬆，將來收入高的皮膚科、耳鼻喉科、復健科、家醫科，而無人問津過去的熱門科系，目前醫療糾紛多，工作繁重的外科、婦產科。招不到住院醫師，主治醫師被迫忙於看門診、作手術，而教學、研究漸趨荒廢，這是非常危險的現象。重大的內科疾病、外科、婦產科病人不緊速醫治，是會致命的。在目前的自由經濟社會，收入的高低是由供求的原則來決定，像鐘擺的左右搖，今天的熱門，就是十年後的冷門，風水輪流轉，年輕的醫師們絕對要把眼光放遠一些。

另一個問題是私人醫院以營利為目標，常向鄰近的大學醫院挖角。使教學醫院的中流砥柱，講師、副教授被挖走，形成師資培養斷層及中空現象。反過來高知名度的教學醫院，卻有一大批低薪的兼任主治醫師排隊等缺填補，在他們最有活力的中年期大才小用，無法作更高層的發揮。有穩定成本計算，雄厚基金支持的醫療系統以待遇爭取醫師，有計劃地由醫學院及教學醫院，逐漸在全台灣各地擴充分店，形成連鎖店的門診中心及分院為維護自己的系統。歷史已久的長庚及目前逐漸起步擴充的慈濟，以及以榮民退輔會建立起來的榮總系統，屬於此類。這是國立及省

立、市立醫院所無法追上的。總而言之,台灣的醫療結構採封閉制(Closed System),醫師往大城市集中,人力分配不平均,待遇厚薄有天淵之別,才會形成種種亂象。

再分析台灣的醫師是否過剩?答案是否定的。就以筆者目前居住的伊利諾州和台灣相比,台灣的面積僅為伊州的四分之一,且60%為不能住人的高山,不像伊州平坦,人口則為伊州的兩倍,醫師與人口的比例台灣僅為伊州的一半。目前台灣每年有醫科畢業生1200人,明年批准1300人。據說馬偕、寶成(彰基)、輔大、銘傳,都向教育部申請設立醫學院,除了醫科,護理、藥學、醫技、醫療行政、公共衛生及培養師資及專門人才的研究所都將紛紛成立。筆者認為對於台灣整體的保健醫療是有很大的幫助。總而言之,除了醫師及醫療輔佐人員的培養之外,一般民眾的醫學常識教育,保健常識及道德水準的提高,整個醫療機構及醫學教育體系的整頓,乃是各級政府醫療行政機構燃眉之急,責無旁貸的重任。

未來台灣醫學教育政策的規劃與革新

本人對此問題的探討及革新的重點建議,由教學、研究及醫療服務三方面來討論:

教學

教學要重視人本教育,並且以啟發代替教條教育,以討論代替灌輸的教育,以實際的醫療經驗代替死的書本知識。俗謂十年樹木,百年樹人,教育的改革要求遠效而不像政治財經的改革求近利。

　　台大醫學院於1992年度開始推動醫學教育改革，採行基礎臨床整合課程，問題解決導向課程，以單元教學及小班教學來施教，加強通識、人文、倫理、心理、社會、行為科學方面的教學。強調主動學習，邏輯思考及基本醫療技術的訓練，改進了傳統課程及教學的許多缺點。成大醫學院設置大型的學生中心，提供學生休閒活動交誼的場所，強調藝術、音樂、雜誌編輯等課外活動，使師生能在很自然的環境下談話討論，達到身教言教潛移默化的效果。慈濟醫學院以尊重生命、大愛、服務社會、生活規律化等等來教導學生。芝加哥大學在醫學生入學訓練時，除了介紹環境課程，教學內容並要準醫師在入學第一天即穿上白衣，集體朗讀「做為一個醫學生的理念」，讓他們領悟應以準醫師自許，由老師、病人、同學中獲得各方面的知識，將來給予患者更好的醫療服務的教育方式，來教導醫學生尊重人性、人權和病人的權益。所謂「上醫醫國、中醫醫人、下醫醫病」的格言，其中的道理說明了一個醫師面對一個病人時，他所看到的是有血、有肉、有思想、有感情的人。每一位醫師即使做不到醫國的上醫，至少也要做到醫人的中醫。清楚醫師的人格與職責，重視醫學倫理，改善服務態度，而不會單單治療一個有毛病的人體器官，以上各校好的地方，足供台灣各醫學院普遍採行。

　　基礎醫學要加強學科電腦化，至少深入學習兩種外國語言，將來瞭解多元文化的世界，以利國際交流。倫理教育可以培養高尚的醫者人格，服務的人生觀，而不會淪入唯利是圖的生意匠，要強調師生關係的校園倫理及病人溝通，耐心說明病理及療治方法，建立良好的醫病倫理。此時一個人不但要發揮IQ，也是學習有更好EQ的時機。在臨床醫學方面，由於醫療政策的改變，縮短

住院病人期限，增加門診的診療，包括當日返家的門診手術，臨床教學應以床邊教學及門診教學並重，因此小班教學更見重要。

為了適應推行小班臨床教學，每一教學醫院需求大量的臨床師資。可以預見的將來醫學院的教授需求分配，由過去60%以研究為重，40%以臨床教學為重的情況，會轉為30%研究教授，70%臨床教授的走向。因此教育部要放棄過去強硬的教授等級資格審查的規定，由各大學教授治校調整為以研究為重及以教學醫療為重的雙軌升遷制度，並吸收大量衛星醫院臨床兼任教師。這種有計劃的師資培養要從早開始，尤其對新設的醫學院更為重要，否則醫學生畢業走投無路，增加校方及社會的困擾。最後，各醫學院應廣增輔佐醫師的科系，也給予同樣的嚴格訓練，使將來的醫療團隊能充分發揮，服務社會。各醫學院也應負起離校較久的醫師再教育與社會民眾醫學知識提昇的民眾教育，配合社會各層次有全方位的進步。

研究

研究是每一個第一流醫學中心能揚名國際的命脈，這個命脈的長久延續就成為該學府的傳統。要成為國際第一流，教授們的研究要有創見，要有系統，一群研究者在同一總主題下，每一成員研究一個小主題，綜合起來便成為該學府的權威性的研究。台灣過去有不少獨特性的研究，遠的如寄生蟲、瘧疾的研究在日治時代是有名的。近的如李鎮源教授的蛇毒研究，楊思標教授領導的肺結核研究，宋瑞樓教授領導的肝炎、肝癌研究群，目前不但仍在進行，而且在發揚光大。記得大概十年前左右，當B型肝炎疫苗(Vaccine)研究出來，要在台灣孩童作人體試用，北美洲教授協會

(NATPA)曾和設立核電場一樣反對,後來試驗成功。台灣成為世界最有肝炎研究經驗的地區。芝加哥大學有個著名的"Ben May Laboratry for Cancer Research",目前改名"Ben May Institute",是芝大醫學院的一個獨立研究單位,是1966年獲得諾貝爾醫學獎的Charles Huggins所創設的。那時美國南方有一位富有的木材商,在雜誌上看到芝加哥有位年輕的泌尿科醫師,以女性賀爾蒙(Estrogen)治療男人的前列腺癌(Prostate Cancer),將一位將死的病人Brown救活,十分感動。就寫信給Huggins醫師說,他將捐一筆錢給英國皇家癌症研究院,請Huggins聯絡。Huggins回信說:「您的義行可嘉,但為什麼不捐給同樣作癌症研究的我的研究室?」Ben May同意,Huggins就得到那筆基金開始招兵買馬成立了Ben May Laboratory,專作癌症的研究,一直傳到現在,他們標榜「發現是我們的本行」(Discovery is our Business)。繼續在為癌症病人貢獻。

　　另一例是Arthur Herbst和DES的故事。1950年代美國醫學界盛行以合成的女性荷爾蒙DES(Diethyls Filbestrol)防止早期流產。芝加哥婦產科醫師Dickman懷疑有效用,乃進行一個大型的對照群研究,一群有迫切流產的婦人打DES,控制群則打安慰劑(Placebo),結果證明DES並沒有防止流產的作用。20年後的1970年左右,哈佛的一位婦科醫師Herbst,相繼發現幾例年輕婦女患有子宮頸及陰道的腺狀癌(Adenocarcinoma),這是少見的事,大為驚奇。乃與病理醫師Scully合作,追蹤發現一個共通點,即這些年輕婦女的母親在懷孕她們時曾服用DES,進而作動物試驗,證明這個關聯,得到科學證明乃發表論文,一時名聲大噪。DES便成為Herbst一生研究的主題及標記。我個人在芝大二十年來鍥而不捨的研究主題

便是「胎兒成長遲滯症」(Fetal Growth Restriction)。

將進入廿一世紀的今日，整個世界成為一個世界村，一個國家一個區域的財經變動影響其他國家，其他地區。複製羊(Sheep Cloning)的故事，一天內傳遍世界各角落。因此生物醫學的研究，單打獨鬥時代已成過去。目前重要的乃是集體研究(Team Work Research)。各樣科技的革命性創新及改革，莫不如此。試看每一位得到諾貝爾獎的科學家，哪一位不是擁有龐大的研究基金及實驗室有不少研究員及學生。在此我更要提倡臨床與基礎科學的跨科研究，醫學與其他學院的跨院研究，學校與學校間的跨校研究，以及各種研究機構的合作研究，進而和別國的國際交流。

目前美國臨床研究盛行兩事。一是將文獻上發表有同性質的多篇研究成果合併分析，所謂「大分析或集體分析」(Meta-Analysis)，以提高研究結果的可信度。另一更好的方法，就是多中心的前瞻性控制性研究(Multicenter Prospective Controlled or Randomized Study)，乃以研究對象龐大，結果大家不能不信，這種研究當由國家機構如國家衛生研究院(NIH)或疾病控制中心(CDC)領導研究，或供給研究費精密控制研究過程。

台灣的中央研究院、國科會、衛生署及國家衛生研究院等，應重視此種研究系統及研究方法的重要性，主動帶頭進行。研究主題當然是台灣及東南亞地區特多的疾病，如肝炎、肝癌、食道癌、鼻咽癌及最近的腸病毒，而不是非洲最多的愛滋病。

醫療服務

醫療行為是集道德良心及專業素養的服務業，也是一種犧牲奉獻、除病救命的崇高職業。醫療的執行，單靠醫師是無法完成

的，其他輔佐人員如護理、醫技、藥學、營養、復健、心理、社會服務等各種專業人才，互助配合，共同支援，另一方面也需要病人的合作，家屬及社會的共同支持，長期奉獻才能達成。因此各方面人才的培養，不能厚此薄彼，而必須各方兼顧，平衡發展。

廿一世紀的醫療會逐漸走向預防重於治療，早期診斷，早期治療，門診治療多於進院治療，社區醫療網發達，家庭醫師增多，專科醫師減少的趨勢。基層醫療將由個別診所形成聯合診所，社會醫療網應容許開放制度，以便利急診轉送，重病轉診的執行。大型的區域醫院及有醫學院的教學醫院，應負責絕大部分的初步住院醫師訓練。以兩年時間作一般內科及一般外科的實習，取得最基本臨床經驗後再分科，才不致盲目地往輕鬆的皮膚科擠，培養年輕醫師按志趣選科，忙碌而需長期訓練的外科，則應給予精神及酬勞的鼓勵，居於不同工不同酬的原則，外科主治醫師待遇應相對提高，以鼓勵年輕醫師回歸當外科住院醫師。這些都應有全盤性的規劃，以達到各科平衡發展的目標。偏遠地區服務的醫師待遇要從優，或以輪流方式行之。公私立醫院醫師的待遇應漸趨平衡，防止惡性競爭，挖角的現象。民眾則應施以教育，小病看小醫院，大病看大醫院，小病看大醫院之患者自備費大額提高，避免大醫院醫師浪費太多時間處理小病病人。重病病人應為教學醫院主要醫療的對象，使住院醫師的臨床經驗更豐富。絕對不要有只看「名牌醫師」的心態，這和紅包問題一樣，衛生署和健保局有設法勸止或懲治的必要。最後一旦全民健保變成「公辦民營」，健保局要盡嚴屬監督的責任，醫院院長絕不能像美國落入商界人士之手，而重蹈「提高保險費，減少醫療服務」的前車之鑑，讓歷史重演。

42.臨床教育和師資的培養

（2000年在台大醫院作全院性演講）

序言

　　筆者於今年六月底、七月初返台，參加第20屆北美洲台灣人教授協會（NATPA）年會及被邀請在台北國際會議中心舉行的第23屆國際胎兒超音波杜卜勒學會（International Perinatal Doppler Society，簡稱IPDS）擔任講員。NATPA會員及眷屬趁此年會拜訪新政府陳水扁總統及呂秀蓮副總統，也邀請多位部長演講。1990年，筆者擔任NATPA會長時，首度返台舉辦年會與台灣學者學術交流，也邀請七位部長及台北市長演講，安排十位代表晉見李登輝總統提出台灣政經社會教育改革建言。那時雖然解嚴及廢除刑法一百條，但是海外「黑名單」仍存在，經過多位會員在華盛頓及台北奔波，講員中十多名黑名單減至三名。現任駐美國華府經濟文化辦事處副處長李應元校友在三名之內，在開會前一天潛入台灣，行政院長郝柏村一怒之下，五位部長及台北市長不敢出席，晉見總統之事也被取消。數日後筆者有機會和台中一中同學，擔任行政院副院長的施啟揚會談二小時，乃將向李總統之建言，請他轉告，證之今日台灣政治、經濟教育的改革，我們的建言大部分已實現。

　　自從中央研究院院長李遠哲負責台灣的教育改革，同時新竹科學園區設立，企業界也轉向高科技的精緻工業，台灣的經濟成長、科技進步可謂一日千里。電腦網路、無線電話，台灣人民的生活在這十年之間，大大地提高。可是三月初李院長的演講「跨

越斷層──掌握台灣未來關鍵的五年」使人憂慮。台灣社會各層面的種種可能發生的斷層，如何提昇，避免沉淪，值得深思。

台大是台灣大專院校的龍頭，在教育部鬆綁，教授治校，校園自由的風氣下，陳維昭校長優秀的領導，功不可沒。出國進修的教授增多，也取用很多返國學者參加研究教學陣營，國際間學術交流頻仍，在台灣舉辦大型的學術會議，不再是稀有事件。台灣其他大學亦蒸蒸日上，迫使台大向上提昇，漸躋身於準國際一流大學之林。

謝博生院長和他的團隊，努力於醫學教育改革，各方面的進步有目共睹。謝院長在推行醫學生臨床小班教學成功之後，即將推行更有績效的學士後臨床教學方案，此方案和筆者的構想相符合，將在本文後段討論。

基礎醫學和臨床醫學的研究

新世紀三大革命性領域將為資訊科技、生物醫學科技和全球性的經濟互動。結果全球人類將成為相依相成的生命共同體。也就是李遠哲「世界村」的願景。某一國家的新發現、新產品，很快就被其他國家引用，成為世界村大眾的福利。舉例來說，歐洲各國為了和美國、亞洲競爭，不得不形成經濟共同市場。美國微軟電腦公司，有獨佔網路市場嫌疑便被法院判決，一分為二，因此股價大跌。最近美國完成工程龐大的人類基因(Human Genome)的氨基酸排列順序，就好像編輯成功一部完美的字典，供各國研究者對遺傳基因的突變和疾病潛伏因素更加明瞭，而能研究出某一疾病的診斷及達到防治該疾病的目標。由此可見基礎研究和臨床研究是息息相關的。有了一部好字典可以查，研究者就能寫出一

篇新的好文章。因此不論基礎研究或臨床研究，在資訊發達的今日，旨在創新(Creation)，不在模仿(Imitation)。

李遠哲「跨越斷層」的文章中提到在國際學術的競爭上，這幾年能與國際互動與大量海外學人回國服務有關，他的隱憂是後繼無人。另一憂慮則是政府對教育及研究經費的大量裁減，會影響未來台灣的教育及研究的品質。目前台灣對世界尚能作出貢獻，例如台灣九二一地震，直接影響美國電腦製造業產品生產率的大降。當然台灣也有很傑出的臨床研究，貢獻世界。肝炎、肝癌的研究，B型肝炎疫苗施用於兒童的成效報告，獨步世界，甚受矚目。但願台灣未來不會變成枯井，湧不出泉水。

根據筆者的瞭解，目前台灣基礎醫學的研究，很接近國際標準，能和先進國家競爭，可是臨床醫學的研究仍差一大截。以台灣醫學會發行的台灣醫誌為例，觀察性報告(Observatory Research)、事後追蹤的統計(Retrospective analysis)和特殊病例報告仍佔多數。也許國內同仁會抗議說，好的論文都發表在國外名牌雜誌。但是我們該提昇的是國內也能達到發刊名牌雜誌，不但國內研究者樂意投稿，也能吸引國外好論文來投稿，才能躋身國際一流學術殿堂。

新世紀臨床研究的取向應該是前瞻性、對照群、病例數目龐大(High power, Propective, Controlled Study)，統計上有絕對優勢、劣勢的差別，才能使人信服。個人單打獨鬥的時代已經過去，目前的研究常靠集體合作的研究。以美國為例，兩大研究經費來源國家保健研究院(NIH)及國家癌症研究院(NCI)，近來常自己召集十個以上的大學醫學中心，以一個議題，同一個方法研究三至五年以達到共同的結論，如乳癌和避孕藥的關係，早產的成因和高危

因素的關係。小劑量的阿斯匹林預防腦栓塞、心血管梗塞似乎有效，但對於妊娠子癇前驅症的預防卻無效。筆者建議國科會生物處，除撥款給各醫學院優秀研究員團隊，作個別研究之外，存留30-40%的研究款項委託某校為召集人，進行多校集中力量的研究台灣特殊的議題。例如腸病毒之流行，如果每年夏天發生，那麼冬天病菌潛伏在哪裡？能否像瘧疾，完全根絕？疫苗預防是否可行？這並不是完全公共衛生的議題，而是台灣整個社會保健的問題。國家衛生研究院(吳成文校友主持)和衛生署(李明亮校友主持)也可能進行同樣的研究計劃。

臨床醫師的訓練及臨床師資的培養

醫學教育改革要有長遠的宏觀願景(Grand Vision)及適應世界潮流的取向(Prospective global view)以及完整全方位計劃(Strategy of complete and systematic planning)。

對於傳統不理想的制度，作部分的修改，不如大刀闊斧作全面的重整。首先我要以美國近二十年臨床醫學教育的取向和改變和台灣作一比較。台灣將增設數所醫學院，是否過份積極，教育出太多的醫師？答案是否定的。以筆者研究教學二十五年的芝加哥大學所在地伊利諾州和台灣比較，1998年的數據顯示：(1)伊州的面積是台灣的四倍。(2)伊州的人口是台灣的一半。(3)醫師和全人口的對比，伊州為台灣的兩倍(伊州214／10,000，台灣129／10,000)。問題是台灣的醫師密集在大市鎮，山地及偏遠地區缺乏醫師。台灣施行全民健保已有五年，96%的人口都在健保制度下受醫療照顧，應該每個村里都要有醫師才是。檢討此缺失的原因：(1)健保的給付大醫院高於小診所，小診所競爭不過紛紛關門。小

型醫院轉型為大醫院。(2)台灣的醫院採封閉制,醫師轉診送入大醫院後不能繼續醫療。企業界經營的大醫院紛紛在各地設分院,宗教界的醫院及公私立大學醫院如法泡製。幾個連鎖分店系統的醫療機構獨占市場。(3)健保門診的給付按件計酬,一個小時皮膚科醫師能看20個病人,婦科內科10個病人,精神科2個病人,年輕醫師選擇輕鬆多利的皮膚科、耳鼻喉科、復健科,而避免工作忙碌,連夜工作的產科及外科,診斷費時的精神科。(4)台灣專科及次專科學會林立,大部分醫師自稱專家,但未經嚴格的訓練,似懂非懂。走在第一線的急診科、家醫科、一般內、兒、婦科醫師反而很少,這是畸型發展的現象。美國近十五年所謂Primary Care的前線醫師由40%增至60或70%,而專家及次專家減為30至40%。而且修習年限延長,能訓練專家、次專家的醫學中心減少。臨床師資增多由50%增至70%,研究教授則由50%減至30%,此種改變可供施行教師雙軌制的國內醫學院參考。美國最近也盛行如台灣全民健保的私營包醫制度(Managed Care,如HMO, PPO)。不論大牌、小牌臨床教師都要努力於診療工作,這些包醫公司才不致虧損。據說台灣健保局因虛帳、濫帳、拖欠,導致「赤字」出現。也許此時衛生署應檢討,是否實施公辦私營減少浪費,而達到有效的醫療保健。

在檢討上述台灣醫療制度負面缺失之後,筆者在會晤謝博生院長時,被告知台大醫學院計劃推行,六年醫學生後兩年一般住院醫師(即前述Primary Care physician)改為必修,之後再分2至3年的專科訓練。不想作專科訓練者,即可開業執行Primary Care的診療。次專科則在取得專科資格後再經過三年的資專科訓練才能完成。如神經內科、腦外科、心臟內科、心臟血管外科、新生兒

科、生殖內分泌科、血液癌症科等等。此計劃和筆者七月三日演講的建言完全符合。

筆者建議對於專科及次專科的訓練要特別嚴格，除了專科醫療知識技能外，也要有臨床教學及臨床研究、獨立運作的能力。對於想辦理專科及次專科的醫學院要從嚴審查，包括師資修習期內經驗的累積，研究設備等要從嚴規定。重新組成專家及次專家核審董事會（Board of Specialist, Board of Subspecialist），修習後的專家、次專家也需由董事會聘請國內外資深專家給予筆試及口試，通過後才能取得資格。

次專家的訓練應限於師資齊備、該次專科病例集中及有優良研究設備的醫學院。專家的訓練則由各醫學院的教學醫院或與醫學院有合作關係的大型醫學中心為限。至於一般醫師（Primary Care Physicians，如家醫科、急診科、普通內外兒婦產科）的訓練則可放寬尺度，除了教學醫院、準教學醫院、社區公立醫院、私立綜合醫院，都可在醫學院兩年一般住醫修畢後，繼續訓練，以供社會大量的需求。上述專家、次專家，一般醫師在行醫或教學五年以後都取得資格為臨床教師，尤其對兼任臨床教師不必太苛求。

最後，筆者要提到醫學院博士班。筆者憂慮的是同樣一批教授，一方面教醫學的基礎醫學，一方面又要指導博士班的研究生，而且研究所的師資普遍缺乏，對於研究生想深入研究的議題，說不定不是指導教授的專長。生物醫學的科技，進步一日千里，追趕不上，可能培養出很多虛有其名的博士。筆者要加強建議在四年的修習期間，在本研究所修習兩年後，讓研究生到另外一個研究環境如中央研究院或國外的著名大學或研究機構，研究至少兩年，培養他從事獨立研究的能力。他們取得博士學位後，

返國繼續作深入的研究(博士後研究)，並指導後進研究生，這樣循序漸進，就不會產生坐井觀天的博士，而李遠哲院長也不用擔心後繼無人了。

國家圖書館出版品預行編目資料

留美夢・台灣情：林靜竹文集/ 林靜竹著. ---
初版.--台北市：前衛, 2005年[民94]
432面；21×15公分
ISBN 957-801-482-1(精裝)

1. 論叢與雜著
078   94018106

《留美夢・台灣情》

著　　者／林靜竹

責任編輯／陳金順

美術編輯／方野創意　周奇霖

出版者

前衛出版社

總本舖：11261台北市關渡立功街79巷9號

電話：(02)28978119 傳眞：(02)28930462

郵政劃撥：05625551

E-mail：a4791@ms15.hinet.net

http://www.avanguard.com.tw

出版總監：林文欽

法律顧問：南國春秋法律事務所・林峰正律師

總經銷

紅螞蟻圖書有限公司
地址：台北市內湖舊宗路2段121巷28.32號4樓
電話：02-27953656　傳眞：02-27954100

出版日期：2005年11月初版第一刷

Copyright © 2005   Avanguard Publishing House

Printed in Taiwan   ISBN 957-801-482-1

定價／400元